Wörterbuch der Musik

Reclam Sachbuch premium

Wörterbuch der Musik

Von Malte Korff

Mit 106 Abbildungen und 72 Notenbeispielen

Reclam

7. Auflage

RECLAMS UNIVERSAL-BIBLIOTHEK Nr. 19570

Siemensstraße 32, 71254 Ditzingen
Gestaltung: Cornelia Feyll, Friedrich Forssman
Druck und Bindung: Kösel GmbH & Co. KG,
Am Buchweg 1, 87452 Altusried-Krugzell
Printed in Germany 2020

ISBN 978-3-15-019570-3
www.reclam.de

Vorwort

Das *Wörterbuch der Musik* enthält über 2000 Worterklärungen und Begriffsdefinitionen aus der musikalischen Fachsprache. Es wendet sich an alle, die Interesse an der Musik haben: Konzert- und Opernbesucher, jene, die Rundfunksendungen hören oder Fachbeiträge in Zeitschriften oder Tageszeitungen verfolgen, sowie Musikstudenten und -schüler. Die Erklärungen der Begriffe sind allgemeinverständlich, dabei so knapp wie möglich gehalten. Berücksichtigt wurden auch jüngste Entwicklungen und Forschungserkenntnisse.

Das kleine, als reines Sachwörterbuch angelegte Nachschlagewerk enthält keine Angaben zu Personen, auch keine Definitionen von Epochen bzw. Stilen. Im Vordergrund stehen Begriffe aus der Melodie-, Harmonie-, Rhythmus- und Formenlehre, der Musikgeschichte mit ihren Werkgattungen, der Instrumentenkunde, ferner – ausgewählt – der Akustik, Elektronik, Unterhaltungsmusik u. a.

Der Gebrauch des Wörterbuches bedarf nur weniger Hinweise: nach der Stichwortnennung folgt, wo angebracht, eine Erklärung zur sprachlichen Herkunft. Der Pfeil (→) verweist darauf, dass ein gesuchter oder weiterer Begriff unter einem anderen, manchmal übergeordneten Stichwort erläutert ist. Zur Illustrierung und Verdeutlichung dienen zahlreiche Abbildungen sowie Notenbeispiele.

Malte Korff

Abkürzungen

Gängige allgemeine Abkürzungen wurden nicht berücksichtigt

abendländ.	abendländisch
afrik.	afrikanisch
ahd.	althochdeutsch
amerik.	amerikanisch
andalus.	andalusisch
anglik.	anglikanisch
arab.	arabisch
asiat.	asiatisch
balines.	balinesisch
balt.	baltisch
bask.	baskisch
bayr.	bayrisch
Bez.	Bezeichnung
bez.	bezeichnet(es)
brasil.	brasilianisch
brit.	britisch
byzant.	byzantinisch
chilen.	chilenisch
chines.	chinesisch
dag.	dagegen
engl.	englisch
europ.	europäisch
evang.	evangelisch
finn.	finnisch
frz.	französisch
gebr.	gebräuchlich
germ.	germanisch
ggf.	gegebenenfalls
got.	gotisch
hebr.	hebräisch
iber.	iberisch
i.d.R.	in der Regel
ind.	indisch
indian.	indianisch
indones.	indonesisch
Instr.	Instrument
instr.	instrumental
int.	international
ir.	irisch
iran.	iranisch
ital.	italienisch
jap.	japanisch
javan.	javanisch
jüd.	jüdisch
jugoslaw.	jugoslawisch
katalan.	katalanisch
kelt.	keltisch
kirgis.	kirgisisch
kuban.	kubanisch
lat.	lateinisch

max.	maximal
mhd.	mittelhochdeutsch
mlat.	mittellateinisch
musikal.	musikalisch
norweg.	norwegisch
o. a.	oder andere(s)
öst.	österreichisch
orient.	orientalisch
poln.	polnisch
port.	portugiesisch
protest.	protestantisch
provenz.	provenzalisch
Ps.	Psalm(en)
röm.	römisch
roman.	romanisch
rum.	rumänisch
russ.	russisch
schott.	schottisch
schwed.	schwedisch
serb.	serbisch
skand.	skandinavisch
slowak.	slowakisch
span.	spanisch
syr.	syrisch
tatar.	tatarisch
trad.	traditionell(e)
türk.	türkisch
ukrain.	ukrainisch
ung.	ungarisch
urspr.	ursprünglich
venez.	venezianisch
verbr.	verbreitet
wahrsch.	wahrscheinlich

A

A, a. **1.** Tonbez., 6. Stufe der Grundskala (C-Dur); mit Kreuz (♯) erhöht zu ais, Doppelkreuz (𝄪) aisis, mit ♭ erniedrigt zu as, Doppel-♭ (♭♭) asas. **2.** Abkürzung für A-Dur, a-Moll. **3.** Kammer- bzw. Stimmton; historisch variabel, im modernen Konzertbetrieb meist 440 Herz.

a ballata (ital.), wie eine → Ballata, tänzerisch. → ballabile.

a battula (ital.), wieder im Takt.

abbassando (ital.), schwächer werdend. → decrescendo.

Abblasen, mittelalterliche Tradition, zum Stundenwechsel oder zu anderen (festlichen) Anlässen von Rathaus-, Schloss- oder Kirchtürmen Fanfaren, Choräle u.a. herabzublasen.

Abbreviaturen (von lat. *brevis* ›kurz‹), Abkürzungen innerhalb der Notenschrift, auch verbal bei Instr., Vortrags- und Musizieranweisungen (z.B. Trp. = Trompete, p = piano). → Vortragsbezeichnungen.

Abbreviatur: Stimme pausiert 10 Takte

Abgesang → Barform.

ab initio (lat.), von Anfang an wiederholen.

absolute Musik, Musik, die ihren eigenen bzw. allg. musikal. Gesetzen folgt, losgelöst von Funktionen wie Tanz, Marsch, Gottesdienst, Untermalung von Text (z.B. Oper) oder eines außermusikalischen ›Programms‹ (z.B. aus Literatur oder Malerei in einer sinfonischen Dichtung).

A. M. will beim Hörer keine außermusikalischen Vorstellungen wecken, die Aufmerksamkeit soll ganz dem musikalischen Verlauf eines Werkes gelten. Gegensatz: → Programmmusik.

absolutes Gehör, die Fähigkeit, einen gehörten Ton ohne Hilfsmittel benennen (passives a.G.) bzw. einen vorgegebenen Ton im Rahmen des eigenen Stimmumfangs singen (aktives a.G.) zu können. → relatives Gehör.

Absorption (von lat. *absorbere* ›verschlucken‹), Verringerung der Schallintensität bei der Durchdringung von Materie; durch Reibung (Energieabgabe) erfolgt Umwandlung der Schwingungsenergie in Wärme.

Abstrich, Streichinstr.-Spiel: Strichbewegung des Bogens vom Frosch zur Spitze (Zeichen: ⊓). → Aufstrich.

a cappella (ital., ›nach Art der Kapellchöre‹), unbegleiteter oder die Vokalstimmen instr. nur verstärkender Chorgesang; urspr. streng kontrapunktisch.

a capriccio (ital.), nach Belieben, im freien Zeitmaß. → ad libitum.

accelerando, con accelerazione (ital.), beschleunigend. → stringendo.

accent(u)ato (ital.), betont. → marcato.

Accentus, alle überwiegend rezitierend vorgetragenen Teile des → Gregorianischen Gesangs. → Concentus.

Accompagnato (ital., ›begleitet‹), das von auskomponierten Instr.-Stimmen und → Generalbass begleitete Rezitativ. → Secco.

Accordatura (ital.), gebräuchliche bzw. Normal-Stimmung bei Saiteninstr. → Scordatura.

Achtelnote/-pause → Noten(schrift).

Achtfuß, 8′, Tonhöhe und Pfeifenlänge eines Orgelregisters: das große C, nach der entsprechenden, 8 Fuß (etwa 2,40 m) hohen Pfeife.

Actus (lat., ›Handlung‹), im 17./18. Jh. feierliche Handlung mit Musik; auch in Handlung umgesetzte Musik (z. B. ist Bachs Kantate *Gottes Zeit ist die allerbeste Zeit*, BWV 106, auch bekannt als *A. tragicus*).

adagio (ital.), langsam, langsamer als andante.

ad alta voce (ital.), mit lauter Stimme.

a destra (ital.), rechts, für die rechte Hand.

à deux (frz.), für zwei, zu zweit.

ad finem, ad. f. (ital.), bis zum Ende.

ad libitum, ad lib. (lat.), nach Belieben (z. B. Verwendung bestimmter Instr.).

a due (ital.), für zwei, zu zweit.

ad una (ital.), für eine Hand, Stimme usw.

A-Dur, a-Moll → Tonarten.

äolisch → Kirchentonarten.

Äolsharfe, Geisterharfe (von griech. *áiolos* ›Gott des Windes‹), zitherartiges Saiteninstr.; über einen rechteckigen Resonanzkasten gespannt, werden 4–12 (oder mehr) Darmsaiten gleicher Länge und unterschiedlicher Stärke durch regulierbaren Luftzug zum Schwingen gebracht. Der ätherisch-feine Zusammenklang entsteht auf Grund der ungleichen Saitenspannung und der hieraus resultierenden verschiedenen Obertöne je nach Windstärke.

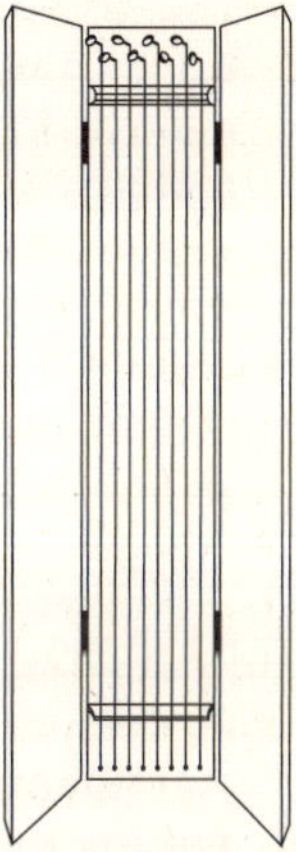

Äolsharfe

Aerophone (griech., ›Luftklinger‹), Musikinstr., die Töne mittels in Schwingung gebrachter Luft erzeugen (→ Blasinstrumente).

affabile, con affabilità (ital.), gefällig, mit Freundlichkeit.

Affektenlehre (von lat. *affectus* ›Empfindung‹), Lehre von den Wirkungen der Musik auf das menschliche Gefühl. Danach könnte Musik wesentliche Affekte – Freude, Trauer usw. – zum Ausdruck bringen. Die A. erreichte im 17. und frühen 18. Jh. ihren Höhepunkt. → Hermeneutik, musikalische.

affettuoso (ital.), mit Empfindung, leidenschaftlich. → appassionato.

Afro-Cuban Jazz, kuban. Jazzform, bei der es zu einer Verschmelzung des → Bebop mit Elementen lateinamerik. Musik (Perkussionsinstr.) kam. Mambo, Samba, Bossa Nova u. a. Tänze kamen durch den A. J. in Mode.

agile (ital.), munter, behende.

agitato (ital.), erregt, ungestüm.

Agnus Dei (lat., ›Lamm Gottes‹), Anrufung zur Brotbrechung, letzter Gesang des Ordinarium missae der kath. Messliturgie. Die weiteren Teile des A. D. (nach Joh. 1,29) sind der »Miserere nobis« (Erbarme dich unser) und zuletzt »Dona nobis pacem« (Gib uns Frieden).

Agogik (von griech. *agein* ›führen‹), differenzierte, aus dem Notentext nicht unmittelbar hervorgehende Gestaltung des Tempos, um dem lebendigen Spannungsverlauf einer Komposition gerecht zu werden. → rubato.

Agréments (frz.) → Verzierungen.

Air (frz.), Lied, liedhaftes Instr.-Stück, zunächst mehrstimmiges Vokalwerk (Frankreich).

ais, aisis → A, a.

Akklamationen (von lat. *acclamatio* ›Zuruf‹), rufartige, das Gebet des Priesters bestätigende Antworten der Gemeinde (z. B. Amen, Alleluja).

Akkolade (frz.), senkrechte Klammer, die mehrere Notenzeilen zu einem Ganzen, gleichzeitig Erklingenden, fasst.

Akkompagnement (frz.), die während der Generalbasszeit (1600–1750) aufgekommene Begleitung von Sologesang oder -instr. mit Akkordinstr. (z. B. Cembalo, Orgel). → Accompagnato, Generalbass, obligates A.

Akkord (von lat. *accordare* ›übereinstimmen‹), Zusammenklang mehrerer Töne verschiedener Höhe, wobei nach 2-, 3-, 4- und mehrstimmigen A.en, Dur- und Mollakkorden sowie konstanten und dissonanten A.en unterschieden wird.

Akkordeon (lat.), Harmonikainstr., Instr. der Volks- und Unterhaltungsmusik, wobei in der Begleitung nicht nur Einzeltöne, sondern auch Akkorde erklingen. Das A. hat 2 Griffbretter: das rechte mit Klaviatur (meist 41 Tasten, von f–a^3) oder Knöpfen (chromatische Anordnung) zum Spielen der Melodie, dazu Diskantregister und Einstelltasten, das linke (Begleitung) ebenfalls mit Knöpfen für die Bässe und Begleitakkorde, Bassregister und Luftklappe. Durch das Ziehen oder Zusammenpressen des Faltenbalgs entsteht Druck- bzw. Saugwind, der durch die Tasten und Knöpfe über Ventile zu den freischwingenden stählernen Stimmzungen gelangt und diese zum Schwingen und Erklingen bringt. → Bandoneon, Handharmonika.

Akustik (von griech. *akoustikós* ›hörbar‹), Lehre vom Schall, Teildisziplin der physikalischen Schwingungs- und

Wellenlehre. Musikalische A. befasst sich mit der Schallerzeugung und -verarbeitung von Musikinstr. bzw. elektroakustischen Überträgern, der Ausbreitung des Schalls, dessen Veränderungen in Räumen sowie der Aufnahme durch das menschliche Gehör. Zur A. gehört auch die Bestimmung von Tönen, Klängen und Geräuschen hinsichtlich deren Tonhöhe, Lautstärke und Klangfarbe.

Akzent, natürliche Betonung innerhalb eines Taktes (z. B. der 1. und [abgeschwächt] 3. Zählzeit im 4/4-Takt).

Akzidentien → Vorzeichen.

Albertibässe, in gebrochenen Akkorden ausgeführte Begleitung, benannt nach dem Komponisten Domenico Alberti (1710–40).

Aleatorik (von lat. *alea* ›Würfel, Zufall‹), Kompositionstechnik der Neuen Musik; bestimmte Teilstücke und Klangeffekte sind in der Partitur mit Worten, durch grafische Notationen oder mit Zeichen vorgegeben, die detaillierte Ausführung bleibt jedoch weitgehend dem Interpreten überlassen.

al fine, al. f. (ital.), bis zum Ende (Spielanweisung).

Aliquote (von lat. *aliquoties* ›mehrmals‹), alle, in einem Klang mitschwingenden Obertöne (Teiltöne) des Grundtons.

Aliquotsaiten → Resonanzsaiten.

Alla-breve-Takt, ₵, 2/2- oder 4/2-Takt, bei dem die halbe Note als Zählzeit gilt.

alla marcia (ital.), marschartig.

alla polacca (ital.), wie eine Polonaise, im Polonaisentakt.

alla siciliana (ital.), nach Art eines → Siciliano.

alla tedesca (ital.), in Art/Tempo eines Deutschen Tanzes.

alla turca (ital.), auf türkische Art. → Janitscharenmusik.

alla zingarese (ital.), im Stile von Zigeunermusik.

allegretto (ital.), mäßig bewegt, beinahe rasch.

allegro (ital.), schnell, lebhaft.

Alleluja, Halleluja (hebr., ›preiset Jahwe‹), 3. Gesang des Proprium missae, Freudenruf zur Verkündigung des Evangeliums.

Allemande (frz., ›deutscher [Tanz]‹), deutscher Tanz des 16.–18. Jh. s, urspr. geradtaktiger Schreittanz, dem Reigentanz und Ländler zugrunde liegen. Die A. fand stilisiert Eingang in die Suite (1. Satz), da meist mit Auftakt, langsamem $^{4}/_{4}$-Takt, polyphonem Gewebe und einer durch alle Stimmen gehenden Sechzehntelbewegung.

all'ottava, 8va, 8_{va} (ital., ›in der Oktave‹), eine Oktave höher bzw. tiefer als notiert zu spielen.

Alphorn, urspr. Hirtenhorn; eine bis zu 4 m lange, grifflochlose Holztrompete, nur für einfache Melodien (Naturtöne) verwendbar. Das Instr. besteht aus einem ausgehöhlten Baumstamm, am Ende mit abgebogenem Schallbecher und Kesselmundstück.

al più presto (ital.), so schnell wie möglich.

al ponticello, al pont. (ital.), mit dem Bogen nahe am Steg zu spielen.

al segno, al seg., al s. (ital.), bis zum entsprechenden → Zeichen zu spielen.

Alt, A. (von lat. *altus* ›hoch‹) **1.** Urspr. zweithöchste

Stimme in einer mehrstimmigen Komposition. **2.** Die tiefere Knaben- oder Frauenstimme mit Umfang f–e². **3.** Innerhalb einer Instr.-Familie das eine Quarte oder Quinte unter dem Sopraninstr. gestimmte Instr. (z. B. Altflöte).

Alteration (von lat. *alteratio* ›Änderung‹) **1.** Chromatische Veränderung (Erhöhung oder Erniedrigung) von tonleitereigenen Tönen, vor allem im Akkord. **2.** Mensuralnotation: Wertverdoppelung der zweiten von 2 aufeinander folgenden gleichwertigen Noten innerhalb einer dreizeitigen Mensur.

Hochalterierung im Akkord

alternatim (lat., ›wechselweise‹), Wechsel zwischen ein- und mehrstimmigem Gesang (Vorsänger – Chor). Bez. auch für den Wechsel vokaler und instr. Partien (z. B. Orgelmesse).

alternativo (ital., ›abwechselnd‹), Anweisung, bei zweiteiligen Tanzsätzen den 1. Teil nach dem 2. zu wiederholen oder beide Sätze im Wechsel mehrmals zu spielen (z. B. beim Menuett).

Altschlüssel → Notenschlüssel.

amabile (ital.), lieblich, liebenswürdig.

Ambitus (lat.), Tonumfang, d. h. Entfernung vom tiefsten zum höchsten Ton einer Melodie, der menschlichen Stimme oder eines Instr.

Amen (hebr., ›so sei es‹), Abschlussformel in der christlichen Liturgie. In der Messe (Gloria, Credo) wird das A. häufig zum fugierten Schlussteil erweitert.

à mesure, a misura (frz.), wieder im Takt. → battula.

a mezza voce (ital.), mit halblauter Stimme.

amoroso, con amore (ital.), lieblich, zärtlich.

andante (ital.), ruhig gehend.

Anglaise (frz., ›englischer [Tanz]‹), Sammelbegriff für engl. Tänze, die vor allem aus der früheren Contredanse hervorgehen. Mäßig bewegt bis schnell und geradtaktig, fand die A. Eingang in die frz. Ballett- und deutsche Instr.-Suite. → Ecossaise, Hornpipe.

anhemitonisch (griech.), ohne Halbtöne.

animato (ital.), beseelt, belebt.

animoso (ital.), beherzt.

Ansatz. 1. Einstellung der Stimmorgane während des Gesangs; das harte oder weiche Ein- und Ausschwingen der Stimmlippen. **2.** Stellung und Spannung der Lippen beim Blasinstr.-Spiel zur Erzeugung des Tones.

Anschlag. 1. Bei Tasteninstr. die Art, Töne hervorzubringen (z. B. Artikulation, Phrasierung) unter Berücksichtigung einer besonderen Hand-, Arm-, Schulter- und Körperhaltung. **2.** → Verzierungen.

Anthem (von griech. *antíphōnos* ›gegentönend‹), anglikanischer Kirchengesang zum Früh- oder Abendgottesdienst nach Psalmen oder Bibelsprüchen. Schon im 16. Jh. nach Art imitierender Motetten gestaltet bzw. kantatenartig, unterschied man ab dem 17. Jh. das textverständlichere Full Anthem (meist a cappella, teils homophon, teils polyphon) vom Verse Anthem, in dem Chorpartien, Soli und instr. Teile wechseln.

Antiphonie, Antiphon, Antiphonale/Antiphonar(ium) (von griech. *antíphōnos* ›gegentönend‹, ›Gegenklang‹). **Antiphonie,** in altgriech. Musik der stimmlagenbedingte Gesang in parallelen Oktaven. Seit dem frühen Mittelalter der einstimmige antiphonale (Wechsel zweier Chorgruppen) oder responsoriale (Vorsänger – Chor) Gesang. **Antiphon,** refrainartiger Gesang, welcher einen Psalm einleitet und nach jedem Vers wiederholt wird, fand Aufnahme in Messe, Vesper und Offizium. → Marianische Antiphonen. **Antiphonale,** liturgisches Gesangbuch mit Antiphonen, Psalmen, Hymnen, Responsorien und Gebeten.

Antizipation → Vorausnahme.

aperto (ital.), offen; (wieder) ohne Dämpfer.

appassionato (ital.), leidenschaftlich.

Applikatur, Fingersatz (z. B. beim Klavierspiel).

a prima vista (ital., ›auf den ersten Blick‹), Spiel vom Blatt ohne vorheriges Ansehen, Üben.

a punta d'arco (ital.), mit der Bogenspitze (zu spielen).

a quattro (ital.), zu vieren, zu viert, vierfach besetzt (z. B. *a quattro mani* ›zu 4 Händen‹), *a quattro voci* ›vierstimmig‹).

Archi (ital.), Kurzbezeichnung für die Streichinstr. des Orchesters.

arco, coll'arco, c.a. (ital.), mit dem Bogen auszuführen.

ardente (ital.), feurig.

Arie (ital. *aria*, frz. *air*), Sologesang mit instr. Begleitung, selbständig oder in Oper, Oratorium, Kantate, im Konzertsaal usw. Häufig in zwei- oder dreiteiliger Liedform, aber auch durchkomponiert. A.n wurden urspr. improvisiert, traten später strophenliedartig, als → Da-capo-Arie, Ritornellarie, schließlich als Bravour-/Koloraturarie auf.

Arietta (ital.), kurze, schlichte zweiteilige Arie der ital. Oper des 17./18. Jh.s.

Arioso (ital.). **1.** Liedhaft, gesanglich. **2.** Kurzes, formal freieres Gesangsstück aus Oper, Kantate usw.; zwischen → Rezitativ bzw. Sprechgesang und Arie stehend.

arpa, ap., ar., arp. (ital.), Harfe.

arpeggio (ital., ›harfenartig‹), gebrochenes Akkordspiel, in dem die Töne unmittelbar nacheinander erklingen.

Arrangement (frz., ›Einrichtung‹). **1.** Bearbeitung eines Musikstücks für eine urspr. nicht vorgesehene Besetzung (z. B. eines Orchesterwerkes für Klavier). **2.** Jazz: Festlegung einer thematischen oder harmonischen Struktur als Improvisationsgrundlage.

Artikulation, Bindung oder Trennung der Töne in einem Musikstück mittels Bindebögen, Staccatopunkten u. ä.; auch Bez. für individuelle künstlerische Gestaltung.

as, asas → A, a.

As-Dur, as-Moll → Tonarten.

assai (ital.), sehr, viel (eine Tempoanweisung verschärfend).

a tempo, a. t. (ital.), wieder im alten Tempo.

athematisch, Musikstück/-werk ohne musikalisches Thema.

Atonalität, atonale Musik, Musik, die keiner traditionellen Tonalität bzw. Funktionsharmonik folgt, keine Grundtonbeziehung aufweist und den traditionellen Gegensatz zwischen Konsonanz und Dissonanz weitgehend aufhebt. A. M. schafft neue musikal. Zusammenhänge, z. B. mittels für ein Werk fortdauernd gültiger Intervallstrukturen; anstelle von Konsonanz und Dissonanz treten verschiedene Grade von Intervall- bzw. Akkordspannungen. Neu ist die Emanzipation des Einzeltons: befreit aus der ihn umgebenden Tonalität, wird sein Ausdruckswert erhöht.

a tre (ital.), zu dritt, dreifach besetzt (z. B. a tre voci, ›dreistimmig‹).

attacca (ital.), ohne Pause weiter.

Aubade (von frz. *aube* ›Morgenröte‹), das zu Ehren einer Person dargebrachte Morgenständchen.

Auflösungszeichen → Vorzeichen.

Aufstrich, Streichinstr.-Spiel: Strichbewegung des Bogens von der Bogenspitze zum Frosch (Zeichen: v). → Abstrich.

Auftakt, ein zu Beginn einer musikal. Phrase stehender unbetonter Taktteil.

Auftakt

Augmentation (von lat., *augmentatio* ›Vermehrung‹). **1.** Mensuralnotation: Verlängerung einer Note um die Hälfte ihres Wertes mit nachgestelltem Punkt. Nach Mensurzeichen wie z. B. Bruchzahlen: Verdoppelung oder Verdreifachung eines Notenwertes. **2.** Verlängerung der Notenwerte – meist um die Hälfte – in Kanon, Fugen- und Sonatenthema. → Diminution.

Aulodie, Gesang mit Aulosspiel.

Aulos (griech., ›Röhre‹), altgriech. Blasinstr. mit Doppelrohrblatt, Doppelröhre aus Holz, Schilf oder Knochen, mit 3–5 Grifflöchern und einem Stimmumfang von max. 3 Oktaven.

a una voce (ital.), für eine Stimme, einstimmig.

à une corde (frz.), nur auf einer Saite (beim Klavierspiel [Konzertflügel] mit voller Dämpfung). → una corda.

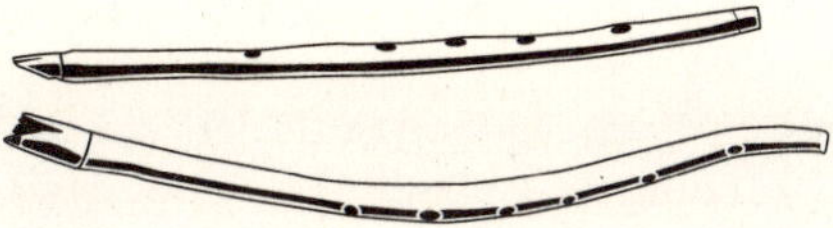

Aulos

à une main (frz.), für eine Hand (Klavier).

Aussteuerung. 1. Bei Aufnahme-/Wiedergabeanlagen die Anpassung der Spannung und Eingangsempfindlichkeit in Abhängigkeit von der Störspannung des Übertragungsweges. **2.** Anpassung mehrerer Musikinstr. bei der Bandaufnahme.

Ausweichung, flüchtiges Verlassen einer Tonart und rasche Rückkehr. → Modulation, Rückung.

authentische Tonarten → Kirchentonarten.

Ave Maria (lat., ›Gegrüßt seist du, Maria‹), bekanntestes Muttergottesgebet, Hauptbestandteil des Rosenkranzes, zusammengesetzt aus dem Gruß des Erzengels Gabriel an Maria (Luk. 1,28) und dem Gruß Elisabeths (Luk. 1,42), nach gregorianischen Melodien im Marien-Offizium ab dem 10. Jh. Vertonungen von Josquin, Palestrina, Schubert, Mendelssohn Bartholdy u. a. → Marianische Antiphonen.

Azione sacra (ital., ›geistliche Handlung‹), ein zur Karwoche hauptsächlich in Wien (Ende des 17. Jh.s) aufgeführtes geistliches Schauspiel (z. B. Passionsgeschichte) mit oratorienförmigem Aufbau in ital. Sprache.

Azione teatrale (ital., ›theatralische Handlung‹), opernähnliches Festspiel, das in der Barockzeit an europäischen Fürstenhöfen anlässlich Geburtstagen, Hochzeiten usw. aufgeführt wurde.

B

B, b. **1.** Tonbez., 7. (erniedrigte) Stufe der Grundskala (C-Dur). **2.** Abkürzung für B-Dur, b-Moll. **3.** Als Zeichen (♭) vor einer Note: Erniedrigung um einen Halbton.

Bacchanale (lat.), ausschweifende Feste im antiken Griechenland; danach Gestaltung von Opern- oder Operettenszenen (z. B. in Offenbachs *Orpheus in der Unterwelt*).

B-A-C-H, häufig zitiertes Motiv nach der gleichnamigen Buchstaben- und Tonfolge aus Bachs *Kunst der Fuge* (z. B. bei Schumann, Liszt und Reger).

Bach-Trompete, moderne kurze Ventiltrompete für hohe Clarinlagen (z. B. in Werken Bachs).

Background (engl., ›Hintergrund‹), in der Unterhaltungsmusik die den Solisten rhythmisch-harmonisch tragende, vokal oder instr. ausgeführte Ensemblebegleitung.

Badinage, Badinerie, im 18. Jh. lebhafter, übermütiger Sonaten- oder Suitensatz, meist geradtaktig (2/4-Takt) und in raschem Tempo.

Bagatelle (von ital. *bagatella* ›Kleinigkeit‹), kleine Instr.-Stücke (oft) in zwei- oder dreiteiliger Liedform.

Balalaika, russ.-ukrain. Zupfinstr., Volksinstr., mit dreieckigem Korpus, gewölbter Decke und flachem Boden. 3 Saiten (Darm, Stahl; urspr. Stim-

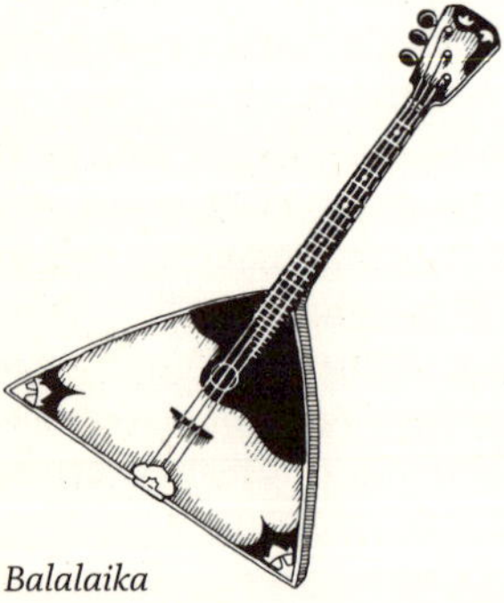

Balalaika

mung in e^1, e^1, a^1) führen über einen Steg zum Sattelknopf. Bau in 6 Größen unterschiedlicher Stimmung.

Balg, Blasebalg, dient der Lufterzeugung bei Instr., deren Töne mittels Luft hervorgebracht werden. Während des Zusammenpressens erfolgt Luftverdichtung, nach dem Auseinanderziehen wird erneut Luft angesaugt. Balginstr. sind z. B. Orgel, Akkordeon und Dudelsack.

ballabile (ital.), tänzerisch, Tanzlied.

Ballade (von lat. *ballare* ›tanzen‹), urspr. als *balada* Tanzlied mit Vorsänger und Chorrefrain, Form der frz. Trobador- und Trouvèrekunst, ab dem 14. Jh. mehrstimmig mit instr. Begleitung des Solisten. Neben der höfischen frz. B. entwickelte sich in England eine volkstümlichere, episch-vielstrophige Form. Im 18. und 19. Jh. erfuhr die B. in Deutschland als Kunstlied eine Neubelebung mit zunehmender Tendenz zur Dramatik.

Ballad Opera (engl.), volkstümliches engl. Singspiel (oft) sozialkritischen Inhalts mit gesprochenen Dialogen, Volksliedern und -tänzen (z. B. Gay/Pepusch, *The Beggar's Opera*).

Ballata (ital.), strophisches Tanzlied mit instr. Begleitung (Laute, Viola), seit dem 13. Jh. in Italien verbreitet. Sie beginnt mit einem Leitgedanken des Vorsängers (*stanza*), danach folgt der vom Chor wiederholte Schlussabschnitt (*ripresa*). Vertont ist meist Liebesdichtung.

Balletto (ital., ›Tänzchen‹), seit dem 16. Jh. gebr. tanzartige Musikstücke, vokal oder instr., mehrstimmig, geradtaktig und von raschem Tempo.

Band (engl.), zunächst nur Vokal-, später Instr.-Ensemble der Unterhaltungsmusik; kleine Gruppe von Tanz-, Jazz- oder Rockmusikern.

Bandleader (engl.), Leiter einer Band, gelegentlich auch ihr Solist.

Bandoneon, Bandonion, Harmonikainstr., quadratisch oder achteckig, Bassseite nur mit Einzeltönen [Knöpfen], Tonanordnung diatonisch oder chromatisch, mit max. 200 Tönen. → Handharmonika.

Bandura (griech.-russ.), russ.-ukrain. lautenähnliches Zupfinstr. mit ovalem Korpus und kurzem Hals. 6–8 Saiten verlaufen über das Griffbrett zum Wirbelkasten, bis zu 40 Bordunsaiten.

Bandurria (griech.-span.), → Cister in Diskantlage mit 6 doppelten Saiten in Quartstimmung.

Banjo (engl.), Jazzinstr., Abart der Schlaggitarre mit langem, bundlosem Hals; der Korpus besteht aus einem Tamburin. 4–9 Saiten (Darm; Stimmung z. B. in g^1/c, g, h, d^1) verlaufen vom Saitenhalter über Steg (ausgesetzt) und Griffbrett zur Spitze; die Melodiesaite endet in der Halsmitte.

Banjo

Barbitos, Barbiton (griech.). **1.** Lyra. **2.** Tiefklingendes Saiteninstr. des 16./17. Jh.s (z. B. Basslaute, Violone).

Barden, kelt. Dichter-Sänger, die Götter- und

Heldensagen vortrugen und sich dabei selbst auf der Harfe begleiteten.

Barform. **1.** Dreiteilige Liedform nach dem Formschema AAB, wobei 2 melodisch gleichen Teilen (Stollen) ein kontrastierender Abgesang folgt. **2.** Meistersang: Meisterlied mit typisch ungerader Strophenzahl.

Bariolage (frz., ›Abwechslung‹), Technik des Violinspiels zur Veränderung der Klangfarbe, bei der mit raschem Saitenwechsel höhere Töne auf einer tieferen Saite und umgekehrt gespielt werden.

Bariton (von griech. *barýtonos* ›tieftönend‹). **1.** Männliche Singstimme, zwischen Tenor und Bass stehend; etwa A–e^1 (→ Oktavbereiche). **2.** In einer Instr.-Familie die in dieser Tonlage gestimmten Instr. (z. B. Baritonsaxophon). **3.** Kleine Tuba in B (Tonumfang E–b^1).

Baritonschlüssel → Notenschlüssel.

Barkarole (von ital. *barca* ›Boot‹), Lied der venez. Gondolieri im wiegenden 6/8- oder 12/8-Takt; auch instr.

Barré (frz., ›quergelegt‹), beim Lauten-/Gitarrenspiel das Niederdrücken mehrerer Saiten mit einem quergelegten Finger.

Baryton (von griech. *barýtonos* ›tieftönend‹), Streichinstr. der Violenfamilie. Korpus mit f-förmigen Schalllöchern; 6–7 Saiten (Darm; Stimmung in A, D, G, c, e, a, d^1) verlaufen vom Saitenhalter über Steg und Griffbrett zum Wirbel-

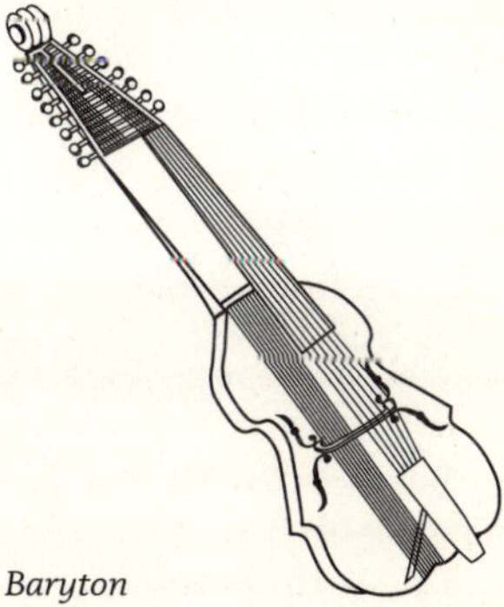

Baryton

kasten. Daneben 9–28 diatonisch oder teilweise chromatisch gestimmte Resonanzsaiten.

Bass, B. (von lat. *bassus* ›niedrig‹). **1.** Tiefste Männerstimme: etwa E–f^1 (→ Oktavbereiche). **2.** Tiefste Stimme einer mehrstimmigen Komposition. **3.** Das am tiefsten gestimmte Instr. einer Instr.-Familie (z. B. Bassposaune).

bassa ottava, bassa 8_{va} → ottava alta/bassa, 8va, 8_{va}.

Basse danse (frz.), frz.-ital. Tanz des 15./16. Jh.s. Langsamer höfischer Schreittanz, geradtaktig, nach dreiteiligem Grundschema.

Bassetthorn, urspr. in geknickter Form gebaute Klarinette in Altlage (F) mit metallenem Schallbecher; weicher Klang (Tonumfang F–f^3).

Bassgeige → Kontrabass, Violoncello.

Bassgitarre

Bassgitarre, Elektrogitarre mit langem Hals und 4 Saiten. Stimmung in E_1, A_1, D, G (Tonumfang E_1–f^1). Gebr. in der Tanz-, Unterhaltungs- und Popmusik.

Bassklarinette, tiefstes Instr. der Klarinettenfamilie, mit doppelter Länge und einem nach oben gebogenen Schalltrichter. Stimmung in B (Tonumfang ca. C–f^2).

Basso continuo, B.c. → Generalbass.

Basso ostinato (ital.), fortgesetzte Wiederholung eines Themas im Bass.

Basso ripieno (ital., ›voller Bass‹), verstärkter Bass in den Tutti-Partien mittels Registrierung bei Orgel/Cembalo oder verstärkter Orchesterbesetzung.

Bassposaune, tiefstes Instr. der Posaunenfamilie. Stimmung in F (Tonumfang etwa H–f^1).

Bassschlüssel → Notenschlüssel.

Basstrompete, tiefstes Trompeteninstr. mit langgestreckter Bügelform, zylindrischem Rohr, 4 Ventilen und Kesselmundstück. Stimmung in Es (Tonumfang B_1–d^2).

Battaglia (ital., ›Schlacht‹), Komposition, die mit tonmalerischen Mitteln Schlachtenszenen darstellt.

Batterie (frz.), Sammelbez. für alle in einer Komposition vorgeschriebenen Schlaginstr.

B-Dur, b-Moll → Tonarten.

Beantwortung → Fuge.

Bearbeitung, Veränderung einer Komposition, z. B. deren Kürzung oder Transkription; auch die Herstellung von Klavierauszügen, Fantasien über ein Werk usw. B.en urheberrechtlich geschützter Werke bedürfen der Genehmigung. → Paraphrase.

Beat (engl., ›Schlag‹), gleichbleibender Grundschlag einer Rhythmusgruppe der Tanz-, Jazz-, Unterhaltungs- und Popmusik.

Beatmusik, Bez. für die seit etwa 1960 auf der Grundlage des Rock 'n' Roll aufbauenden Musikrichtungen.

Bebop, Jazzstil, der den modernen Jazz begründete. Entstand in den 1940er Jahren in den USA; aus der funktionalen Bindung an die Tanzmusik gelöster Gegenentwurf zum → Swing. Merkmale des B. sind schnelle Tempi, erweiterte Harmonik (→ Alteration), rasche Harmoniewechsel und größere melodische Freiheit.

Bebung, vibrato- und tremoloartige, nur auf dem Klavichord zu erzeugende Spielweise (Frequenzvibrato), die durch wechselnden Fingerdruck zustande kommt.

Becken, aus Asien stammendes Schlaginstr., das aus 2 tellerartigen Metallscheiben (Durchmesser 30–50 cm) besteht. Tonerzeugung durch Aneinanderschlagen der Ränder oder durch Beschlagen mit Schlegeln, Besen usw.

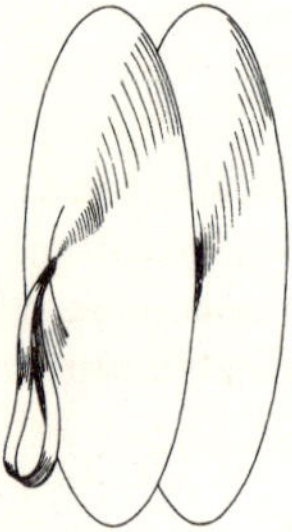

Becken

Begleitung, eine oder mehrere die melodieführende Hauptstimme klanglich stützende(n), bestätigende(n) Nebenstimme(n). Im 17./18. Jh., dem Generalbasszeitalter, erschienen fast alle Kompositionen mit einer durchgehenden Basslinie, nach der harmonische Füllstimmen/-akkorde (auf Tasteninstr. wie Cembalo, Orgel) zusätzlich improvisiert wurden. Ab Mitte des 18. Jh.s wurde die B. zunehmend in die musikalische Thematik eingebunden (z. B. Sinfonik), was zur allmählichen Aufhebung der Trennung von Melodie und B. führte.

Béguine (frz., ›Flirt‹), rascher, rumbaartiger Tanz im 4/4-Takt lateinamerik. Herkunft.

Belcanto (ital., ›schöner Gesang‹), eine im 17.–19. Jh. in Italien gepflegte und von dort aus sich verbreitende Gesangsform, die den Schwerpunkt auf ausschließliche Schönheit und Virtuosität der Stimme legte.

Benedictus (von lat. *benedicere* ›lobpreisen‹), 2., abschließender Teil des Sanctus in Form eines Lobpreises: »Benedictus, qui venit« (gepriesen sei, der da kommt; nach Matth. 21,9 und Ps. 118,26).

Berceuse (frz.), wiegend; Musikstück im wiegenden 6/8-Takt.

Bergamasca (ital.), lebhafter Tanz aus Bergamo; urspr. geradtaktig, später im raschen 3/4-Takt nach Art einer Tarantella.

Bergerette, Bergerie (von frz. *berger* ›Schäfer‹), ländlicher Tanz des 16. Jh.s, oft dreiteilig, im raschen Dreiertakt. Im 18. Jh. Liebeslied aus der frz. Pastoraldichtung.

Besetzung, Anzahl und Art der Instr. sowie Singstimmen, die für eine Komposition vorgeschrieben sind.

Bettleroper → Ballad Opera.

Bezifferung → Generalbass.

Bicinium (lat., ›Zwiegesang‹), urspr. zweistimmiger Abschnitt in einer vier- bis fünfstimmigen Motette des 15./16. Jh.s. Allg.: zweistimmig-kontrapunktische, vokale oder instr. Komposition.

Big Band (engl., ›große Band‹), größere Jazz- oder Tanzmusikgruppe. Zur klassischen Besetzung zählen 4 Trompeten, 4 Posaunen, 2 Altsaxophone, 2 Tenorsaxophone, Klavier, Gitarre, Bass und Schlagzeugset, fakultativ Sopransaxophon, Baritonsaxophon, Klarinette und Perkussionsintrumente.

Big drum (engl.), große Trommel.

Bin, Blasinstr. ind. Schlangenbeschwörer.

binäre und ternäre Spielweise, Phrasierung der Achtelfiguren in der populären Musik. Binär meint die gleichmäßige, dem Notenbild entsprechende Ausführung, ternär die triolische Auffassung: bei zwei in gleicher Zeitdauer geschriebenen Achtelnoten wird das zweite Achtel verzögert, so dass sich die Triolenfigur »Viertel/Achtel« ergibt, wodurch die typisch swingende Spielweise entsteht.

Binden, Bindebogen → Artikulation, → Phrasierung.

Bitonalität, gleichzeitiges, gleichberechtigtes Auftreten zweier Tonarten innerhalb einer musikalischen Struktur. → Polytonalität.

Blasinstrumente, Hauptgruppe der Aerophone (Luftklinger), bei der durch Luftstrom eine umschlossene Luftsäule zum Schwingen gebracht wird. Die Tonhöhe ist abhängig von Länge und Schwingungsform der Luftsäule. Zu den B.n gehören Flöteninstr. (z. B. Längs- und Querflöten), Rohrblattinstr. (z. B. Klarinetten, Saxophone mit Einfachrohrblatt und Oboen, Fagotte mit Doppelrohrblatt) und Trompeteninstr. (z. B. Hörner, Trompeten, Posaunen).

Blockflöte

Blasquinte. Wird ein Blasinstr. überblasen, kann anstelle des 2. Partialtons (der Oktave über dem Grundton) auch die Quinte darüber erklingen.

Blindennotenschrift, ähnelt der abtastbaren Sechspunkte-Blindenschrift (Braille). Die oberen 4 Punkte zeigen die 7 Stammtöne der C-Dur-Tonleiter (c–h) als Achtelnoten. Zur Darstellung anderer Notenwerte dienen die beiden unteren Punkte, Akkordsymbolisierung mittels Intervallzeichen.

Blockflöte, Holzblasinstr., Längsflöte mit schnabelförmigem Mundstück und Kern (»Block«), Kernspalte und Labium. 8 Grifflöcher (tiefere Lagen mit Klappen) dienen der Tonhöhenregulierung. Das Instr. hat einen weichen, wenig beeinflussbaren Klang. Klangerzeugung mittels einströmender Luft (Kernspalte), wodurch die Luftsäule im Rohr in Schwingung gerät. Bau in 5 Größen und Stimmungen.

Schnabel der Blockflöte
Schnitt mit Wirbelbildung

Blue notes (engl.), der Harmonik des Blues eigene, in das Dur-Moll-System nicht einzuordnende Erniedrigung der 3., 5. und 7. Stufe der Tonleiter.

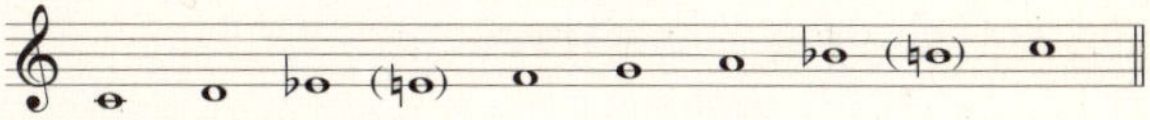

Blues-Tonleiter

Blues (amerik.), melancholisch-langsame Musikform der Afro-Amerikaner, eine wesentliche Grundlage des Jazz. Nach einem zwölftaktigen Schema aufgebaut, mit 2 viertaktigen Textzeilen (»Statement«) und einer viertaktigen Antwortzeile (»Response«), was sich auch in der Harmonik widerspiegelt (z. B. Takt 1–4: Tonika, 5–8: Subdominante, 9–10: Dominante, 11–12: Tonika).

Bockstriller, vorgetäuschter, unregelmäßig zitternder Sekundtriller durch unregelmäßiges Vibrieren der Stimme.

Bogen. **1.** In der Notenschrift a) als Haltebogen, mit dem Noten gleicher Tonhöhe zu einer Note addiert werden (ausgehalten), b) der Binde- oder Legatobogen, der das gebundene Spiel (kein Absetzen zwischen den Tönen) anweist und c) der Phrasierungsbogen, der musikalische Phrasen zusammenfasst. **2.** Zum Streichinstr. gehörender, meist konkav gekrümmter Holzstab, zwischen dessen Enden –

Frosch und Spitze – Rosshaare gespannt sind. Regulierung der Haarspannung mittels Spannschraube am Frosch.

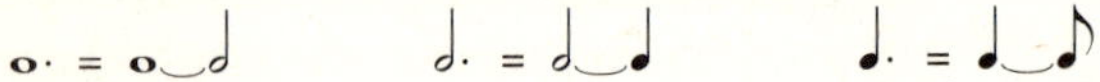

Haltebogen

Bogenform, Formschema ABA; der 1. Teil einer Komposition (A) wird nach andersartigem Mittelteil (B) wiederholt (z. B. dreiteilige Liedform).

Bolero, span. Tanz des 18. Jh.s, mäßig bewegt und im ¾-Takt stehend, mit temperamentvoller, scharfer Akzentuierung, Gesang und Gitarren-, Tamburin- oder Kastagnettenbegleitung. → Fandango.

Bolero-Rhythmus

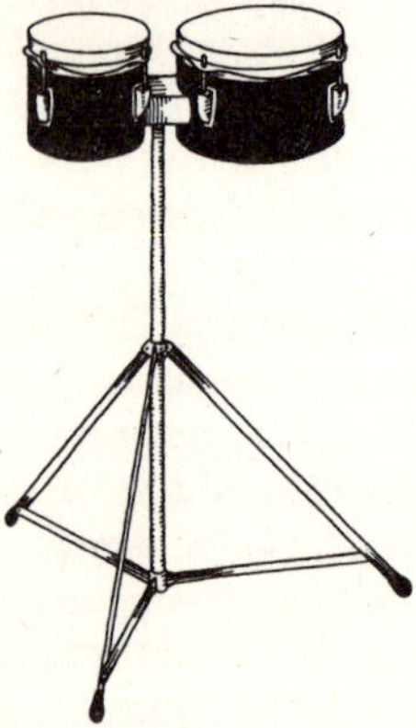

Bongos

Bombardon (frz., ›Donnerbüchse‹), Frühform der Basstuba mit 3–4 Ventilen. Fand in Blaskapellen Verwendung.

Bonang, javan. Gongspiel mit 10–12 Gongs in 2 Reihen; Schlaginstr. im Gamelanorchester.

Bongos, kuban. zylinderförmige Einfelltrommeln (Durchmesser 20–30 cm), mit Ziegen- oder Kunststofffell bespannt. B. zählen zu den klanghöchsten Fellinstr.

Boogie-Woogie (engl.), Klavierstil, der mit Jazz und Blues entstand, mit letzterem auch das Form- und Harmonieschema teilt. Charakteristisch sind die ständig wiederkehrenden, stark rhythmisierten Achtelnoten-Figuren. → Jive.

Bordun (von ital. *bordone* ›Brummbass‹). **1.** Bei Saiteninstr. (z. B. Theorbe) mitklingender, auf gleicher Höhe verharrender Bass. **2.** Tiefste, auf derselben Tonhöhe verharrende Stimme einer mehrstimmigen Komposition. **3.** Tiefes → Orgelregister.

Bossa Nova (port., ›neue Welle‹), Tanzstil, der aus der Verschmelzung von Samba und Elementen des Cool Jazz hervorging und von Brasilien nach den USA und Europa gelangte. Im mäßig raschen 4/4-Takt, charakterisiert durch den fein abgestimmten Einsatz des Schlagwerks.

Bourrée (frz.), rascher zweiteiliger Tanz des 16./17. Jh.s, auftaktig, erst im 3/4-, später 4/4- oder 4/8-Takt. Ab dem 16. Jh. Hoftanz, erhält die B. bald Zugang zur frz. Oper und ihren Platz in der Suite.

Branle (von frz. *branler* ›schwanken‹), frz. Gesellschaftstanz des 16./17. Jh.s, gravitätischer, gesangbegleitender Schreittanz, meist geradtaktig und vier- bis fünfstimmig. 4 Arten des B. bilden den Kern der frz. Tanzsuite: Branle double (langsam), Branle gay (schneller), Branle de Bourague bzw. Branle de Champagne (beide schnell).

Bratsche, Br. → Viola.

Brevis → Mensuralnotation.

brio, con brio (ital.), feurig, schwungvoll.

Brustwerk → Orgel.

Buchstabentonschrift. **1.** Zur Aufzeichnung von Musik verwendete Buchstaben, in Griechenland bis ins

12. Jh. gebr. Häufige Varianten: Großbuchstaben von A–P (= heutiges A–a^1), auch A–G (Oktave) und Wiederholung weiterer Oktaven in Kleinbuchstaben. **2.** Buchstabensymbole für Tonarten/Akkorde. → Tabulatur.

Bügelhorn, in der Blasmusik verwendete Gruppe von Blechblasinstr., weichklingend, mit Ventilen und Kesselmundstück (z. B. Flügelhorn, Alt-, Tenorhorn u. a.).

Buffo (von ital. *buffone* ›Hofnarr‹), komische Charakterrolle, vor allem in der ital. Oper.

Bumbass, Teufelsgeige, primitives Streich-/Schlaginstr. der Bettelmusikanten mit schellenbesetzter Stange, darübergespannter Saite und Resonanzkörper (Blechtrommel).

Bund, Bünde, Querleiste(n) auf dem Griffbrett mancher Saiteninstr. (z. B. im Halbtonabstand), die dem Spielenden die Intonation erleichtern.

Burleske, Burletta (von ital. *burla* ›Spaß‹), humorvolles Musikstück, komisch-derber Tanz. → Humoreske.

byzantinische Musik, Kirchenmusik des byzant. Reiches (330/395–1453), die in Handschriften ab dem 10. Jh. überliefert wurde. Sie ist meist einstimmig und streng vokal, ihre Texte basieren auf der Heiligen Schrift und religiösen Dichtungen. Die rhythmischen, der Antike nachempfundenen Gesangsdichtungen wurden von Meloden (Dichter-Musikern) entwickelt. Innerhalb der b. M. unterscheidet man den Typ des liturgischen Rezitativs vom reinen Gesang. Die Notierung erfolgte in ekphonetischer Notation (nach Zeichen des griech. Alphabets, die, über den Text geschrieben, Intervallschritte, Rhythmus und Vortragsart angeben), später in Neumen.

C

C, c. **1.** Tonbez., 1. Stufe der Grundskala (C-Dur); mit Kreuz (♯) erhöht zu cis, Doppelkreuz (𝄪) cisis, mit ♭ erniedrigt zu ces, Doppel-♭ (♭♭) ceses. **2.** Abkürzung für C-Dur, c-Moll. **3.** Am Anfang eines Notenliniensystems für den 4/4-, 2/2- und 4/2-Takt stehend; ¢ für den Alla-breve-Takt. **4.** → Notenschlüssel.

Cabacca (port., ›Kürbis‹), Kürbisrassel, lateinamerik. Schlaginstr.; ausgetrockneter Kürbis, um den locker Glasketten gespannt sind, die durch Schütteln ein schleifend-rasselndes Geräusch erzeugen.

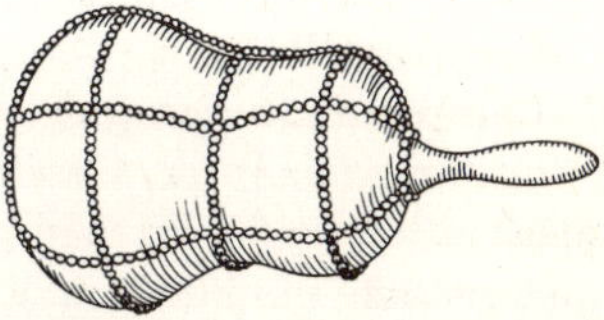

Cabacca

Cabrette (von frz. *cabris* ›Zicklein‹), frz. Dudelsack aus Ziegenleder mit Melodie- und Bordunpfeife, zur Begleitung von Tanzliedern.

Caccia (ital., ›Jagd‹), zwei- bzw. dreistimmige kanonartige Vokalkomposition jagdbezogenen Inhalts. Ab dem 17. Jh. instr. verselbständigt. → Chasse.

Cachucha (span.), span. Tanz des 19. Jh.s, Abart des → Fandangos, mäßig bewegt im 3/4-Takt; gesang- und gitarrenbegleitet. Bei der C. begleitet sich die Tänzerin selbst mit Kastagnetten.

Cakewalk (engl., ›Kuchengang‹), afroamerik. grotesker Schreittanz im 2/4-Takt mit ragtimeartig-synkopierten Rhythmen.

Call and response (engl., ›Ruf und Antwort‹), in der afroamerik. Folklore ein Wechselgesang (Ruf – Antwort) zwischen Vorsänger und Chor, ein Element, das später in Blues und Jazz einging.

calmo, calmando (ital.), ruhiger werdend.

caloroso, con calore (ital.), mit Wärme.

Calypso, Tanz der Farbigen auf Trinidad, im $^2/_4$- oder $^4/_4$-Takt, mit rumbaartigen Rhythmen. Erlangte nach 1950 in Europa Popularität.

Campana (ital.), Glocke.

Campanelli (ital.) → Glockenspiel.

Campane tubolari (ital.) → Röhrenglocken.

Canarie (frz.), frz. Gesellschaftstanz des 17./18. Jh.s, meist auftaktig, im raschen $^3/_8$-, $^6/_8$ oder $^3/_4$-Takt mit charakteristisch punktiertem Rhythmus. Fand gelegentlich auch Eingang in die Suite.

Cancan (frz., ›Klatsch‹), schneller, galoppartiger Tanz im $^2/_4$-Takt, der Mitte des 19. Jh.s zum erotisch-spektakulären Bühnenschautanz (mit Sprüngen, Beinwurf) avancierte.

cancricans (von lat. *cancer* ›Krebs‹). Im Krebsgang, rückläufig (z. B. der Themenverlauf in Fuge oder Kanon).

cantabile (ital.), gesanglich.

Cante chico → Flamenco.

Canticum (lat., ›Lied‹), die in der Liturgie verwendeten, nicht zu den Psalmen zählenden Gesänge aus dem Alten und Neuen Testament (z. B. Magnificat).

Cantilena (lat. ›Lied, Melodie‹). **1.** Mittelalter: liedartige Elemente innerhalb des liturgischen Gesangs; Spielmannslied, volkstümliches Tanzlied/-stück. **2.** 13.–15. Jh.: mehrstimmiger Lied-, später Vokalsatz. → Kantilene.

Canto carnascialesco (ital., ›Karnevalslied‹), während

der Karnevalsumzüge in Florenz ab dem 15. Jh. vorgetragene, strophenförmige, drei- bis vierstimmige Lieder satirischen oder derb-erotischen Inhalts.

Cantus (lat., ›Gesang‹). **1.** Allg. Gesang. **2.** Melodie, Oberstimme einer mehrstimmigen Komposition.

Cantus firmus, C.f., Cf. (lat., ›feststehender Gesang‹). **1.** Im Mittelalter die einstimmige Melodie, meist ein Gregorianischer Gesang. **2.** Im mehrstimmigen Gesang oder Instr.-Satz eine Melodie, oft Abschnitt eines Gregorianischen Chorals, die als Grundlage für den kontrapunktischen Stimmenverlauf dient. Tritt häufig unrhythmisiert und in langen Notenwerten auf, lag urspr. im Tenor, später auch in anderen Stimmen. Der C. f. spielt in Mess-, Motetten- und Liedkompositionen eine wichtige Rolle.

Cappella (ital.), Gruppe kirchlicher Sänger; Kapellchor.

Capriccio (ital., ›Einfall‹), einfallsreiches, auch launenhaftes, formal eher freies Musikstück.

capriccioso (ital.), launenhaft, eigenwillig.

carezzando (ital.), zärtlich.

Carillon (frz.) → Glockenspiel.

Carmen (lat., ›Liedgedicht‹). **1.** Lied, Gedicht in der röm. Antike. **2.** Im mehrstimmigen Satz die den Liedtext singende Stimme (14. Jh.). **3.** Mehrstimmige Sätze, die einen Liedsatz verarbeiten.

Catch (engl., ›fangen‹), eine im 17./18. Jh. in England entstandene Form des Rundgesangs, mehrstimmig, kanonförmig und mit scherzhaft-derben Wortspielen.

CD, Abkürzung für Compact Disk.

C-Dur, c-Moll → Tonarten.

Celesta (ital., ›die Himmlische‹), ein äußerlich dem Klavier (Pianino) ähnelndes Tasteninstr., bei dem kleine abgestimmte Stahlplättchen von befilzten Hämmern einer Klaviermechanik beschlagen werden. Der Klang ist zart-luftig (Tonumfang max. c–c^5).

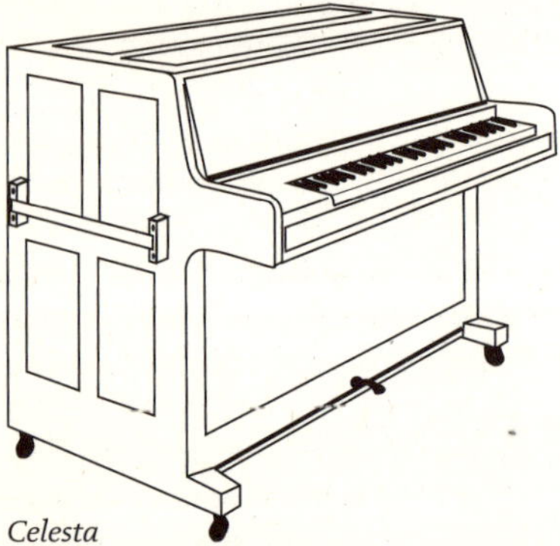

Celesta

Cello → Violoncello.

Cembalo (ital.), flügelförmiges Tasteninstr. mit Zupfmechanik und parallel zur Tastenrichtung verlaufendem Saitenbezug. Der Ton wird durch Anreißen der Saiten (Stahl, Messing) erzeugt. Dies erfolgt über einen jeweils am hinteren Tastenende aufsitzenden »Springer« (Docke) mit beweglich angebrachtem Feder-/Kunststoffkiel und Schwingungsübertragung – über Stege – auf den Resonanzkörper. Der Klang des C.s ist hell, durchsichtig, silbrig, seine Dynamik kaum beeinflussbar. Um dennoch Lautstärke- sowie klangliche Differenzierungen zu ermöglichen, ist das Instr. mit einem mehrchörigen Bezug versehen, der wahlweise, mittels 2. (3., 4.) Manual oder Registerzügen bedient wird und so die gewünschte Klangveränderung, -färbung (Harfenzug) oder -dämpfung (Lautenzug) bewirkt. Der Tonumfang eines C.s beträgt max. 5 Oktaven ($_2F$–f^4). Neben der Orgel ist es das wichtigste Solo- und Generalbassinstr. des 17./18. Jh.s. → Spinett, Virginal.

Cembalo

ces, ceses → C, c.

Ces-Dur, ces-Moll → Tonarten.

Cha-cha-cha, kuban. Modetanz, der um 1950 aus dem Mambo entwickelt wurde. In mäßigem Tempo und im 2/4- oder 4/4-Takt stehend, dazu charakteristische Begleitung mit → Maracas und → Guiro, zählt der Ch. heute zu den int. Turniertänzen.

Chaconne (frz.), **Chiacona** (ital.). **1.** Vermutlich span. Tanz des 16.–18. Jh.s, vokal oder instr., langsam bis mäßig bewegt und im 3/4-Takt stehend. **2.** Instr.-Werk mit Variationen über ein vier- bis achttaktiges ostinates Bassthema, meist langsam, im 3/4-Takt; oft Finalsatz in Suiten- oder Sonatenform.

Chalumeau (frz., von lat. *calamus* ›Schilfrohr‹). **1.** Vorläufer der Klarinette, mit Rohrblatt und Grifflöchern/Klappen. Bau in 4 Größen (Sopran: Tonumfang f^1–c^3). **2.** → Orgelregister.

chamber- (engl.), Kammer- (z. B. *chamber music* ›Kammermusik‹).

Chanson (frz., von lat. *cantio* ›Gesang‹). **1.** Frz. weltliches Lied (Minnesang, Trobadordichtung), einstimmig, unbegleitet (ab dem 11. Jh.). **2.** Mehrstimmiges Lied, mit 2 Begleitstimmen, homophon oder polyphon, mit weltlich-erzählendem Inhalt (15./16. Jh.). **3.** Heiter-galantes, auch satirisch-gesellschaftskritisches Strophenlied (17./18. Jh.). **4.** Frivol-pointiertes, später menschliche und politische Probleme aufgreifendes, instr. begleitetes Strophenlied (19./20. Jh.).

Charleston (engl.), amerik. foxtrottartiger Modetanz, der als langsamer Gesellschaftstanz auch nach Deutschland gelangte. Er steht im 3/4-, auch Alla-breve-Takt und ist an der typischen, nach kleiner Pause fortsetzenden Synkope erkennbar.

Chasse (frz., ›Jagd‹). **1.** Dreistimmiger Kanon in der frz. Musik des 14. Jh.s. **2.** Vokales, später instr. Jagdstück. → Caccia.

Cheironomie (griech., ›Leitung durch die Hand‹), Bestimmung von Tonhöhe, Rhythmus und Tempo mit der Hand. Bereits im antiken Griechenland gebr. Vorstufe der → Neumen.

Chicago-Jazz, im Chicago der 1920er Jahre entstandener, von weißen Musikern getragener, harmonisch einfacher Jazzstil, der das solistische Improvisieren bevorzugt. An die Stelle des Banjos trat die Gitarre.

Chin, bedeutendstes chines. Musikinstr., Soloinstr., Wölbbrettzither von 1 Meter Länge mit 7 Saiten und von zartem Klang; bereits im Altertum bekannt. Spiel im Tempel und bei Hofe. Ab der Ming-Zeit (1368) pentatonisch gestimmt (C–D–F–G–A–c–d). Über 200 Griff- und Anschlagarten für spezifische Artikulation und Klangfarben.

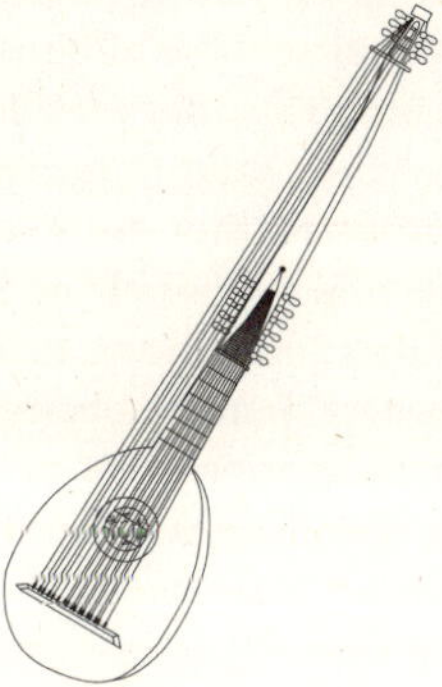

Chitarrone

Chitarrone (ital.), große volltönende Basslaute des 17./18. Jh.s, Generalbassinstr., auch solistisch verwendet. Bestehend aus kleinem Korpus und sehr langem Hals; 6 Saiten (Stimmung in G, c, d, f, g, a) und 5–8 Bordunsaiten (Stimmung in $_1$F, F). Die Spielsaiten laufen über dem Griffbrett zum Wirbelkasten an der Halsmitte, die Bordunsaiten neben dem Griffbrett zum Wirbelkasten am Ende des Halses.

-chörig, Saitenanzahl gleicher Stimmung je Ton (Tasteninstr.) bzw. Gruppe gleichgestimmter Saiten (Zupfinstr.).

Chor (griech., ›Sänger-/Tänzergruppe‹), ab dem 15. Jh. Bez. für ein Vokal- oder Instr.-Ensemble. Bei vokalem Ch. Unterscheidung nach ein- und mehrstimmigem Ch., Männer-, Frauen-, Kinder- u. gemischtem Chor (z. B. mit Sopran, Alt, Tenor, Bass) oder Doppelchor. Als instr. Ch. bez. man das Zusammenwirken mehrerer Instr. (Stimmlagen) innerhalb einer Familie (z. B. Blockflöten-, Streicherchor usw.).

Choral (lat.). **1.** einstimmiger lat. liturgischer Gesang ab dem späten Mittelalter; Gregorianischer Gesang. **2.** Strophiges, einstimmiges, volkssprachiges Gemeindelied.

Choralbearbeitung, mehrstimmige vokale oder instr. Komposition auf der Grundlage eines Chorals. Auch als Choralfantasie bez. **Choralfuge:** freie Fuge über ein Choralthema (als → Cantus firmus), auch die streng fugierte Durchführung einzelner Choralabschnitte. **Choralkantate:** Bearbeitung eines Chorals als Kantate, bei der die Choralmelodie (als Cantus firmus) in Arie, Duett, Chorfuge usw. die Grundlage bildet. **Choralmotette:** Motette, in der der Cantus firmus einer Choralmelodie kunstvoll mehrstimmig oder akkordisch durchgeführt wird. **Choralvariation:** Zusammenstellung verschiedener Choralbearbeitungen, meist für Orgel, oft in sehr freier Variation.

Choralbuch. Sammlung von Kirchenliedern, entweder vierstimmig gesetzt oder mit beziffertem Bass ausgeführt.

choraliter, einstimmiger Vortrag eines liturgischen Gesangs.

Choralnotation, eine zur Aufzeichnung kirchlicher Gesänge (z. B. Gregorianischer Choräle) entwickelte Notenschrift, a) die deutsch-gotische Hufnagelschrift in rhombischer und b) die romanische Quadratnotenschrift, jeweils im Vierliniensystem, wobei Melodierichtung und Verteilung auf die Textsilben deutlich wurde, der Rhythmus aber noch offen blieb. → Mensural-, Modalnotation, Neumen, Noten(schrift).

Choralpassion, Form der → Passion in der protest. Kirchenmusik des 16./17. Jh.s, in der die Worte des Evangelisten u.a. Partien im Rezitationston des Gregorianischen Chorals vorgetragen werden.

Chordometer (griech., ›Saitentöner‹), Messgerät, das die Stärke einer Saite anzeigt.

Chordophone → Saiteninstrumente.

Chororgel, kleine Orgel zur Begleitung kirchlicher Gesänge.

Chromatik (von griech. *chrōma* ›Farbe‹), Erhöhung oder Erniedrigung (Färbung) eines Tons innerhalb einer Tonart um einen Halbton (z. B. c zu cis). Die Ch. bereichert Harmonik und Melodik und bereitet Übergänge von einer Tonart in eine andere vor (z. B. chromatische Modulation). → Alteration.

Ciacona → Chaconne.

Cimbalom, Czimbal, ung. Saiteninstr. der Zigeuner, trapezförmig und auf 4 Beinen stehend. 35–38 Saiten

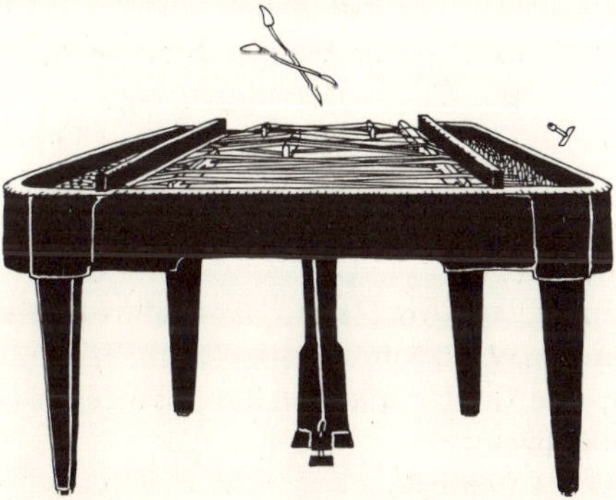

Cimbalom

(Tonumfang C–e³), die mit Filzklöppeln zu spielen sind. → Hackbrett.

Cinelli (ital.) → Becken.

Cis, cisis → C, c.

Cis-Dur, cis-Moll → Tonarten.

Cister (frz.), europ. Zupfinstr. – deutsch auch: Cither – mit birnenförmigem Korpus, flacher Decke, Boden, Zargen und nach oben schmaler werdendem Hals. 4–10 Saiten (Metall; zweichörig) verlaufen über Steg und Griffbrett zum Wirbelkasten. Bau in verschiedenen Größen und Stimmungen.

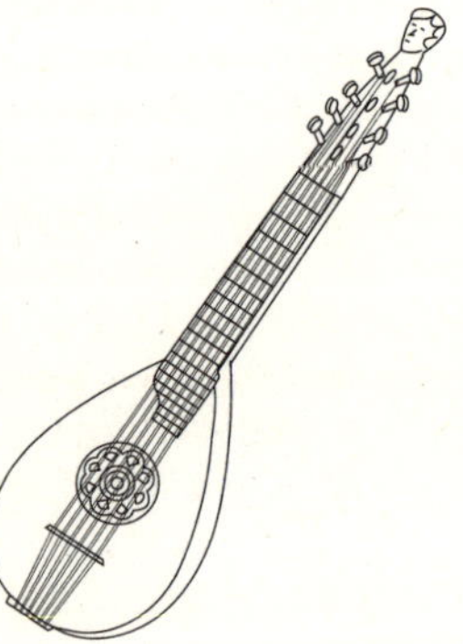

Cister

Clairon (frz.). **1.** Klappenloses Signalhorn der frz. Militärmusik. **2.** → Orgelregister.

Clarino, Clarin (von lat. *clarus* ›hell, klar‹). **1.** Kleine ventillose Naturtrompete, die durch Nutzung hoher Obertöne (8.–17.) c³ erreicht. **2.** Die hohe Lage selbst bzw. entsprechende Werkpartien (z. B. bei Bach). **3.** Ein → Orgelregister.

Clarsach (engl.), kelt.-ir. Harfe, Nationalinstr. Breite Rahmenharfe mit max. 36 Saiten (heute Darm; Stimmung in Es-/E-Dur); gebr. für das Spiel von Renaissancemusik.

Clausula → Klausel.

Clavecin (frz.) → Cembalo.

Claves (span.), kuban. Schlaginstr.: 2 runde Hartholz-

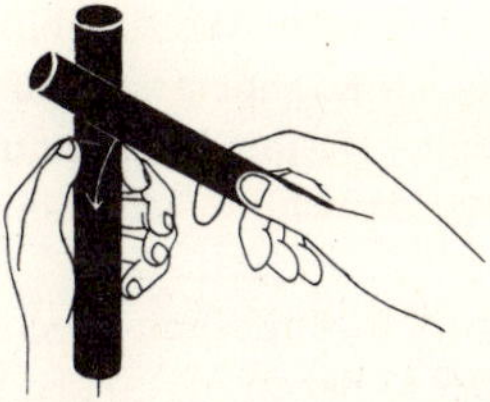

Claves

stäbchen, die, gegeneinandergeschlagen, einen durchdringenden Klang ergeben.

Clavichord → Klavichord.

Cluster (engl., ›Klumpen‹), Tonkomplexe aus Halbton-, Ganzton- und Mikrointervallen, die zwischen Klangfarbe und Geräusch stehen. C. werden nach Lage, Dichte und Breite beurteilt.

Coda (ital., ›Schwanz‹), Schlussteil einer Komposition, entweder im Sinne einer letzten thematischen Steigerung oder als freier, auf Finalwirkung bedachter Schluss.

colla destra, c.d. (ital.), mit der rechten Hand (z. B. beim Klavier).

colla parte, c.p. (ital.), mit der Hauptstimme, Solostimme; notengetreues Begleiten.

colla punta del'arco (ital.), mit der Spitze des Bogens (zu spielen).

colla sinistra (ital.), mit der linken Hand (z. B. beim Klavier).

colla voce, c.v. (ital.), mit der Stimme; notengetreues Begleiten der Gesangsstimme mit Instr., vom 16.–18. Jh. auch bei A-cappella-Sätzen üblich.

col legno, c. l. (ital.), mit dem Holz; Saiten des Streichinstr. mit der Holzstange des Bogens schlagen.

coll'ottava, coll'8va (ital.), mit der Oktave; in der oberen Oktave eine Stimme dazuspielen.

Color (lat., ›Farbe‹). **1.** Im 13.–15. Jh. Wiederholung einer Tonfolge in derselben oder einer anderen Stimme. → Isorhythmische Motette. **2.** 14.–17. Jh.: Verwendung farbiger Noten (rot), um eine rhythmische Wertveränderung anzuzeigen.

Comédie (frz.), frz. Oper des 18. Jh.s mit dem Wechsel heiterer Dialoge und musikalischer Einlagen.

Combo (engl.), aus der Big Band hervorgegangene kleine Gruppe improvisierender Tanzmusiker.

Comes (lat., ›Gefährte‹), 2. Einsatz des Fugenthemas, in einer anderen Stimme und auf anderer Tonstufe stehend, meist im Quintabstand. → Dux.

Commedia per musica (ital.), komische ital. Oper des 17./18. Jh.s. → Opera buffa.

commodo, comodo (ital.), mäßig schnell, gemäßigt.

Communio (lat., ›Gemeinschaft‹), Messliturgie: begleitender Gesang während der Kommunion der Gemeinde, beschließende → Antiphon des Proprium missae.

Computermusik, Musik, die mit Hilfe eines Computers entsteht, der nach musikalischen (z. B. satztechnischen, harmonischen) Regeln programmiert wurde.

con affetto (ital.), leidenschaftlich, ausdrucksvoll.

con amore (ital.), mit Liebe, innig.

con anima (ital.), beseelt, mit Empfindung.

con bravura (ital.), kühn, virtuos.

con brio (ital.), mit Feuer, schwungvoll.

con calore (ital.), mit Wärme.

Concentus (lat.), alle überwiegend melodisch (nicht rezitativisch) orientierten Teile des Gregorianischen Gesangs: Hymnus, Introitus, Antiphonen usw. → Accentus.

Concertino (ital.). **1.** Kleinere Konzertkomposition in kleinerer Besetzung. **2.** → Concerto grosso.

Concerto grosso (ital., ›großes Konzert‹), mehrsätzige, unterschiedlich besetzte, zyklische Instr.-Komposition mit charakteristischem Wechselspiel zwischen einer Solistengruppe (Soli, Concertino) und Orchester (Grosso, Tutti, Ripieno). Während das Tutti eine musikalische Thematik aufstellt und später immer wieder bekräftigt, kommt dem Concertino die Aufgabe der freien Fortspinnung zu, unter Einbezug virtuoser Elemente. Das C. g. avancierte zwischen 1680 und 1750 zu einer Hauptform europäischen Musizierens.

con dolore (ital.), mit Schmerz, schmerzlich.

Conductus (von lat. *conducere* ›geleiten‹), festliches, meist außerhalb der Liturgie stehendes lat. Strophenlied, mit frei erfundener Melodik und gleichem Text wie Rhythmus in allen Stimmen.

con durezza (ital.), mit Härte, bestimmt.

con forza (ital.), mit Kraft.

con fuoco (ital.), mit Feuer, stürmisch.

Conga-Trommel (span.), meist kegelförmige, nach oben hin größer werdende Einfelltrommel kuban. Herkunft. Ihr Klang ist dunkel, der Ton (kleine bis große Oktave) regulierbar. Geschlagen wird das Jazzinstr. mit gespreizten Fingern oder Handflächen.

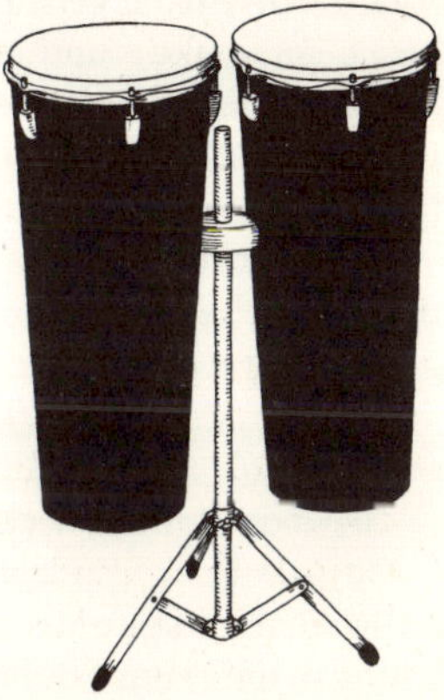

Conga-Trommel

con grazia (ital.), mit Anmut.

con impeto (ital.), mit Ungestüm.

con moto (ital.), bewegt, belebt.

con passione (ital.), leidenschaftlich.

con sordino, c. sord., c. s. (ital.), mit Dämpfer.

Consort (engl., von lat. *consortium* ›Vereinigung‹), kleines Kammermusikensemble im England des 16./17. Jh.s. Das Whole consort besteht aus Instr. der gleichen Familie (z. B. nur Gamben), das Broken consort aus Instr. verschiedener Familien (z. B. Violinen und Gamben, Streicher und Bläser).

con spirito (ital.), mit Geist, feurig.

con tinto (ital.), mit Ausdruck.

Continuo → Generalbass.

Contrapunctus simplex → Kontrapunkt.

Contredanse (frz.), in Frankreich entstandener, später nach Deutschland gelangter Gesellschaftstanz, lebhaft bewegt, geradtaktig und aus 2 Achttaktperioden mit Trio-Mittelteil bestehend. Die Contredanse française wurde als Rundtanz (›Round‹), die Contredanse anglaise als Langreihentanz (›Longway‹) gepflegt.

Cool Jazz (engl.), Jazzstil, der Ende der 1940er Jahre auftrat und sich durch bewusst entspannte, rhythmisch weniger akzentuierte und dynamisch eher gleichbleibende Spielweise auszeichnet. Der C. J. bezog auch kontrapunktische, polytonale und atonale Elemente ein.

coperto (ital.), bedeckt; mit Filz o. ä. gedämpfte Pauke.

Copula (lat., ›Bindeglied‹), Schlussbildung in mittelalterlichen mehrstimmigen Kompositionen (z. B. Organum); häufig in die Prime oder Oktave führend.

Cor anglais (frz.) → Englisch Horn.

corda (ital.), Saite (z. B. *[sopra] una corda* ›auf einer Saite‹ = Pedalverschiebung am Klavier).

Cor de basset (frz.) → Bassetthorn.

Cor de chasse (frz.) → Jagdhorn.

Cor de forestier (frz.) → Waldhorn.

Cornet à pistons (frz.), kleines Ventilhorn, Kornett.

Corno inglese (ital.) → Englisch Horn.

Coro spezzato (ital., ›geteilter Chor‹), räumliche Trennung zweier, auch mehrerer Chöre, wobei im Wechsel oder vereint mehrstimmige Werke erklingen. → Mehrchörigkeit.

Cotillon (frz., ›Unterrock‹), frz. Gesellschaftstanz des 18. Jh.s, eine Nachbildung der engl. Countrydances. Urspr. streng zweiteilig, mit Entrée und Refrain, fand der C. im 19. Jh. vielfach Auflockerung.

Coulé (von frz. *couler* ›schleifen‹), Ausfüllen eines Intervalls durch rasche Tonfolge; frz. Verzierungsform des 17./18. Jh.s.

Countertenor (engl.), männliche falsettierende Altstimme (Stimmumfang $f - f^2$) in der engl. Musik des 16. und 17. Jh.s; heute Neubelebung der Technik im Rahmen des Interesses an der historischen Aufführungspraxis.

Country and Western (engl., sinngemäß ›vom Lande und aus dem Westen‹), ländlich-volkstümliche Lieder aus dem Mittelwesten der USA, melodisch-harmonisch einfach, begleitet von Gitarre, Banjo, Fiedel oder Mundharmonika.

Country dance (engl., ›ländlicher Tanz‹), engl. Gesellschaftstanz des 16.–18. Jh.s, unterteilt in Rundtänze (›Rounds‹), Langreihentänze (›Longways‹) und Karreetänze (›Squares‹).

Country Music → Country and Western.

Country Rock (engl., ›ländlicher Rock‹), Rockmusik ländlich-volkstümlichen Stils unter Einbezug verschiedener Elemente von → Country and Western.

Couplet (frz., ›Strophe‹). **1.** Strophe mit Refrain im mittelalterlichen Lied. **2.** Der solistisch dargebotene, immer neue Teil im Rondeau des 17./18. Jh.s. **3.** Witziges, strophenförmiges Lied der frz. Opéra comique des 19. Jh.s. **4.** Satirisches Strophenlied in Operette, Posse u.ä. im 19./20. Jh.

Courante (von frz. *courir* ›laufen‹), frz. Tanz des 16.–18. Jh.s, zweiteilig, urspr. ungeradtaktiger rascher Springtanz, später im gemesseneren 6/4- oder 3/2-Takt, mit punktiertem Rhythmus, Akzentverschiebungen und kontrapunktischer Stimmführung. Durch Lebhaftigkeit, gleichmäßig fortlaufende Bewegung und reiche Ornamentik hebt sich davon die ital. Corrente (3/8-, 3/4-Takt) ab. Innerhalb der Suite nimmt die C. einen festen (2.) Platz ein.

Credo (lat., ›ich glaube‹). »Credo in unum Deum« (ich glaube an einen Gott). Glaubensbekenntnis, liturgischer Messgesang, 3. Teil des Ordinarium missae.

Creole Jazz, von kreolischen (span. *criollo* ›eingeborene‹) Musikern getragene Stilart des New-Orleans-Jazz, wobei lateinamerik. Elemente (aus Habanera, Tango) mit südwesteurop. Instrumentierung (z. B. Holzblasinstr.) verbunden sind.

crescendo (ital.), zunehmende Lautstärke.

Crossover (engl., ›Kreuzung‹), Musikstil ab Mitte der 1950er Jahre, der verschiedene Stile und Gattungen, auch verschiedener Kulturen, miteinander zu verbinden sucht.

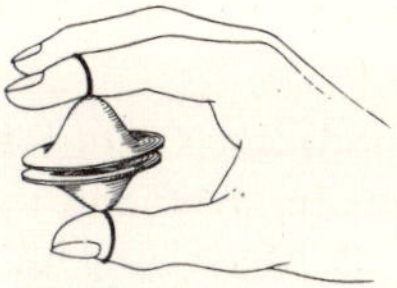

Crotales
(Cymbales antiques)

Crotales (frz.), Schlaginstr., das aus 2 gewölbten Zimbeln (Becken) besteht, deren Flachränder aneinandergeschlagen werden.

Csárdás (ung., ›Pußtaschenke‹), ung. Nationaltanz, formal zweiteilig, mit dem pathetisch-langsamen Kreistanz der Männer (Lassú, in Moll) und einem ekstatisch sich steigernden, synkopendurchsetzten Paartanz (Friss, in Dur, 2/4- oder 4/4-Takt); begleitet von Zigeunermusik.

C-Schlüssel → Notenschlüssel.

Cueca (span.), chilen. Werbetanz in synkopiertem, immer rascher werdendem 3/4- oder 6/8-Takt; wird in Argentinien auch als Samba getanzt. → Zambacueca.

cullando (ital.), wiegend.

Cymbala (lat., Mehrzahl von *cymbalum*), Glockenspiel; in Reihe(n) und nach Größe (Tonhöhe) aufgehängte Glocken, die mit Stäbchen zu beschlagen sind.

Cymbales antiques (lat.) → Crotales.

Czimbal → Cimbalom.

D

D, d. **1.** Tonbez., 2. Stufe der Grundskala (C-Dur); mit Kreuz (♯) erhöht zu dis, Doppelkreuz (×) disis, mit ♭ erniedrigt zu des, Doppel-♭ (♭♭) deses. **2.** Abkürzung für D-Dur, d-Moll. **3.** Abkürzung für Dominante.

da capo, d. c., noch einmal von Anfang an spielen.

Da-capo-Arie, Arie in dreiteiliger Form mit thematisch-tonal kontrastierendem 2. (Mittel-)Teil sowie (variierter) Wiederholung des 1. Teils: ABA oder ABA'. Klassische Form der ital. Opernarie seit dem 18. Jh.

Dämpfer, Vorrichtung an Musikinstr. zur Tonabschwächung oder Klangfarbenänderung. Bei Streichinstr.: Aufstecken eines ›Kammes‹ auf den Steg. Bei Blechblasinstr.: Stopfen des Sturzes mit der Hand oder Einsatz eines Kegels in den Schalltrichter.

Dämpfung, Abnahme der Schwingungsamplitude durch Energieverlust, da sich Schwingungsenergie bei Reibung (Luft, Wände) in Wärme umwandelt.

dal segno, dal s., d. s. (ital.), vom Zeichen 𝄋, §, ⊕ an (und meist bis zum »fine« oder Fermate-Zeichen) wiederholen.

Danse macabre (frz.) → Totentanz.

Danza saltata (ital.) → Springtanz.

Danza tedesca (ital.) → Deutscher Tanz.

Darabukka (arab.), arab. Handtrommel aus Ton, Trommelfell aus Fischhaut, Leder o. ä.

D-Dur, d-Moll → Tonarten.

decrescendo (ital.), schwächer werdend.

Deklamation (von lat. *declamare* ›vortragen‹). **1.** Ausdrucksvoll-gehobener Gesang (urspr. Sprechvortrag) unter

Berücksichtigung von Sinnakzenten, innerer Anteilnahme usw. **2.** Ausdrucksvoller, den Hörer gleichsam ansprechender instr. Vortrag. **3.** Die Fähigkeit, einen Textgehalt in Töne, einen Rhythmus zu fassen.

delicato (ital.), feinfühlig, zartfühlig.

des, deses → D, d.

Des-Dur, des-Moll → Tonarten.

desideroso (ital.), sehnsüchtig, verlangend.

desolato (ital.), verzweifelt.

destra mano, d. m. (ital.), rechte Hand. → mano destra.

détaché (frz.), kurzer, kräftiger Bogenstrich, wobei jeder Ton einen straffen Auf- bzw. Abstrich erhält.

detonieren, unrein singen oder spielen.

Deutscher Tanz, urspr. Volkstänze mit gemächlich-geradtaktigem Vordersatz (Schreittanz) und lebhaft-ungeradtaktigem Nachsatz (Dreh-/Springtanz). Im engeren Sinn: Springtanz seit dem 18. Jh., in Süddeutschland und Österreich verbreitet, im ¾- oder ⅜-Takt stehend, formal aus 2 wiederholten Achttaktperioden (mit Trio) gebaut. → Allemande, → Ländler.

Devise, Devisen-Arie, Arienform der venez. Oper des 17. Jh.s, bei der das den Grundaffekt bestimmende Kopfmotiv zuerst unbegleitet vorgetragen wird.

Dezett (von lat. *decem* ›zehn‹). **1.** Musikstück für 10 Soloinstr./-stimmen. **2.** Ensemble von 10 Solisten.

Dezibel, dB, Maßeinheit zur Messung der Schallintensität.

Dezime → Intervalle.

Diabolus in musica (lat., ›Teufel in der Musik‹), mittelalterliche Bez. für den → Tritonus.

Dialog (griech.), der Wechselrede nachempfundene

musikalische Gestaltung (z.B. in Oratorium, Kantate, Oper, Instr.-Musik).

Diaphonia (griech., ›Auseinandertönen‹). **1.** Altgriech. Musiklehre: das Nichtzusammenpassen von Tönen (z.B. Sekunde, Septime). **2.** 9.–12. Jh.: → Organum. **3.** → Discantus (2.).

Diatonik (griech.), bestimmte Abfolge von Ganz- und Halbtönen, auf der alle europ. Tonalität basiert. Wichtigste diatonische Leitern: im Umfang eines Tetrachords (Viertonfolge, Antike), im Umfang eines Hexachords (Sechstonfolge, Mittelalter), jetzt im Oktavumfang (Achttonfolge) mit meist 5 Ganz- und 2 Halbtönen.

Didgeridoo, Didjeridu (austral.), 1–2 Meter lange, obertonreiche Astflöte der australischen Ureinwohner; Kultinstr. der New-Age-Bewegung.

Dies irae (lat., ›Tag des Zornes‹), Sequenz des → Requiems, die dem Jüngsten Gericht gewidmet ist, bestehend aus 17 Strophen zu je 3 Reimzeilen, 2 zweizeiligen Strophen und dem »Pie Jesu Domine, dona eis requiem. Amen« nach einer gregorianischen Melodie.

Diminution (von lat. *diminutio* ›Verkleinerung‹). **1.** Mensuralnotation: Verkürzung von Notenwerten um die Hälfte, um ein Drittel usw. mittels Mensurzeichen oder Ziffern. **2.** Verkürzung der Notenwerte – meist um die Hälfte – in Kanon, Fugen- oder Sonatenthema. **3.** Improvisierte Umspielung.

dis, disis → D, d.

Discantus (lat., ›Auseinandergesang‹). **1.** Mittelalter: mehrstimmige Musik. **2.** 12./13. Jh.: Die über dem → Cantus firmus (2.) liegende kontrapunktische Gegenstimme.

Discjockey, DJ (engl.), stellt in Diskotheken, bei Rundfunk, Fernsehen usw. die Musik zusammen, mischt, bearbeitet und kommentiert sie.

Disharmonie (lat.) → Dissonanz.

Diskant (lat.). **1.** Oberstimme im mehrstimmigen Vokalsatz des 15.–17. Jh.s. → Sopran. **2.** Höchstgestimmtes Instr. innerhalb einer Familie (z. B. Diskantposaune).

Diskantschlüssel → Notenschlüssel.

Disposition (lat., ›Anordnung‹), Anzahl und Art der Register, deren Zuordnung zu Manualen und Pedal sowie Spielhilfen einer Orgel.

Dissonanz (von lat. *dissonantia* ›auseinandertönen‹), Akkorde oder Intervalle, die Spannungscharakter besitzen und nach konsonanter Auflösung streben (z. B. Sekunde, Septime, Tritonus).

Dithyrambos (griech.), altgriech. Chor- und später Sololied im Dionysoskult, flötenbegleitet und häufig ekstatischen Charakters.

Divertimento (ital., ›Vergnügen‹), mehrsätziges Instr. werk unterhaltenden Charakters, das im 18. Jh. als Tafel-, Freiluft-, Abendmusik usw. diente. Meist kammermusikalisch besetzt (Bläser, Streicher, gemischt), folgt das D. häufig einem suitenartigen Aufbau.

Divertissement (frz., ›Zerstreuung‹). **1.** → Divertimento. **2.** Gesangs- und Tanzeinlagen im frz. Comédieballet oder der Tragédie lyrique des 17. Jh.s.

divisi, div. (ital., ›geteilt‹), Hinweis für die Streicher auf mehrstimmige Stellen (Partitur), welche nicht durch Doppelgriffe von einem Spieler, sondern von 2 und mehr Spielern auszuführen sind.

Dixieland-Jazz, Imitierung des New-Orleans-Jazz mit

Verzicht auf dessen typische Rhythmuselemente und Bluestonalität, dafür Aufnahme charakteristischer Ragtime-Züge und kollektiver Improvisationen; Besetzung: Kornett (Trompete), Posaune, Klarinette, Klavier, Kontrabass, Tuba, Banjo und Schlagzeug.

Dobro, ein der Hawaiigitarre ähnelndes Instr. mit Resonatoren im Korpus; 6 Saiten. Instr. der Country Music.

Docke, bei Kielinstr. (Cembalo) das auf den Tastenenden lose befestigte Holzpflöckchen, in dessen beweglicher Zunge der die Saiten anreißende Kiel sitzt.

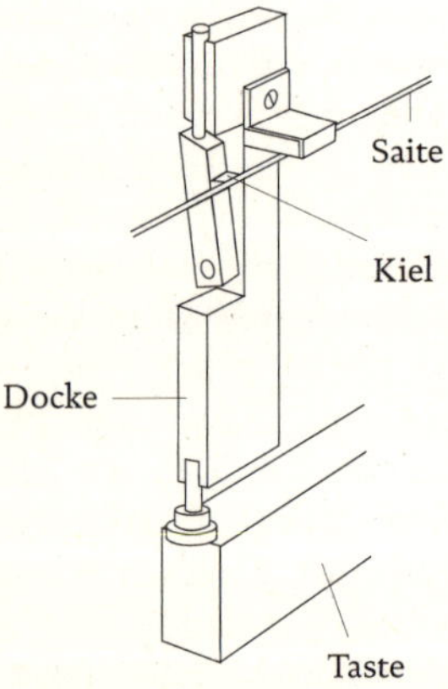

Dodekaphonie (griech.) → Zwölftontechnik.

dolce (ital.), zart, sanft.

dolente, dolendo, doloroso (ital.), klagend, schmerzlich.

Dominante, 5. Stufe einer Dur-/Molltonleiter bzw. der auf ihr errichtete Dreiklang. Bezeichnet das Verhältnis der Tonart und des Dreiklangs zur → Tonika, zu der er bzw. sie stets zurückstrebt.

Dominantseptakkord, D^7, Dominante mit Hinzufügung der kleinen Septime (z. B. von C-Dur: g, h, d^1, f^1). Er verstärkt die Spannung und damit das Zurückstreben zur → Tonika.

Dominantseptnonenakkord, $D^{\overset{9}{7}}$, Dominantseptakkord mit Hinzufügung der kleinen oder großen None (z. B. von C-Dur: g, h, d^1, f^1, as^1 (a^1).

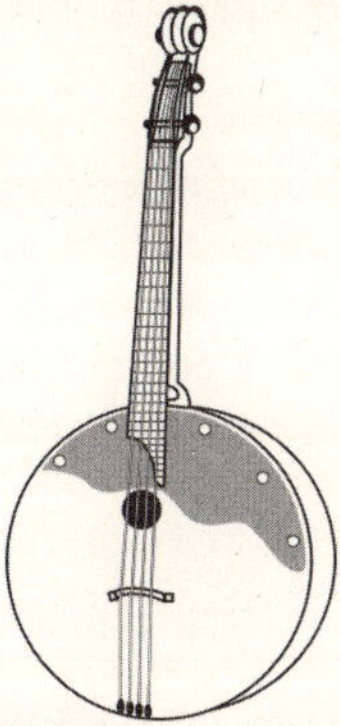

Domra

Domra, altruss. Volksinstr., Langhalslaute mit bauchig-ovalem Korpus, 3–4 Saiten in Quartstimmung; Bau in 6 Größen.

Dona nobis pacem (lat., ›gib uns Frieden‹), Schlussteil des Agnus Dei im → Ordinarium missae der kath. Messliturgie.

Doppel-♭ (𝄫) → Vorzeichen.

doppelchörig. 1. → Doppelchor. **2.** Saiteninstr. mit 2 gleichgestimmten Saiten je Ton.

Doppelchor, ein in 2 eigenständige Halbchöre geteilter Chor, im Wechsel und/oder gleichzeitig klingend. Durch die räumliche Trennung kommt es zu reizvollen Raum- und Echowirkungen (z. B. Nahchor/Fernchor). → Antiphon, → Coro spezzato.

Doppeldominante, Dominante der Dominante (z. B. d^1 als Dominante von g, g wiederum Dominante von c (der Tonika). → Zwischendominante.

Doppelfuge, eine aus 2 Fugenthemen bestehende Fuge. Bei der simultanen D. werden beide Themen gleichzeitig verarbeitet, während die progressive D. mit nacheinander folgender und erst später kombinierter Durchführung arbeitet.

Doppelgriff, gleichzeitiges Greifen von 2 oder mehr Tönen auf einem Streich- oder Tasteninstr. mit einer Hand.

Doppelkanon, Kanon mit 2 verschiedenen, zugleich einsetzenden Melodien, die später kanonisch gegeneinandergesetzt werden.

Doppelkonzert, Konzert für 2 Soloinstr. und Orchester.

Doppelkreuz (x) → Vorzeichen.

Doppelorchester, Teilung eines Orchesters in 2 mit- und gegeneinander musizierende Klangkörper.

Doppelpunkt. 1. Hinter einer Note (nacheinander) stehend: Verlängerung derselben um deren Hälfte und wiederum deren Hälfte. **2.** Wiederholungszeichen. → Zeichen.

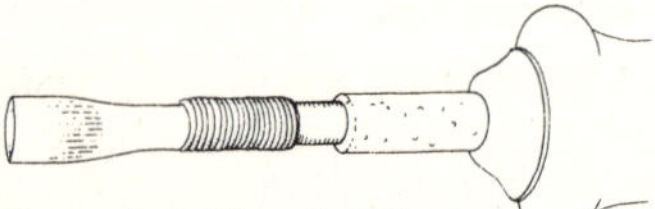

Doppelrohrblatt der Oboe

Doppelrohrblatt, Anblasröhrchen bei manchen Holzblasinstr., aus 2 Rohrblättchen (z. B. Schilf) bestehend. Beim Anblasen schlagen die Blättchen gegeneinander und übertragen die Schwingung auf die Luftsäule im Rohr des Instr.s (z. B. Oboe).

Doppelschlag → Verzierungen.

Doppelter Kontrapunkt, Form des → Kontrapunktes, nach der 2 Stimmen miteinander vertauscht werden (z. B. Oberstimme wird Mittelstimme, Unterstimme wird Oberstimme).

dorisch → Kirchentonarten.

Doublé (frz., ›doppelt‹), melodisch veränderte Wiederholung eines Vokal- oder Instr.-Satzes (z. B. Tanzsatz) durch → Diminution, Verzierungen u. ä.

Doxologie (griech., ›Lobpreisung‹), liturgischer Lobspruch oder Lobgesang in hymnenartiger oder antiphonaler Form (z. B. »Gloria patri et filio et spiritui sancto«, Ehre sei dem Vater und dem Sohn und dem Heiligen Geist).

Drame lyrique (frz.), frz. Operntyp des späteren 19. Jh.s, der Merkmale des romantischen Realismus und Symbolismus mit psychologisierenden Elementen verbindet. Charakteristisch sind eine religiös-philosophische Grundhaltung, gefühlvoll-introvertierte Melodik, subtile Instrumentation und Erinnerungsmotivik (z. B. Debussy, *Pelléas et Mélisande*).

Dramma per musica (ital., ›Schauspiel für Musik‹), ernste ital. Oper des 17./18. Jh.s; Vorläufer der → Opera seria.

Dreher, österr.-süddeutscher Volkstanz des 18. Jh.s im raschen ¾- oder ⅜-Takt; verwandt mit dem Deutschen Tanz bzw. Ländler.

Drehleier, Radleier, altes Saiteninstr. frz. Herkunft mit lautenartigem Korpus. Klangerzeugung mit Hilfe eines aus der Decke ragenden Holzrades, über dessen Rand 1–2 Melodiesaiten (dazu 2–4 Bordunsaiten) geführt sind, die bei Raddrehung (Kurbel) in Schwingung versetzt

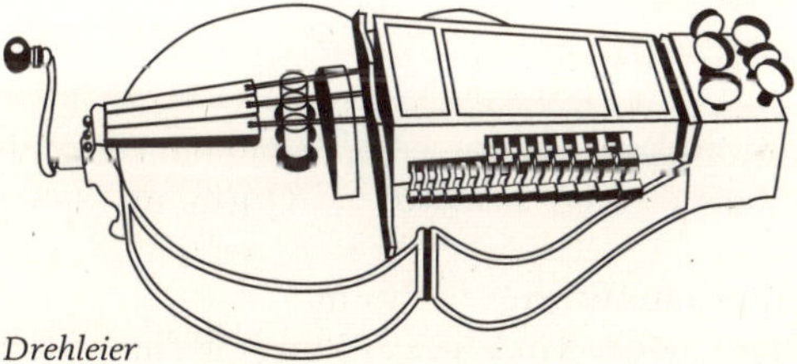

Drehleier

werden. Mittels Tastatur – über Tangenten – können die Saiten verkürzt und so die Töne entsprechend erhöht werden.

Drehorgel, Leierkasten, Kleinorgel, Instr. der Straßenmusikanten. Tonerzeugung mittels gedackter oder Zungenpfeifen, Wind über Blasebalg und Kurbel. Mit letzterer wird zugleich eine Walze in Bewegung gesetzt, auf der angebrachte Stifte bestimmte Pfeifenventile öffnen/schließen und so die Melodie erzeugen.

Dreiertakt, Takteinheit mit 3 Zeitwerten (z. B. 3/2-, 3/4-, 3/8-Takt mit Akzent auf dem 1., 6/2-, 6/4- oder 6/8-Takt auf dem 1. und [weniger] 4. Schlag.

dreigestrichen → Oktavbereiche.

Dreiklang, ein aus Grundton (Prime), 3. (Terz) und 5. (Quinte) Stufe bestehender Akkord; auch in Terzlage (Grundton auf 3. Stufe) oder Quintlage (Grundton auf 5. Stufe) auftretend. Außer Durdreiklängen gibt es Molldreiklänge (mit erniedrigter 3. Stufe), verminderte (mit erniedrigter 3. und 5. Stufe) und übermäßige D. (mit erhöhter 5. Stufe).

1. 2. 3. Stufe

Dreistimmigkeit, 3 Stimmen in homophoner oder polyphoner Ausführung; aus dem → Organum (2.) entwickelt.

Dreiteilige Liedform → Liedform.

Dreiviertelgeige, Kindergeige, Länge 56 cm. → Halbe Geige.

Drive (engl., ›Triebkraft‹), vorwärtstreibende Phrasierung mit dem Eindruck einer Temposteigerung, hervorgerufen durch das Spannungsverhältnis von → Off-Beat, On-Beat.

drums, d, dr, dm (engl.), Schlagzeug.

Dudelsack, Sackpfeife, Blasinstr., altes Volksinstr., schott. Nationalinstr. Spielbeginn nach Füllung des Windsacks (z. B. Tierhaut) mittels Anblasrohr, später, während des Spiels, wird Luft in die Pfeifen gepresst und so – über einfaches oder Doppelrohrblatt – der Klang erzeugt. Man unterscheidet Instr. mit einfacher Spielpfeife (und Bordunpfeife[n]) und gedoppelten Spielpfeifen (ohne Bordun).

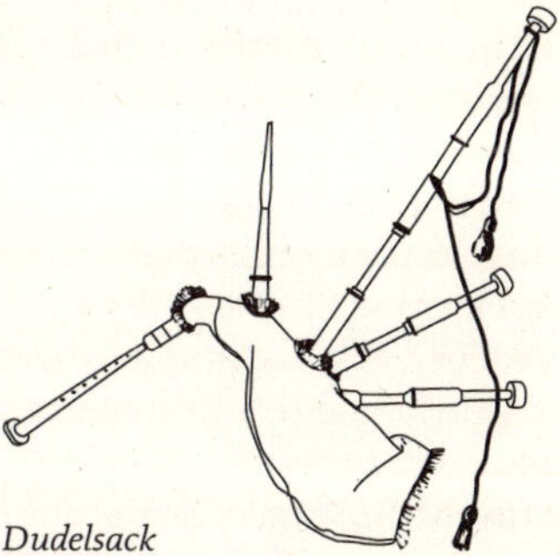
Dudelsack

Dulzian (von lat. *dulcis* ›süß‹). **1.** Vorform des Fagotts, mit Doppelrohrblatt, u-förmigem Anblasrohr (Metall) und 7–10 Grifflöchern/Klappen. **2.** Ein → Orgelregister.

Dumka (ukrain.), ukrain. Volkslied lyrisch-epischen Charakters in langsamem Tempo und Moll-Tonalität; Unterbrechung durch rasche Abschnitte.

Duo (lat., ›zwei‹). **1.** Musikstück für 2 Soloinstr./-stimmen. **2.** Ensemble von 2 Solisten.

Duodezime (von lat. *duodecima* ›die zwölfte‹), Zwölfstufenintervall: Quinte über der Oktave (z. B. c^1–g^2).

Duole (von lat. *due* ›zwei‹). Innerhalb eines dreiteiligen Notenwertes eine nur zweifache Unterteilung.

Dur, Durtonarten (von lat. *durus* ›hart‹), das ›harte‹ Tongeschlecht (im Gegensatz zu Moll), mit Halbtonschritten zwischen der 3./4. und 7./8. Stufe der Tonleiter. → Tonarten.

durchbrochene Arbeit, Kompositionstechnik: Zerlegung eines musikalischen Themas in Einzelmotive, die verschiedenen Stimmgruppen zugeordnet werden, wodurch eine durch mehrere Stimmen fortlaufende Melodie entsteht.

Durchführung. **1.** Führung eines Fugenthemas durch alle Stimmen. **2.** Bez. für die sich einer Exposition anschließende Themenverarbeitung: melodisch, harmonisch, rhythmisch, in → durchbrochener Arbeit usw. → Fuge, Sonaten(haupt)satzform.

Durchgang, Durchgangstöne, harmoniefremde Töne, die akkordeigene Töne verbinden; häufig auf unbetonter Taktzeit. (Notenbsp.: x = Durchgangstöne.)

durchkomponiert. **1.** Lieder, die nicht dem Prinzip des Strophenliedes, sondern, dem Text entsprechend – oft bei musikalischer Ausdeutung – einer individuellen Gestaltungsart folgen. **2.** Oper: statt einer Abfolge strenger Formen (z. B. Rezitativ – Arie) trägt eine szenisch übergeordnete, thematische Verarbeitung das musikalische Geschehen.

Dur-Moll-System, seit dem 16./17. Jh. bestehendes, von den Tongeschlechtern Dur und Moll bestimmtes diatonisches Tonsystem.

Dux (lat., ›Führer‹), Grundgestalt des Fugenthemas. → Comes.

Dynamik, Tonstärke und deren Abstufungen. Erlangte erst im 18. Jh. Bedeutung, seither zunehmende Differenzierung der dynamischen Bezeichnungen: piano, forte, mezzoforte, mezzopiano, fortepiano, crescendo, decrescendo, sforzato u. a.

E

E, e. **1.** Tonbez., 3. Stufe der Grundskala (C-Dur); mit Kreuz (♯) erhöht zu eis, Doppelkreuz (𝄪) eisis, mit ♭ erniedrigt zu es, Doppel-♭ (♭♭) eses. **2.** Abkürzung für E-Dur, e-Moll.

Echo (griech.). **1.** Akustik: Reflexion des Schalls, der zeitlich verzögert wahrgenommen wird. **2.** Wiederholung einer musikalischen Phrase in dynamischer Abstufung, z. B. bei räumlich voneinander getrennten Chören, → Terrassendynamik u. a.

Ecossaise (frz., ›die Schottische‹), urspr. schott. Volkstanz im ¾-Takt (Country dance), der nach 1700 – mit raschem Tempo und im ²⁄₄-Takt – zur Anglaise am frz. Hof avancierte.

E-Dur, e-Moll → Tonarten.

Edition (lat.), Ausgabe eines (hier) musikal. Werkes.

Effektinstrumente, -geräte. **1.** Instr., mit denen außermusikalische Geräusche erzeugt werden (z. B. Kuckucksruf, Windmaschine). **2.** Elektronische Geräte der Unterhaltungsmusik (z. B. Ringmodulator, Verzerrer, Halleinrichtungen u. a.).

effettuoso (ital.), wirkungsvoll.

eingestrichen → Oktavbereiche.

Einsatz, Beginn einer Stimme.

Einschwingvorgang, bei Klangerzeugung (Musikinstr.) das allmähliche Anschwellen der Schwingungen bis zum Erreichen des Normalwertes (Dauer etwa 0,5 Sekunden). Der E. wird von Tonstärke und -lage mitbestimmt und ist ausschlaggebend für den Klangcharakter eines Instr.s.

eis, eisis → E, e.

Elegie (von griech. *élegos* ›Klagelied‹), Versform (Distichon) der griech. Antike; in der römischen Dichtung Liebes- oder Klagelied. Im 18./19. Jh. Gesangs- oder Instr.-Stück lyrisch-schmerzlichen Charakters.

Elektroakustik, befasst sich mit der Verwandlung von Schallwellen in elektrische Schwingungen und umgekehrt; Lehre von der elektrischen Erzeugung, Verstärkung, Übertragung und Wiedergabe des Schalls.

Elektrobass, E-Bass → Bassgitarre.

Elektrogitarre, E-Gitarre, Instr. der Unterhaltungsmusik, gebr. als Melodie-G. oder Akkordinstr. Mit oder ohne Resonanzkörper, 6 Saiten (Metall; Stimmung Melodie-G. in E, A, d, g, h, e^1), elektronischem Tonabnehmer; Umwandlung der Saiten- in elektrische Schwingungen, Wiedergabe über Verstärker, Filter, Vibraphon/Halleinrichtungen und Lautsprecher.

Elektroklavier, ein mit Klaviatur versehenes elektronisches Musikinstr., das auf mechanischer Schwingungserzeugung basiert.

Elektronenorgel, Instr. der Unterhaltungsmusik, orgelartig, mit Manualen und Pedalen, auf elektromagnetischer oder elektronischer Tonerzeugung beruhend. Klangliche Wirkungen mittels Effektregistern (z. B. Rhythmus-Schlagzeug-Automatik, Vibrato usw.).

elektronische Musik, Musik, die man in einem Studio auf Tonband produziert, wobei das Klangmaterial, von traditionellen oder elektronischen Instr. sowie Alltagsgeräuschen, Sprache usw. stammend, elektronisch bzw. mittels Synthesizer verarbeitet wird. E. M. tritt mitunter auch als Zuspielmusik auf (Orchester und Tonband oder Live-Elektronik).

elektronische Musikinstrumente, Elektrophone, Instr., deren Töne mit Hilfe elektronischer Schwingungen entstehen, wobei Wechselspannung erzeugt wird, die sich im Lautsprecher in akustische Schwingungen umwandelt. Mit e.n M.n können, bei Einschaltung von Filtern, auch Klangfarbenveränderungen am Einzelton vorgenommen werden. Dies geschieht durch Herausnahme von Obertonbereichen (beliebiger Frequenzbreite) aus den jeweils gewünschten Tönen. Ebenfalls neu ist die Verwendung generell obertonfreier Sinustöne. Man unterscheidet zwei Arten e.r M.: a) Instr. mit mechanischer Schwingungserzeugung und elektronischer Verarbeitung (z. B. Saiteninstr.) und b) Instr. auf der Basis ausschließlich elektronischer Schwingungserzeugung und -verarbeitung. Während bei a) die mechanische Schwingung von einem Tonabnehmer in elektronische umgesetzt wird, erfolgt die Schwingungserzeugung bei b) mittels Tongenerator, die weitere Verarbeitung durch Filter, Verzerrer u. a. E. M. sind z. B. Elektronenorgel, Elektroklavier oder Tastensynthesizer.

Englisch Horn

E-Musik, Ernste Musik (Klassik); Gegensatz: U-Musik (Unterhaltungsmusik).

Endstufe, Endverstärker, Bauelement in Musik- bzw. Hi-Fi-Anlagen: letzte verstärkende Stufe vor Abgabe an einen Lautsprecher.

Engführung, dichte Abfolge mehrerer ein Fugenthema verarbeitender Stimmen, wobei das Thema schon einsetzt, bevor es in einer anderen Stimme beendet wurde. → Fuge.

Englisch Horn, E. H., E. Hr., Altinstr. der Oboenfamilie mit abgebogenem Mundstück, Klappen und birnenförmigem Schalltrichter; Stimmung in F, Tonumfang e–a^2, (b^2); mit charakteristisch dunklem, leicht elegischem Klang.

Enharmonik. **1.** Tongeschlecht der griech.-antiken Musik im Umfang einer reinen Quarte. **2.** Seit dem Mittelalter das Verhältnis zweier Nachbarstammtöne, deren tieferer erhöht (♯) und höherer erniedrigt (♭) wurde (z. B. das Verhältnis von dis zu es).

Enharmonische Umdeutung, Möglichkeit, mit Hilfe anderer Schreibweise eines (gleichen) Tons in neue Tonarten zu modulieren (z. B. gis bei E-Dur schreibe as für neue Zieltonart c-Moll). → Modulation.

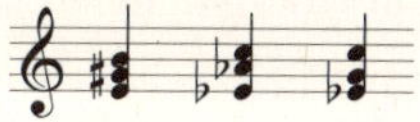

E-Dur As-Dur c-Moll

Enharmonische Verwechslung, ein der besseren Lesbarkeit halber vorgenommener Austausch zweier Notennamen, die im temperierten System gleiche Tonhöhe besitzen (z. B. Umbenennung von dis in es).

Ensemble (frz., ›zusammen‹). **1.** Vereinigung von Vokal- oder Instrumentalsolisten (z. B. Jazz-, Kammermusikensemble). **2.** Szene einer Oper, in denen 3 oder mehr Solisten zusammenwirken. **3.** Gesamtheit der Mitwirkenden einer musizierenden Gruppe/Vereinigung.

Entr'acte, Entreakt (frz., ›Zwischenakt‹), Zwischenakteinlagen (Musik, Tanz) in Musikdrama, Schauspiel usw.

Epilog (von griech. *epilogos* ›Nachwort‹), frei angehängter Schlussteil in Oper, Sinfonie usw.

Episches Musiktheater, Form des Theaters, in der sich die Zuhörenden nicht mehr traditionell einer geschlossenen Handlung zugehörig fühlen, sondern sofort alle Möglichkeiten zu Distanz und Urteil erhalten. Realisierung mit Erzähler (Kommentator), Schauspielern (Sängern), die aus ihrer Rolle heraustreten, Songs, Liedern u. a.

Episode (von griech. *epeisodion* ›Einschub‹). **1.** Fuge: Das von Durchführung zu Durchführung überleitende Zwischenspiel. **2.** Rondo: die zwischen den Refrain-Teilen stehenden kontrastierenden Teile. **3.** Sonatensatz: frei eingeschobenes Thema.

Epos (griech., ›das Berichtete‹), Wiedergabe eines Geschehens aus dem Bereich der Historie, der Sagen oder Mythen, breit-schildernd, mehrteilig, strophenförmig, gesprochen oder gesungen und (manchmal) von einem Saiteninstr. begleitet (Lyra, Kithara).

Equalizer (von engl. *equalize* ›ausgleichen‹), Filter, die zur Klangregelung den Frequenzgang einer Übertragung verändern.

Erhöhungs-/Erniedrigungszeichen → Vorzeichen.

es, eses → e.

Es-Dur, es-Moll → Tonarten.

espansivo (ital.), expansiv, sich ausdehnend.

espirando (ital.), verhauchend.

espressivo, con espressione (ital.), ausdrucksvoll.

Estampie (frz.), mittelalterlich-höfisches, in Spanien und der Provence verbreitetes Vortragsstück, geradtaktig und dem Prinzip fortschreitender Wiederholung AABBCC folgend.

Ethos(lehre) (griech., ›Sitte, Charakter‹), urspr. antike Vorstellung vom erzieherisch-läuternden Charakter der Musik. Später Zuordnung von musikalischen Parametern wie Melodie, Rhythmus, Tonarten zu bestimmten Affekten (z. B. Tonart dorisch = ernst; phrygisch = leidenschaftlich usw.). → Affektenlehre, → Tonartencharakter.

Etüde (frz., ›Studium‹), formal häufig freies, spieltechnisch anspruchsvolles Übungsstück für Soloinstr. (z. B. für Klavier).

Euphonium → Bariton (3.).

Evangelist, der in der geistlichen Chormusik (z. B. Passion) den Text des Evangeliums Vortragende. → Testo.

Evergreen (engl., ›immergrün‹), beliebte Melodie, die über längere Zeit populär bleibt.

Exequien (von lat. *exsequiae* ›Totengeleit‹), Musik bei der kirchlichen Totenfeier und Beerdigung.

Explicit (von lat. *explicitus* ›ist zu Ende‹), Schluss eines musikal. oder literarischen Werkes; dient zur Identifizierung in (v. a. mittelalterlichen) Werkverzeichnissen. → Incipit.

Exposition (von lat. *expositio* ›Aufstellung‹). **1.** Erste Periode/Durchführung einer Fuge. **2.** Im Sonatensatz erste Vorstellung eines oder mehrerer musikalischer Themen, oft gegensätzlichen Charakters, mit Hauptthema in der Tonika-, Nebenthema meist in der Dominanttonart.

F

F, f. **1.** Tonbez., 4. Stufe der Grundskala (C-Dur); mit Kreuz (♯) erhöht zu fis, Doppelkreuz (𝄪) fisis, mit ♭ erniedrigt zu fes, Doppel-♭ (𝄫) feses. **2.** Abkürzung zu F-Dur, f-Moll.

facile (ital./frz.), leicht, ungezwungen.

Fado (port. ›Schicksal‹), seit dem 19. Jh. verbreitetes, zweiteiliges, u. a. mit Gitarre begleitetes Lied melancholischen Charakters.

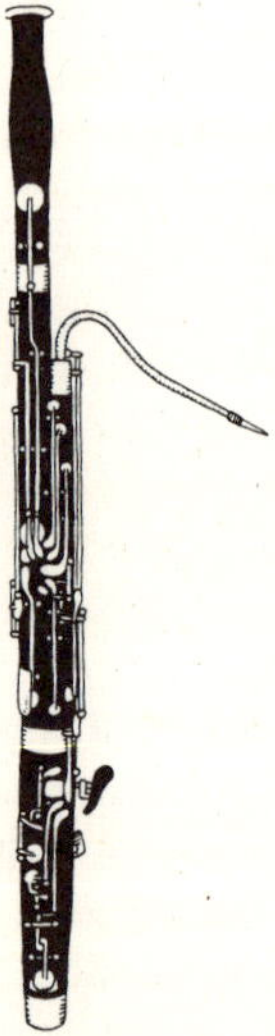

Fagott

Fagott, Fag., Fg., tiefstes Holzblasinstr., Soloinstr. mit Doppelrohrblatt, gekrümmtem Mundrohr (Messing, Neusilber), fast 3 Meter langer, innerhalb des Holzkorpus erst ab-, dann aufsteigender Holzröhre: Flügelstück (niedergehend), Stiefel (Umlenkrohr, doppelt gebohrt), Mittelstück (aufsteigende Bassstange) und Kopfstück (Schallbecher). Das Instr. besitzt meist 24 Klappen und 5 Grifflöcher (Stimmumfang: $_1$B–es^2). Wechsel des Ausdrucks je nach Höhenlage: feierlich, lyrisch, auch komisch-burlesk.

Falsett (von lat. *falso* ›falsch‹), männliches Kopfstimmenregister mit Resonanzverstärkung des Brustraums.

Fandango (von afroamerik. *fanda* ›Gastmahl‹), span. Tanzlied im mäßig bewegten Dreiertakt mit scharf akzentuierten Rhythmen.

Fanfare (frz.), in Spielmannszügen verwendete Es-Trompete; auch festliches Trompetensignal, -stück.

Fantasie, urspr. improvisierte Lautenmusik (Italien, Frankreich 15./16. Jh.), später frei gestaltetes Instr.-Stück, durch ungewöhnliche Form, Takt- oder Tempowechsel u. a. charakterisiert.

Farandole (frz.), südfrz.-provenz. Volkstanz im raschen 6/8-Takt und mit scharfen Rhythmen; von Flöten- und Tamburinspiel begleitet.

farbiges Rauschen → Rauschen.

Fauxbordun (frz. ›falscher Bass‹), Anweisung, einem zweistimmigen Satz eine weitere (Bass-)Stimme, parallel zu Mittel- und Oberstimme verlaufend, zu unterlegen. Führte zur Etablierung des homophon-akkordischen Satzes.

F-Dur, f-Moll → Tonarten.

Feldmusik, Musik der Hoftrompeter des 15.–18. Jh.s, meist mit volksliednahen Freiluftmusiken (Serenaden, Divertimenti, Partiten). Später instr. Erweiterung um Holzbläser und Pauken.

Fermate (von ital. *fermata* ›Aufenthalt‹), ein über Noten oder Pausen stehendes Zeichen, das ein längeres Aushalten, Dehnen anweist.

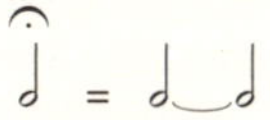

feroce (ital.), wild, heftig.

fes, feses → F, f.

Fidel, Fiedel, altes Streichinstr. der Violenfamilie mit ovalem Korpus, eingebuchteter Decke, Boden, Zargen, geradem Hals und Wirbelkasten. Meist fünfsaitig, in Terz-Quart-Stimmung.

Figuralmusik. 1. Mehrstimmige, kontrapunktisch gesetzte Musik des 14.–16. Jh.s. → Mensuralmusik. **2.** Melodie (z. B. eines Chorals), die später ausgeziert wurde.

Figuration (lat.), Umspielung einer Melodie, Auflösung von Akkorden durch kleinwertige, wiederholte Figuren.

Figurenlehre, Verwendung musikalischer Figuren v. a. in der Musik des 16.–18. Jh.s zur Ausschmückung und zur inhaltlichen, symbolischen (Text-)Ausdeutung (z. B. wird das Wort ›hinaufsteigen‹ mit einer aufsteigenden Melodie versehen).

Filmmusik, urspr. zu Stummfilmen (mit Klavier, Harmonium u. a.), später in Form von anspruchsvoller filmbegleitender, -untermalender Musik, handlungs-, dialog- und stimmungscharakterisierend, psychologisch ausdeutend und manchmal absichtsvoll verfremdet.

Filter, elektroakustische Geräte der Studiotechnik zur Herausfilterung von Klangspektren oder Nebengeräuschen (z. B. Rauschen). Während beim Hochpass Schwingungen hoher Frequenz erwünscht sind, werden beim Tiefpass niedere Frequenzen bevorzugt. Der Bandpass bez. die Wahl eines bestimmten Schwingungsbereiches.

Finale (ital.). **1.** Die einen Opernakt als Höhepunkt beschließende Szene. **2.** Letzter Satz eines mehrteiligen Instr.-Werkes, oft schnell und von zuversichtlichem Charakter. Formen: z. B. Fuge, Sonatenhauptsatz oder Rondo.

Finalis (von lat. *finis* ›Ende‹), der eine Kirchentonart bestimmende Schlusston.

Fine (von lat. *finis* ›Ende‹), Ende einer Komposition.

Fingersatz, in Ziffern über den Noten stehende Spielanweisungen; Tasteninstr.: 1 = Daumen, 2 = Zeigefinger usw. Streichinstr.: 0 = leere Saite, 1–4 = Zeigefinger bis kleiner Finger; Blasinstr.: Verteilung auf beide Hände.

fis, fisis → F, f.

Fis-Dur, fis-Moll → Tonarten.

Flageolett (von frz. *flageot* ›kleine Flöte‹), kleine Blockflöte, eine Quinte über der Sopranblockflöte stehend.

Flageolett-Töne, auf Saiteninstr. durch schwaches Fingeraufsetzen an den Hauptteilungspunkten erzeugte, leicht pfeifende Obertöne; auch in Doppelgriffen ausführbar.

Flamenco (span.), südspan.-andalus. Tanzlied mit reichverziertem Gesang, strenger Rhythmik und Variantenbildung. Schwerblütig-klagend unterscheidet sich der Cante jondo vom lebhaft-leichteren Cante chico; beide mit Gitarren- und Kastagnettenbegleitung.

flat, fl. (engl. ›flach, matt‹), engl. Bez. für das b bzw. eine Halbtonerniedrigung durch ♭ (z. B. es = e flat).

Flatterzunge, Flz., Flattz., Tremolo bei Blasinstr. (z. B. Flöte, Klarinette, Trompete, Posaune, Saxophon) durch Flatterbewegung der Zunge (Zungen-R).

flautando, flautato (ital., ›flötend‹), Spielanweisung für Streicher, nahe am Griffbrett zu spielen. Hierdurch entstehen flötenähnliche, obertonarme Töne. → sulla tastiera.

Flauto piccolo, fl. picc. (ital.), kleine Flöte, Piccolo(flöte).

Flauto traverso → Querflöte.

F-Löcher, F-förmige Schalllöcher in der Decke von Streichinstr.

Flöte, Fl. 1. Blasinstr., Rohr aus Holz oder Silber,

Kopfstück mit Mundloch, Mittel- und Fußstück mit Grifflöchern oder Klappen. Einteilung nach Bauart in Kernspalt-, Schnabel-, Kerb- oder Gefäßflöte, nach Spielhaltung in Längs- oder Querflöten. Tonerzeugung durch Anblasen einer Schneide (z. B. Blockflöte) oder Kante (z. B. Querflöte), dadurch Brechung des Luftstroms in Wirbeln und Längsschwingung der im Flötenrohr befindlichen Luftsäule. Tonhöhenregulierung durch Überblasen oder rohrverkürzendes/-verlängerndes Öffnen/Schließen der Grifflöcher und Klappen. Bau und Stimmung in verschiedenen Größen (→ Abb. S. 187). **2.** → Orgelregister.

Flötenuhr, Uhrwerk, das mit einer mechanischen Orgel, meist mit Labialpfeifen, ausgestattet ist. Beliebt v. a. gegen Ende des 18. Jh.s. → Orgelwalze.

Flügel, Klavier in Form eines Vogelflügels, z. B. als Konzert-, auch Stutzflügel; aufrecht stehend als sog. Giraffenflügel.

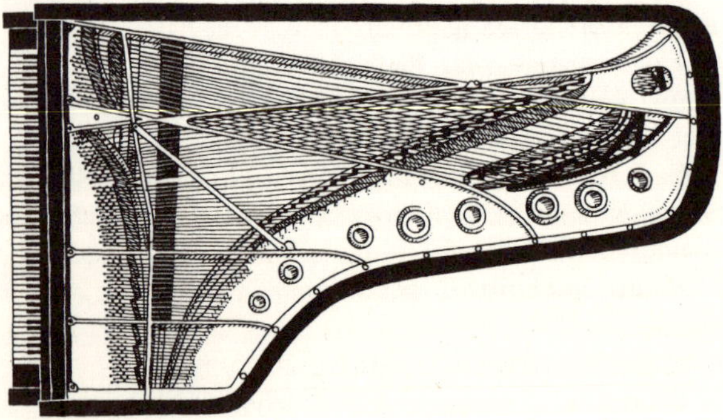

Konzertflügel in Aufsicht (Deckel abgenommen)

Flügelhorn, hohes Instr. der Bügelhornfamilie (Sopranlage), weich klingend, Stimmung in B, C (Tonumfang z. B. e–b^2). Einsatz als Melodieinstr. im Blasorchester.

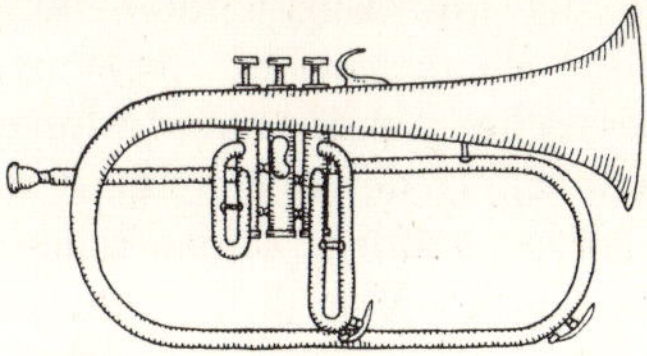

Flügelhorn

focoso (ital.) → fuocoso.

Folklore, musikalische (engl., ›Wissen des Volkes‹), mündliche Überlieferung von Volksmusik (Lieder, Tänze).

Folk-Rock (engl.), Verbindung engl.-amerik. Folklore mit Elementen der Rockmusik (Spielweise, Instrumentation, Rhythmus usw.).

Folksong (engl.), urspr. dem Volkslied gleichgesetzt: mündlich überliefertes, häufig in Varianten vorliegendes anonymes Lied. Der F. aus den USA verbindet engl., ir. und schott. Liedgut mit Elementen von Negro Spiritual, Hillbilly und Country Music. Nach dem 2. Weltkrieg zunehmend kommerzialisiert; auch politisch-sozial engagiert (z. B. im Protestsong).

Forlana (ital.), nordital. Volkstanz aus dem 16. Jh., der Tarantella ähnlich, im lebhaften 6/8- oder 6/4-Takt, bei rasch wechselnden Satzteilwiederholungen.

Form, die in einer Komposition herrschende Ordnung.

Im engeren Sinn: Bauprinzipien, die ein musikal. Werk bestimmen, Anordnung der Einzelteile und deren Bezüge zueinander.

Großform: bezieht sich auf die einzelnen Teile eines Werkes (z. B. das Verhältnis von 4 Sätzen einer Sinfonie zueinander).

Form innerhalb eines Satzes/Stücks: während sich bei der Reihungsform einzelne, abgeschlossene Formglieder aneinanderfügen, ist die Entwicklungsform – bei engen motivischen Beziehungen der Einzelsegmente – durch ständige Weiterentwicklung charakterisiert. Reihungsform: z. B. Passacaglia, klassisches Rondo; Entwicklungsform: z. B. Fuge, Sonatenform. Lieder folgen meist der ein-, zwei- oder dreiteiligen → Liedform, Tänze dagegen ganz unterschiedlichen Formprinzipien (z. B. Estampie: AABBCC usw.).

Formant, -bereich, ein verstärkt Obertöne aufweisender Frequenzbereich bei Instr. oder der menschlichen Stimme. Vom F. hängt wesentlich der Klangcharakter eines Instr.s ab.

Formenlehre. Die F. beschreibt und systematisiert Formmodelle, ordnet sie bestimmten Gattungen zu, die wiederum verschiedenen Stilepochen angehören. Sie befasst sich auch mit der Kleinstruktur, von Motiv, Vorder-/ Nachsatz und Periode bis zum Thema, bei Einbeziehung anderer formbildender Elemente wie Harmonik (Tonartendisposition), Rhythmik, Satz, Instrumentierung usw.

forte, fortissimo, f, ff (ital.), laut, sehr laut.

Fortepiano (ital.), Hammerklavier, → Klavier.

fortepiano, fp (ital.), laut und sofort wieder leise werdend.

Fortspinnung, freie Weiterführung eines Grundmotivs bei Wahrung des Bewegungsimpulses.

forzato, forzando, fz. (ital.) → sforzato, sforzando.

Foxtrott (engl., ›Fuchsgang‹), ein aus Ragtime und Onestep entstandener, von Nordamerika nach Europa gelangter Gesellschaftstanz, urspr. mäßig bewegt, im 4/4-Takt, mit leicht synkopiertem Rhythmus. Daneben schneller F. (Quickstep). Beide zu den Standardtänzen gehörend.

Française (frz., ›französischer [Tanz]‹), verschiedene Mehrpaartänze des 18. Jh.s (→ Contredanse); im 19. Jh. beliebter Abschluss bei Bällen.

Französische Ouvertüre → Ouvertüre.

Free Jazz (engl.), moderner Jazzstil, der mit den Traditionen wie Rollenverteilung Solist/Begleiter, harmonisch-rhythmische Schemata, tonale Bezüge u.a. rigoros bricht. Gestaltungsmittel sind Gruppenimprovisation, exotische Klangfarben, amelodisches Spiel und möglichst weite Dynamik.

Frequenz (von lat. *frequentia* ›Häufigkeit‹), Anzahl periodischer Schwingungen eines Körpers bzw. einer Wellenbewegung pro Zeiteinheit (Sekunde). Maßeinheit: Hertz.

Frequenzgang, eine bei Messung elektroakustischer Übertragungsgeräte wie Mikrophon, Verstärker, Lautsprecher usw. entstehende Kurve. Entscheidend ist, ob alle Frequenzen übertragen werden und so keine Verzerrungen entstehen.

Frequenzweiche, eine zur Trennung von Frequenzbereichen installierte elektronische Schaltung, die Frequenzbänder auf mehrere Lautsprecher verteilt.

fresco (ital.), frisch, munter.

Friktionsinstrumente (von lat. *frictio* ›Reibung‹), Musikinstr., deren Klang durch manuelle oder mechanische Reibung entsteht (z.B. Reibtrommel, Glasharmonika).

Frosch, Griffende des Bogens mit Schraube und Gewinde zur Spannung des Bogenbezugs.

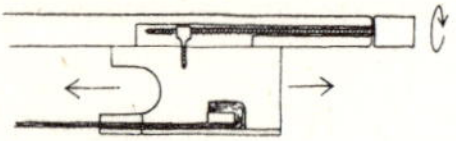

Frosch

Frottola (ital.), ital. weltliches Liebeslied des 15./16. Jh.s, von Spielleuten verbreitet, später auch von Adel und Bürgertum gepflegt. Die F. ist mehrstrophig, meist vierstimmig, bei homophonem Satz und häufig instr. Begleitung.

F-Schlüssel → Notenschlüssel.

Fünftonleiter → Pentatonik.

Fugato, fugenartiger Teil innerhalb eines nicht als Fuge komponierten Werkes (z. B. in einer Sinfonie).

Fuge (von lat. *fuga* ›Flucht‹), meist drei- bis vierstimmiger Formtyp mit gleichberechtigter, linear-kontrapunktischer Stimmführung bei imitatorischer Themenverarbeitung. Fugenaufbau: Exposition (1. Durchführung): Vorstellung eines Themas in allen Stimmen, sowohl in

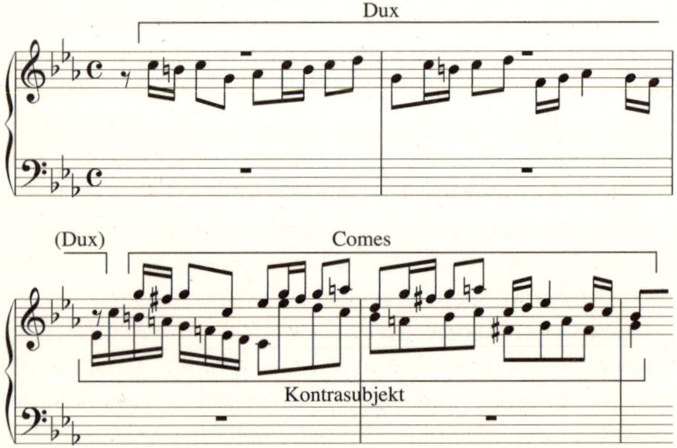

dessen Grundgestalt (Dux, in der Tonika) wie deren Beantwortung (Comes, meist im Quintabstand), Einführung eines Gegensatzes – in Fortsetzung der Grundgestalt –, der den Kontrapunkt zur Beantwortung (Comes) bildet; Mittelteil: Ausbildung neuer Durchführungen bei Erweiterung auf nächstverwandte Tonarten, Möglichkeiten zu Themenumkehrung, rückläufiger Themenführung (Krebs), Themenvergrößerung oder -verkleinerung, melodisch-rhythmischen Veränderungen usw.; Coda (letzte Durchführung): abschließende Steigerung, Höhepunkt mit → Engführungen, Rückkehr zur Haupttonart, Entspannung, Schluss. (Notenbsp.: J. S. Bach.)

Fughetta (lat.-ital.), kleine, weniger anspruchsvolle Fuge; oft auf eine Durchführung beschränkt.

Fundamentinstrumente, nach Praetorius (1619) Bassinstr. zur Ausführung des → Generalbasses, z. B. Violoncello, Gambe; zum Akkordspiel z. B. Cembalo, Theorbe.

funebre (ital.), traurig, mit Trauer.

Funkoper, eine für den Hörfunk geschaffene Oper, gesungen, gesprochen (Dialoge) und mit Zwischentexten eines Erzählers versehen; geeignet für märchenhafte, abstrakte u. ä. Sujets.

Funktionstheorie, -lehre, Lehre, die den harmonischen Zusammenhang von Tonarten und deren Klängen behandelt. Im Mittelpunkt stehen a) der Bezug einer Tonart, eines Akkordes auf ein tonales Zentrum und b) die tonal-harmonischen Verwandtschaftsverhältnisse innerhalb einer Komposition. Tonika, Dominant- und Subdominanttonarten sind am engsten verwandt. Danach folgen Paralleltonarten und weiter entferntere Tonarten (z. B. → Medianten). Die harmonischen Zusammenhänge lassen sich mittels eines Buchstaben-/Zahlensystems darstellen. → Harmonielehre.

T = Tonika
Tp = Tonikaparallele
S = Subdominante
Sp = Subdominantparallele
D = Dominante
Dp = Dominantparallele
D^7 = Dominantseptakkord
S^{6}_{5} = Subdominant-Quintsextakkord

fuocoso, con fuoco (ital.), feurig, mit Feuer.

Furiant (tschech., von lat. *furia* ›Raserei‹), böhmischer Nationaltanz wild-leidenschaftlichen Charakters, im Wechsel von 2/4- und 4/4-Takt bei scharfer Akzentuierung.

furioso (ital.), wild, rasend.

Fusa (lat.) → Mensuralnotation.

Fuß, Fußtonzahl, bezeichnet die Tonhöhe eines Registers (Orgelbau); dem alten Längenmaß ›Fuß‹ = etwa 30 cm entsprechend. Das Fußmaß des Tons C einer offenen Labialpfeife von 8 Fuß beträgt etwa 2,40 m. Danach werden alle Register, die auf der Taste C den Ton C bringen, als 8füßig bez.

G

G, g. **1.** Tonbez., 5. Stufe der Grundskala (C-Dur); mit Kreuz (♯) erhöht zu gis, Doppelkreuz (𝄪) gisis, mit ♭ erniedrigt zu ges, Doppel-♭ (♭♭) geses. **2.** Abkürzung für G-Dur, g-Moll.

Gabelgriffe, bei Blasinstr. mit Grifflöchern eine Technik zur Erzeugung chromatischer Töne. Dabei wird mit den Fingern ein Loch zwischen zwei geschlossenen Löchern geöffnet.

galante (ital.), galant, gefällig.

Galliarde (von frz. *gaillard* ›frisch‹), ausgelassener Tanz im raschen Tempo, urspr. ungeradtaktig, häufig ein der Pavane (Schreittanz) folgender und jener thematisch nahestehender Springtanz; fand später Eingang in die Suite.

Galopp, rascher Rundtanz im ²⁄₄-Takt, ähnlich der Schnellpolka; meist dreiteilig mit Einleitung und Coda.

Gambe → Viola da gamba.

Gamelan(orchester), indones. Instr.-Ensemble javan. Ursprungs, auch auf Bali. Musik zu Tempelfesten, zur Begleitung von Tänzen, Masken- und Schattenspielen, oft vital-expressiven Charakters. Das Spiel ist auf Kernmelodien, 4–7stufige Tonskalen und funktionale Einteilung der Instr.-Gruppen orientiert: Metallophone, Xylophone, Flöten, Trommeln, Gongs u. ä.

Ganze Note → Notenschrift.

Ganzschluss, Kadenz, welche auf die Tonika zielt und diese auch erreicht, meist am Ende des Stücks (→ Abb. S. 82). → Halbschluss, → Trugschluss.

Zu Ganzschluss:

Dominante Tonika

Ganzton, ein der großen Sekunde entsprechendes Intervall; aus 2 Halbtönen bestehend und ein Sechstel der Oktave ausmachend.

Ganztonleiter, Abfolge von 6 Ganztönen innerhalb einer Oktave (z. B. c, d, e, fis, gis, ais, c). Sie ist ungegliedert, grundtonlos und kann auf jeder Stufe beginnen oder enden.

Gassenhauer, abwertend für ein vielgesungenes, kurzlebig-triviales, nach Märschen, Tänzen u. a. zitiertes Modelied.

Gattungen, Unterscheidung von Kompositionen nach übergeordneten Merkmalen: nach Funktion (z. B. Hofmusik, Kirchenmusik), Textgehalt (z. B. Oper, Oratorium), Form (z. B. Fuge, Sonate), Besetzung (z. B. Kammermusik) oder Anspruch.

Gavotte (frz.), frz. Tanz des 17./18. Jh.s, mäßig bewegt und im 2/4- oder 4/4-Takt stehend. Fand rasch Eingang in Oper, Ballett und Suite.

G-Dur, g-Moll → Tonarten.

Gebrauchsmusik, Musik mit konkreter Funktion, z. B. Hofmusik, Schauspielmusik, Marschmusik, Tanzmusik, Filmmusik usw. → absolute Musik.

gebrochene Akkorde, das Erklingen der Töne eines Akkords nicht gleichzeitig, sondern nacheinander. → Albertibässe, Arpeggio.

gebundener Stil, das Komponieren nach festen (z. B.

kontrapunktischen) Regeln im Gegensatz zum freieren (z. B. galanten) Stil.

gedackt, die mit einem Deckel am oberen Ende verschlossenen Labialpfeifen der Orgel, die eine Oktave tiefer als offene Pfeifen klingen.

Gefäßflöte, Schnabelflöte mit gefäßförmigem Korpus aus Kürbisschalen, Porzellan o. ä.

Gegenbewegung. **1.** 2 aufeinander zuführende oder auseinanderstrebende Stimmen. **2.** Stimmumkehrung, Themenumkehrung.

Gegenfuge, Fugenart, bei der die Beantwortung des Fugenthemas dessen melodische Umkehrung ist.

Gegensatz, Kontrapunkt zum Fugenthema.

Geige → Violine.

Geißlerlieder, Buß- und Bittgesänge ital. Laienbruderschaften im 13. Jh.; der Gattung des geistlichen Volksliedes zugehörig. → Lauda.

Geistliches Konzert, motettenartige Gattung der deutsch-protest. Kirchenmusik, solistisch besetzt, generalbass-, später auch orchesterbegleitet. Bevorzugte Elemente sind der dramatische Dialog, Aria und Choral.

Gemshorn. **1.** Kurze gekrümmte Schnabel- oder Blockflöte mit 4 Grifflöchern. **2.** → Orgelregister.

Generalbass, Gb., Basso continuo (ital.), dominierende Form musikalischer Begleitung zwischen 1600 und 1750, bei der die einer Melodie zugrunde liegende Basslinie zusätzlich harmonisch vorgegebene Mittelstimmen erhält.

Für den G.-Spieler (z. B. Cembalist) sind dabei die oft unterhalb einer Generalbassstimme angeordneten Ziffern (Bezifferung) verbindlich. Zusammen mit dem Basston (gespielt von einem Bassinstr. wie Gambe oder Fagott) ergibt sich so ein harmonisch begleitendes Akkordspiel. Der G. fand Eingang in Oper, Oratorium, Kammermusik usw.

Generalmusikdirektor, GMD, ständiger Chefdirigent, musikalischer Oberleiter eines großstädtischen/staatlichen Sinfonie- oder Opernorchesters. Behördlich vergebener Titel.

Generalpause, G. P., Pause für alle Stimmen mit zäsurbildender Wirkung (z. B. in der Sinfonie).

Generator → Tongenerator.

Geräusch, Hörempfindung, die durch nichtperiodische Schwingungen entsteht. Gemisch aus Einzeltönen ohne eindeutige Tonhöhe und Klangfarbe. → Klang.

ges, geses → G, g.

Gesangbuch, Sammlung von Kirchenliedern, geistlichen Liedern und Texten.

Ges-Dur, ges-Moll → Tonarten.

gestopft → Stopfen.

Gigue (von altfrz. *giguer* ›tanzen, springen‹), altir.-schott., meist instr. Tanzlied des 17./18. Jh.s im lebhaft-bewegten, punktierten $\frac{4}{4}$-Takt, auch Dreiertakt stehend. Die beschließende G. der frz.-deutschen Klaviersuite ist zweiteilig, beginnt meist auftaktig, einstimmig. Oft wird ihr Thema fugiert. Nicht fugiert ist die sehr rasche ital. Giga im $\frac{6}{8}$- oder $\frac{12}{8}$-Takt mit durchlaufender Rhythmik und Sequenztechnik.

giocondo, giocoso (ital.), fröhlich, heiter.

gis, gisis → G, g.

gis-Moll → Tonarten.

Gitarre, Zupfinstr., Instr. der Kunst-, Volks- und Unterhaltungsmusik; bestehend aus eingezogenem Korpus, flachem Boden, Decke, Zargen. Meist 6 Saiten (Darm, Metall; Stimmung in E, A, d, g, h, e^1; Tonumfang E–h^2) verlaufen vom Querriegel über das Griffbrett – mit 12–22 chromatisch angeordneten Bünden – zu 6 hinterständigen Wirbeln im Wirbelkasten. Wiederbelebung im 20. Jh. → E-Gitarre, Hawaiigitarre, Klampfe.

Gitarre

Glasharmonika, Idiophon, Friktionsinstr.; Tonerzeugung durch Glasschalen, die horizontal auf einer Achse installiert sind, mittels Pedal gedreht und dabei durch Fingerreibung in Schwingung versetzt werden.

glissando (ital., ›gleitend‹), gleitende Fortbewegung durch ein größeres Intervall (z. B. bei der Harfe).

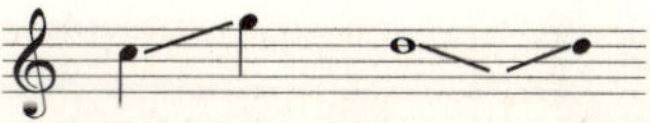

Glocke, Gl., seit der Frühzeit bekanntes Idiophon, meist mit kultischer Funktion (Gottesdienst, Hochzeit, Sterbegeläut). Bestehend aus hohlem, gegossenem Bronze-/Eisenkörper, kelchförmig, angeschlagen mit Klöppel innen oder

Hammer außen. Die G. besitzt einen obertonintensiven Klang, wobei der 1. Teilton am längsten nachschwingt.

Glockenspiel, Glsp., Idiophon aus unterschiedlich gestimmten, nebeneinander hängenden Glocken, anzuschlagen mit Stäbchen oder Hammer. Im 16. Jh. wurde bei einer Vielzahl von Glocken eine Tastatur eingeführt (Tonumfang 2–4 Oktaven, chromatische Stimmung). Heute werden anstelle von Glocken auch Stahlplättchen verwendet (Tonumfang g^2–g^5).

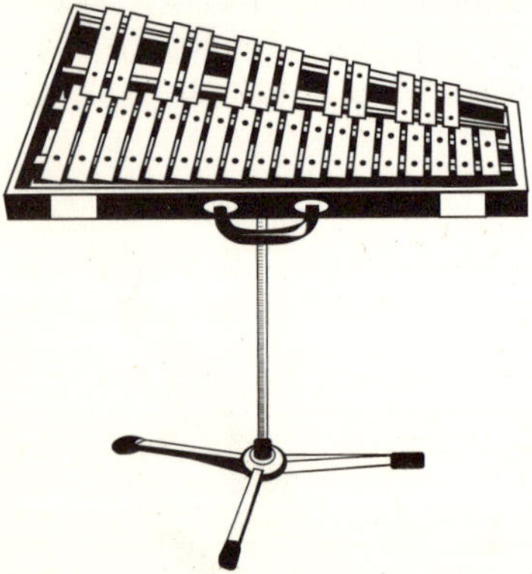

Glockenspiel

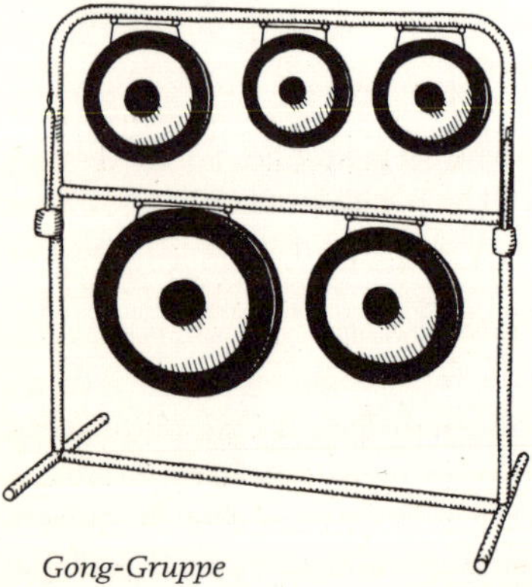

Gong-Gruppe

Gloria in excelsis Deo (lat., ›Ehre sei Gott in der Höhe‹), 2. Teil des → Ordinarium missae, dreiteilig: Gesang der Engel in Bethlehem (Lk. 2,14), Lobpreisung Gottes und Anrufung Christi.

Gong, Gg., Idiophon, altasiat. Schlaginstr., Kultinstr.; bestehend aus einer mittig gewölbten und am Rande umgebogenen Bronzescheibe, die, vertikal aufgehängt oder an Schnüren gehalten, mit Filzschlegeln geschlagen wird. Zum großen Orchester gehörig.

Gopak → Hopak.

Gospelsong (von engl. *gospel* ›Evangelium‹), geistliches Lied der Farbigen Nordamerikas, aus dem Negro Spiritual hervorgegangen, urspr. während der Auslegung des Evangeliums vorgetragen. Charakteristisch ist der Wechsel von Vorsänger und Chor (Ruf-Antwort-Schema). Meist mit instr. Begleitung.

Graduale (lat.). **1.** 2. Gesang des Proprium missae, der nach der 1. Lesung folgt. Aufbau: Responsorium (Solisten, Chor), Psalmvers (Solisten), Responsorium (Chor). **2.** Choralbuch mit sämtlichen Messgesängen.

grandioso (ital.), großartig, erhaben.

Grand opéra (frz., ›Große Oper‹), Form der frz. Oper des 19. Jh.s mit großem Bühnenensemble, aufwendiger Ausstattung, Massenchören, umfänglichen Ballettszenen u. a.

graphische Notation → musikalische Graphik.

grave (ital.), ernst, gemessen.

grazioso (ital.), graziös, anmutig.

Gregorianischer Gesang/Choral, benannt nach Papst Gregor I. (gest. 604); einstimmig-unbegleiteter lat. Gesang innerhalb der röm.-kath. Liturgie, in solistischer (Kantor) oder chorischer (Gemeinde) Ausführung. Hauptformen sind Lektion, Antiphon, Responsorium, Hymnus, Sequenz und Graduale. Für den Chorgesang sind schlichte Melodik und Syllabik charakteristisch, dagegen weisen die Soli verstärkt Melismatik auf. Überlieferung ab dem 8. Jh. in Neumen, ab dem 11. Jh. in Choralnotation.

Griffbrett, das bei Streich- und Zupfinstr. auf dem Hals aufgeleimte Brett, über das die Saiten geführt werden. Manchmal mit Bünden versehen.

Grifflöcher, Öffnungen in der Rohrwandung von Holzblasinstr., die zum Zweck der Tonhöhenregulierung geöffnet bzw. geschlossen werden (Finger).

Große Oktave → Oktavbereiche.

Grundgestalt, Grundform → Reihe.

Grundskala, C-Dur- bzw. a-Moll-Tonleiter; sie bilden den Ausgangspunkt im Quintenzirkel und haben keine Versetzungszeichen (♯, ♭).

Grundstimme. 1. Bassstimme. → Fundamentalinstr. **2.** Bez. für die Prinzipalstimmen der Orgel (8-, 16- oder 4-Fuß-Register).

Grundton. 1. 1. Ton, auf dem sich ein Akkord errichtet. **2.** Grundton einer Obertonreihe; tiefster Teilton eines Klanges. → Aliquote.

Grundtonart, die einer Komposition zugrunde liegende Tonart.

G-Schlüssel → Notenschlüssel.

Guaracha (span., ›Vergnügen, Volkstanz‹), immer schneller werdender kuban. Tanz mit Gitarrenbegleitung.

Guidonische Hand, nach Guido von Arezzo (Musiktheoretiker, 11. Jh.) bez. Hilfsmittel (Hand) zum Einprägen der Abfolge von Ganz- und Halbtonschritten einer Tonleiter.

Guiro, lateinamerik. Rhythmusinstr. aus länglichem, ausgehöhltem Kürbis, dessen mit Rillen versehene Oberseite mit ei-

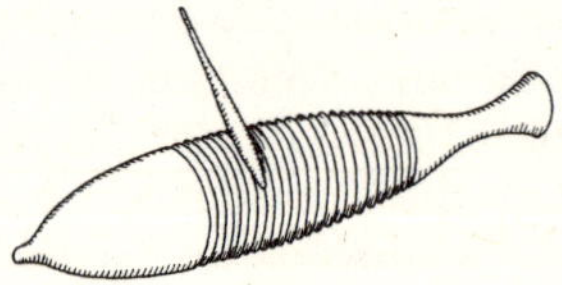

Guiro

nem Stab gestrichen wird und so ein schnarrendes Geräusch erzeugt.

Gusle (serbokroatisch), südslaw. Kniegeige mit halbbirnenförmigem Korpus, Decke aus Fell, ohne Griffbrett. Das Instr. besitzt nur 1 Saite (Rosshaar), die mit halbkreisförmigem Bogen bespielt wird.

Gymel (engl., von lat. *gemellus* ›Zwilling‹), frühe engl. Zweistimmigkeit (ab dem 13. Jh.) gleicher Stimmlage (z. B. 2 Diskantstimmen) in Terzen-, Sechsten- oder Dezimenführung; auch in gegenläufiger Bewegung oder Stimmkreuzung.

H

H, h. **1.** Tonbez., 7. Stufe der Grundskala (C-Dur); mit Kreuz (♯) erhöht zu his, Doppelkreuz (×) hisis, mit ♭ erniedrigt zu hes, Doppel-♭ (♭♭) heses. **2.** Abkürzung für H-Dur, h-Moll.

Habañera (span., nach der kuban. Hauptstadt Havanna), Tanz im langsam-gemäßigten Tempo, 2/4- oder 4/8-Takt und mit charakteristisch punktiertem 1. Viertel.

Hackbrett, zitherartiges Saiteninstr., Volksinstr.; bestehend aus flachem, oft trapezförmigem Korpus mit etwa 25 vierchörigen Saiten (meist Messing; Tonumfang g–g³). Auf einem Tisch liegend und mit befilzten Holzklöppeln geschlagen. → Cimbalom.

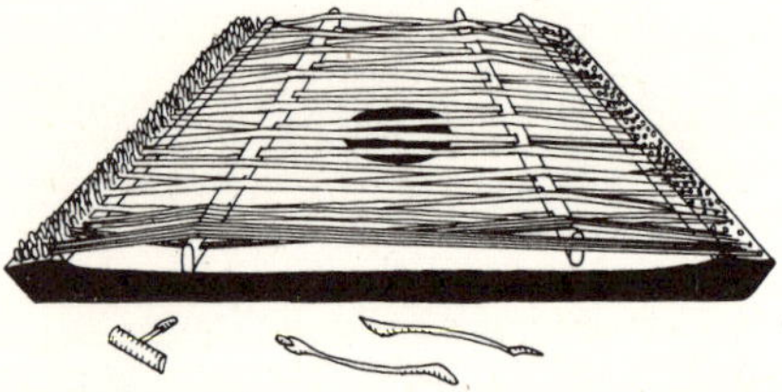

Hackbrett

Hajdútánc (ung.), Tanz slowak. Hirten und Söldner, auch als Heiduckentanz bez.

Halbe Geige. Kindergeige, Länge 53 cm. → Dreiviertelgeige.

Halbe Note, Halbe → Noten(schrift).

halbgedackt, halboffene Orgelpfeifen mit hellem, flötenartigem Klang.

Halbschluss, eine meist auf die Dominante zielende

Harmoniefolge (Akkorde), die vorläufige Entspannung bringt, aber zum Ganzschluss (Tonika) weiterstrebt.

Halbton, ein der kleinen Sekunde entsprechendes Intervall; Zwölftel einer Oktave. Diatonischer H.: kleine Sekunde der Grundskala (z. B. h–c); chromatischer H.: durch Erhöhung/Erniedrigung eines Tones der Grundskala entstanden (übermäßige Prim: z. B. c–cis); enharmonischer H.: doppelt verminderte Terz (z. B. fis–asas).

Hall, in großen Räumen die Überlagerung von Echoeffekten, was wie das Nachtönen eines einzigen Schalls empfunden wird.

Halleluja → Alleluja.

Halling (norweg.), ein mit der → Hardangerfiedel begleiteter norweg. Tanz, lebhaft und im 2/4-, seltener 6/8-Takt stehend.

Haltebogen, verbindet kleinere Notenwerte gleicher Tonhöhe zu einem größeren.

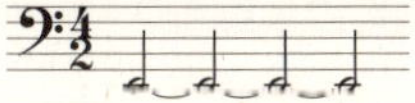

Hammerklavier, seit 1800 Bez. für Tasteninstr., deren Saiten mit Hämmern angeschlagen werden. Vorläufer des modernen Klaviers, noch ohne vollen gusseisernen Rahmen und von weniger voluminösem Klang. → Klavier.

Hammondorgel, mechanisch-elektronisches Tasteninstr. der Unterhaltungsmusik. Die Tonerzeugung erfolgt mittels rotierender Metallscheiben, deren Ränder an einem Elektromagneten vorbeilaufen und so einen Spannungsverlauf erregen. Mit Echo-, Nachhall-, Tremolo- u. a. Effekten ausgestattet.

Handharmonika, Ziehharmonika, Harmonikainstr. mit durchschlagenden Metallzungen, Faltenbalg, diatonischer Knopfgriffanordnung auf der Diskant- und Bassseite (Dreiklänge) sowie Registern für verschiedene Klangfarben. Ihr Spiel ist tonartgebunden (z. B. Instr. in C-/G-Dur), durch Druck und Zug entstehen unterschiedliche Tonhöhen je Tonknopf. → Akkordeon.

Handzeichen. 1. Dirigieren. **2.** → Cheironomie. **3.** → Guidonische Hand.

Hardangerfiedel. Volksinstr. Norwegens, Begleitinstr. Kleiner als die Violine, mit kürzerem Hals und flachem Steg für akkordisches Spiel. Mit 4 Griff- und 4 Resonanzsaiten.

Hard Bop Jazzstil der 1950er und 60er Jahre, der auf den → Bebop mit harmonischer Vereinfachung, Intensivierung der Rhythmik, Annäherung an afrikanische Traditionen und schwarze US-amerikanische Popmusik (z. B. Soul) reagiert.

Hard Rock (engl.), dem Rock 'n' Roll nahestehende Rockmusikrichtung mit hartem Viererschlag, Wiederholung von Bassfiguren, Sängerdominanz und extremer Lautstärke.

Harfe, Hf., Hr., hp., Zupfinstr., Orchesterinstr., Soloinstr., heute in Form der Doppelpedalharfe. Rahmen bestehend aus Vorderstange mit Kopf und Sockel, schräg nach oben verlaufendem Resonanzkörper und s-förmigen Saitenträgern (Hals) mit Stimmwirbeln. Das Instr. besitzt 46–48 Saiten (Stahl, Darm, Nylon; Tonumfang $_1$Ces–gis^4), ist in Ces-Dur gestimmt und ausgerüstet mit 7 Doppelpedalen, die je eine Halb- oder Ganztonerhöhung ermöglichen und so das Spiel in allen Tonarten gestatten.

Harmonie (von griech. *harmonía* ›Eintracht‹). **1.** Art und Weise des Zusammenklangs von Tönen und Klängen. **2.** In der Neuzeit Akkord und Akkordbegleitung einer Oberstimme. → Generalbass.

Harmonielehre, Lehre von den Akkorden, deren Bau, funktionaler Bedeutung und gesetzmäßiger Abfolge innerhalb des Dur-Moll-tonalen Systems. → Funktionstheorie.

Harmonik (von griech. *harmonía* ›Eintracht‹). Verhältnis der Zusammenklänge, das auf jede mehrstimmige (europ.) Musik anwendbar ist: die modale H. des Mittelalters, die Dur-Moll-tonale H. und die atonale H. des 20. Jh.s. → Atonalität, Harmonie, Harmonielehre, Tonalität.

Harmonikainstrumente, Aerophone (Luftklinger) mit durchschlagenden Zungen wie Mundharmonika, Handharmonika, Akkordeon, Bandoneon u. a.

harmonische Molltonleiter → Tonarten, → Tonleiter.

harmonisieren, einer Melodie nach dem Prinzip des → Generalbasses eine Begleitung unterlegen.

Harmonium, den Aerophonen (Luftklingern) zugehöriges Tasteninstr. Da-

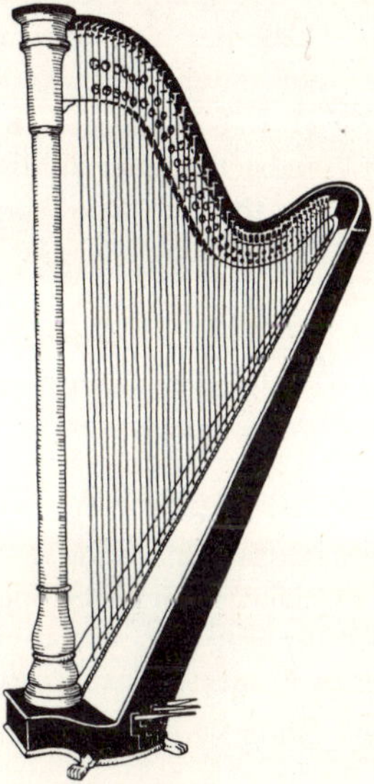

Doppelpedalharfe

bei erfolgt die Tonerzeugung mittels durchschlagender Metallzungen, die mit Hilfe eines Trittbalges mit Luft versorgt werden. Tonumfang 5 Oktaven ($C–c^4$/ auch $_1F–f^3$), dazu mehrere Registerzüge.

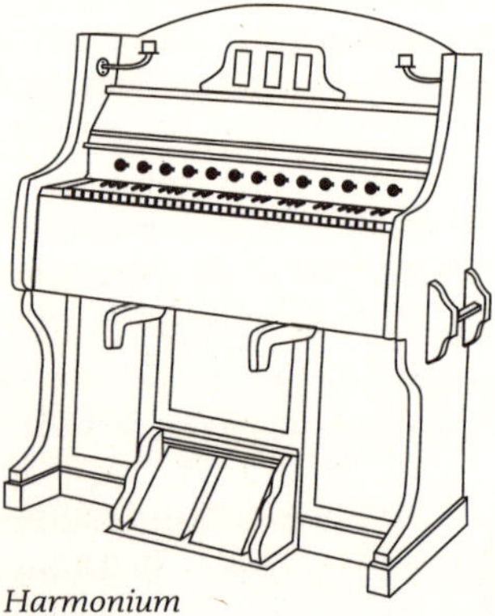

Harmonium

harpsichord, harps. (engl.) → Cembalo.

Hauptsatz, 1. Teil der Exposition des Sonatenhauptsatzes mit dem 1. Thema in der Grundtonart. → Seitensatz.

Hauptthema, musikalischer Grundgedanke einer Komposition (1. Thema), der melodisch, harmonisch, rhythmisch usw. verarbeitet wird. Häufig in sich gegliedert, manchmal gegensätzlich gestaltet. → Nebenthema.

Hauptton. **1.** Grundton der Tonleiter oder eines Akkords. **2.** Grundton einer Obertonreihe. **3.** Verzierter, umspielter Ton.

Hauptwerk → Orgel.

Hawaiigitarre, E-Gitarre mit massivem, resonanzlosem Korpus, Hals mit 25 Bünden, elektrischem Tonabnehmer. Sie besitzt 6 Metallsaiten (Stimmung in E, A, e, a, cis^1, e^1). Ein Kunststoff- oder Metallriegel, auf den Saiten leicht hin und her bewegt, sorgt für den typischen Vibrato- bzw. Glissandoklang.

H-Dur, h-Moll → Tonarten.

Heckelphon, Bariton-Oboe; Doppelrohrblattinstr. mit massivem, sonorem Klang, im großen Orchester nur selten verwendet. Mit kugeligem Schallstück und Stachel zum Aufstützen. Tonumfang A–f^2, eine Oktave unter der Oboe stehend.

Helikon (griech.), Blechblasinstr. der Militärmusik, kreisrund gewunden, den Bügelhörnern zugehörig. Nach Lage und Tonumfang (Stimmung in F und Es) entspricht das Instr. der Basstuba. → Sousaphon.

Hemiole (von griech. *hēmiólios* ›anderthalb‹), Übergang von einer zweimal dreiteiligen in eine dreimal zweiteilige Taktgruppe mit verbreiternder Wirkung.

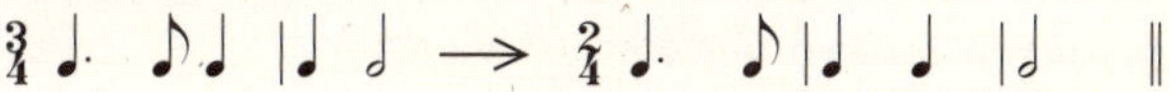

Heptatonik (von griech. *heptátonos* ›Siebentönigkeit‹), siebenstufige Tonleiter im diatonischen Tonsystem: c, d, e, f, g, a, h.

Hermeneutik, musikalische (von griech. *hermēneúein* ›auslegen‹), Deutung von musikalischen Werken auf der Grundlage ihrer Affekt- und Symbolgehalte. → Affektenlehre.

Hertz, Hz, Maßeinheit für Frequenz; nach dem Physiker Heinrich Hertz.

hes, heses → H, h.

Heterophonie (griech., ›Verschiedenstimmigkeit‹). H. entsteht, wenn eine Melodie von einer 2., 3. usw. Stimme mit ähnlicher Melodie frei umsungen/umspielt wird (z. B. altgriech., südosteurop. oder fernöstl. Musik).

Hexachord (griech.), diatonische Sechstonleiter mit 2 Ganztönen, einem Halbton und nochmals 2 Ganztönen.

Hexachordum naturale: c, d, e, f, g, a; Hexachordum durum: g, a, h, c, d, e.

Hifthorn, mittelalterliches, aus Rindshorn oder Metall gefertigtes Instr., das von Hirten, Wachen usw. zum Blasen einfacher Signale verwendet wurde.

High-Fidelity, Hi-Fi (engl., ›hohe [Wiedergabe-] Treue‹), stereo-/quadrophone Aufnahme/Wiedergabe höchster, dem Original nahekommender Klangqualität. Qualitätsparameter: ein Übertragungsbereich von 30–20000 Hertz, großer Dynamikbereich, kaum Verzerrungen, Nebengeräusche u. a.

Hi-hat(-Maschine), Rhythmusinstr. im Schlagzeug (Drum-Set) mit 2 Becken, die durch ein Pedal aneinander- sowie mit Stöcken angeschlagen werden.

Hillbilly (engl., ›Hinterwäldler‹), amerikan.-ländliche Volksmusik. → Country and Western.

Hip-Hop (amerik.), kulturelle Emanzipationsbewegung schwarzer Jugendlicher, die während der 1970er Jahre in Harlem und der Bronx aufkam. Ursprünglich eine Straßenkultur, die Graffitisprüche, Skateboardfahren, Basketball und Breakdancing umfasst. Die musikalische Ausprägung erfolgt durch einen DJ (Discjockey) und MC (Master of Ceremony), der über den Breakbeats spricht. Improvisiert wird über existierendes, musikalisches Material.

his, hisis → H, h.

Historia (lat., ›Bericht‹). Die seit dem Spätmittelalter, zu Ostern, Weihnachten usw. nachweisbaren Evangeliendarstellungen (Geburt, Passion, Auferstehung und Himmelfahrt Christi), szenisch aufgeführt und mit instr. Begleitung. Vorform des Oratoriums.

Hit (engl., sinngemäß: ›Treffer‹), kommerziell erfolgreicher Titel der Unterhaltungsmusik.

Hörbereich, vom menschlichen Ohr wahrnehmbarer Frequenzbereich, zwischen 16 und 20 000 Hertz.

Hörsamkeit, Summe der akustischen Eigenschaften eines Raumes, abhängig von dessen Größe, Form, Reflexions-, Dämpfungseigenschaften usw.

Hörspielmusik, eine für Hörspiele geschaffene Musik zu deren Gliederung, Untermalung, psychologischer Ausdeutung, Parodierung usw.

Holzblasinstrumente, Hbl., Hlzbl., Flöten- und Rohrblattinstr., z. B. Flöte, Oboe, Klarinette, Fagott, Saxophon usw. Die Tonerzeugung erfolgt durch eine vom Rohrblatt angeregte längsschwingende Luftsäule im Rohr, die Tonhöhenregulierung durch deren Verkürzung/Verlängerung (Grifflöcher/Klappen). H. werden heute auch aus Metall hergestellt (z. B. Querflöte); die Zuordnung zu Instr.gruppen erfolgt entsprechend der Blastechnik.

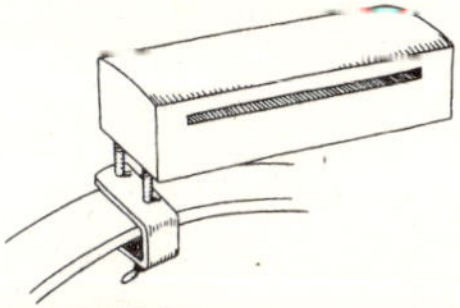

Holzblock

Holzblock, Schlaginstr. der afroamerik. Unterhaltungsmusik, auch in der neueren Konzertmusik gebr. Kleiner rechteckiger, schlitzartig ausgehöhlter Hartholzblock, auch mehrfach – in verschiedenen Tonhöhen – auf Ständern installiert, mit hellem, hohlem Klang (Tonumfang: g^2–c^4).

Homophonie (von griech. *homophonia* ›Gleichklang‹), Kompositionsweise, bei der die melodieführende Oberstimme von den übrigen Stimmen gleichrhythmisch-akkordisch begleitet wird.

Hopak, Gopak (ukrain.-russ.), schneller ukrain. Volkstanz im $^2/_4$-Takt.

Hoquetus (von altfrz. *hoqueter* ›zerschneiden‹), mittelalterliche mehrstimmige Satztechnik, in der sich kurze Stimmabschnitte und Pausen derart auf 2 Stimmen verteilen bzw. ineinander verschränken, dass sie zusammen eine fortlaufende Bewegung ergeben.

Hora (türk.-rum.), rum. Volkstanz, Rundtanz im gemäßigten Zweiertakt.

Horn, Hr., h, Blechblasinstr., dessen Ton durch die Lippenfrequenz erzeugt wird, wodurch eine Luftsäule in Längsschwingungen gerät. Der Tonbestand wurde zunächst durch Ausnutzung der Naturtonreihe (z. B. Naturhorn), später durch Tonlöcher (z. B. Zink) und zuletzt durch Ventile (z. B. Ventilhorn) ständig erweitert. Als H. im engeren Sinn bez. man heute nur noch die Bügel-H. bzw. das im Orchester gebr. Waldhorn. Ein modernes Ventilhorn besteht aus langem, mehrfach kreisförmig gewundenem Rohr, weitausladender Stürze, 3 Ventilen, Stopfventil und Trichtermundstück.

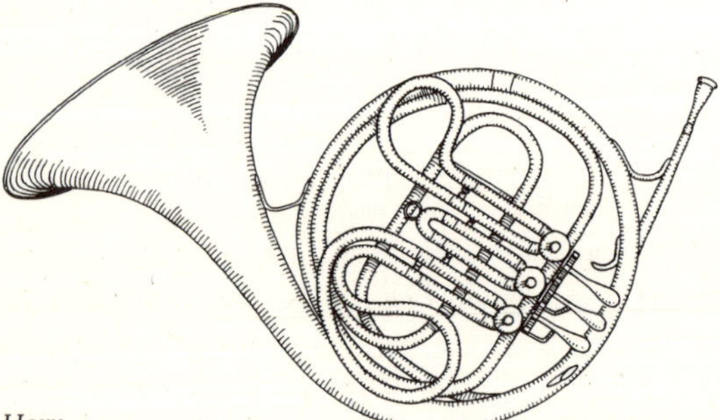

Horn

Hornpipe (engl., ›Hornpfeife‹). **1.** Aus Tierhorn gefertigtes Blasinstr. mit einfachem Rohrblatt, 6 Grifflöchern, Windbehälter und Schallbecher. **2.** Altengl. Volkstanz im $^{3}/_{2}$-, später im $^{4}/_{4}$-Takt. Fand Eingang in Suite und Concerto grosso.

Hornquinten, verdeckte Quintparallelen – bedingt durch die Naturtonreihe – im zweistimmigen Naturhörner-Satz.

Humoreske, humoriges kleines Musikstück, manchmal eigenwillig-hintersinnigen Ausdrucks. → Burleske.

Hupfauf, mittelalterlicher Springtanz, lebhaft-ungeradtaktig und oft einem Schreittanz folgend.

Hydraulis (griech., ›Wasserorgel‹), aus der griech.-röm. Antike stammendes orgelartiges Instr. Wurde zu repräsentativen Zwecken, auch bei Theater- oder Zirkusveranstaltungen verwendet. Luftzuführung mittels Wasserdruck; 8 Pfeifenreihen, Tonumfang etwa 2 Oktaven.

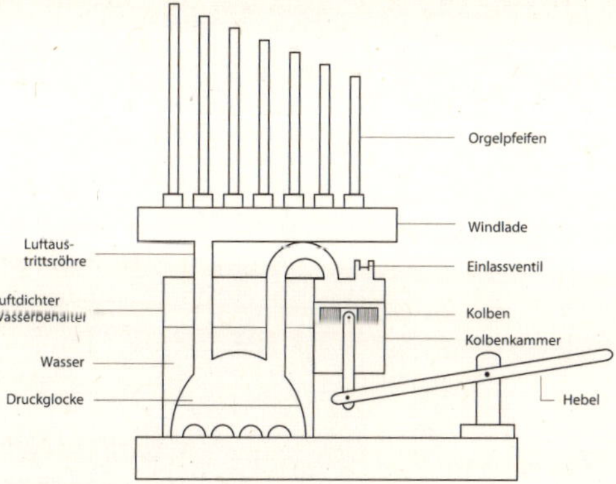

Hydraulis

Hymne (griech.), feierlich-pathetischer Lobgesang (z. B. auf Helden, das Vaterland usw.).

Hymnus (lat.-griech.). **1.** Zu Ehren von antiken Göttern stattfindende Festgesänge. **2.** Gesang zum Lob Gottes im Stundengebet des Offiziums nach Bibelmotiven; streng metrisch-rhythmisch und strophischen Baus.

hypoäolisch, hypodorisch, hypoionisch, hypolydisch, hypomixolydisch, hypophrygisch → Kirchentonarten.

I

Idée fixe (frz., ›festgehaltene Idee‹), formbildender Leitgedanke, der einen außermusikalischen Gegenstand symbolisch vertritt; Leitmotiv. Der Ausdruck wurde von Berlioz geprägt und verwendet (Motiv für die Geliebte des Künstlers in der *Symphonie fantastique*).

Idiophon (griech., ›Selbstklinger‹), Musikinstr., bei dem zur Klangerzeugung der ganze Körper in Schwingung versetzt wird (z. B. bei Glocken, Becken, Gong u. a.).

Iktus (lat., ›Schlag‹), rhythmischer Grundschlag eines musikalischen oder dichterischen Werkes der Antike.

Imbroglio (ital., ›Verwirrung‹), Akzentverschiebungen, Überlagerungen verschiedener Taktarten zur Darstellung verwirrender Situationen (Oper).

Imitation (von lat. *imitatio* ›Nachahmung‹), Kompositionstechnik in mehrstimmigen Werken, bei denen ein

musikalisches Motiv in den anderen Stimmen wörtlich (strenge Imitation, z. B. Kanon) oder leicht verändert (freie Imitation) wiederkehrt. Weiterführende Formen der freien Imitation sind z. B. die Umkehrung eines imitierten Motivs, dessen Spiegelung, Rückwärtsführung (Krebs) u. ä.

imperfekt → perfekt.

impetuoso (ital.), stürmisch, ungestüm.

Impresario (ital.), Unternehmer, Vermittler von Konzert-, Opern-, Ballett- o. a. musikalischen Veranstaltungen.

Impromptu (frz.), improvisationsartiges, formal freies Charakterstück (Klavier).

Improperien (von lat. *improperia* ›Vorwürfe‹), Gesänge der röm. Karfreitagsliturgie mit Christi Klagen über das jüd. Volk.

Improvisation (lat.), spontaner, aus dem Stegreif entstandener Vortrag, entweder als gänzlich freie Fantasie oder nach Vorgabe eines Themas, einer melodisch-rhythmischen Gestalt o. ä.

Impulsgenerator, elektronischer Baustein, der regelmäßig Spannungsimpulse bzw. akustische Signale erzeugt.

Incipit (lat., ›es beginnt‹), Beginn eines musikal. oder literarischen Werkes; dient zur Identifizierung in (v. a. mittelalterlichen) Werkverzeichnissen. → Explicit.

In nomine (lat., ›im Namen‹), altengl. Komp.-Gattung, die sich erstmals von Liturgie bzw. auch Tanz unabhängig machte. Nach einer alten Antiphon, die in einer Messe von John Taverner zu den Worten »In nomine Domini« ertönt. Diese Tonfolge liegt allen In-nomine-Kompositionen (für Tasteninstr. oder Gambenconsort) als → Cantus firmus zugrunde.

insistente (ital.), beharrlich, hartnäckig.

instante (ital.), drängend, schneller werdend. → stringendo.

Instrumentation, Zuordnung des musikalischen Materials zu den Instr. einer Komposition unter Beachtung von Tonumfängen, Klangfarben, dynamischen Eigenarten, Mischungsverhältnissen usw. → Orchestrierung.

Inszenierung, künstlerische Gesamtleitung eines Bühnenwerks; umfasst v. a. die szenische, musikal. (Orchester, Chor) und choreographische (Ballett) Einstudierung, Ausstattung, Bühnentechnik und Licht.

intavolieren, Umschreiben einer nach Mensuralnotation gefertigten Komposition in Tabulatur (d. h. Griffschrift für Orgel, Laute o. ä.).

Interludium (lat., ›Zwischenspiel‹), Instr. oder szenisches Spiel, das zwischen den Akten einer Oper steht. Auch das die Strophen eines Kirchenliedes (mit Orgel) teilende oder selbständige Suiten-/Sonaten-I.

Intermedium, Intermezzo (lat., ›Einschub‹). **1.** Einschub, burlesker Zwischenakt in der ital.-frz. Barockoper oder des Balletts im 18. Jh. **2.** Klavierstück, Charakterstück des 19. Jh.s.

Interpretation (von lat. *interpretatio* ›Deutung‹), nachschöpferische Ausdeutung bzw. Wiedergabe notierter Musik durch einen Interpreten (z. B. Dirigent, Sänger) als Ergebnis der Integration von historischer Werktreue und gegenwärtigen Hörerwartungen, Werkrealität und Wiedergabefreiheiten sowie als Umsetzung der Ideen des Komponisten und der künstlerischen Vorstellungen des Interpreten.

Intervall (lat., ›Zwischenraum‹), Tonhöhenabstand zwischen 2 Tönen, bewertet nach Intervallrichtung, -größe

Primen
rein
übermäßig
Sekunden
groß
klein
übermäßig
Terzen
groß
klein
vermindert
übermäßig
Quarten
rein
vermindert
übermäßig
Quinten
rein
vermindert
übermäßig
Sexten
groß
klein
vermindert
übermäßig
Septimen
groß
klein
vermindert
übermäßig
Oktaven
rein
vermindert
übermäßig
Nonen
groß
klein
vermindert
übermäßig
Dezimen
groß
klein
vermindert
übermäßig

und -spannung. Im diatonischen System werden I.e nach lat. Zahlen benannt: Prime, Sekunde, Terz usw. Reine I.e sind Quarte, Quinte und Oktave, als kleine oder große I.e treten Sekunde, Terz, Sexte und Septime auf. Versetzungszeichen (♯, ♭) lassen I.e zu übermäßigen bzw. verminderten werden. Akustisch werden I.e durch Schwingungszahlenverhältnisse definiert.

Intonation. **1.** Richtige Art der Tongebung: Lautstärke, genaue Tonhöhe, Härte oder Reinheit. **2.** Im Instr.-Bau der zuletzt zu vollziehende Tonausgleich hinsichtlich Lautstärke und Klangfarbe (z. B. beim Orgelregister). **3.** Anstimmen eines Gesangs.

Intrada (von lat. *intrare* ›eintreten‹). **1.** Festliche, fanfarenartige Eröffnungsmusik vor Beginn einer Bühnendarbietung (z. B. Oper). **2.** Eröffnungssatz einer instr. Komposition. → Präludium.

Introduktion (lat., ›Einleitung‹), langsamer, gravitätischer Einleitungsteil einer Sonate, Sinfonie usw.; gebr. seit der Wiener Klassik.

Introitus (lat., ›Einzug‹), Gesang beim Einzug des Klerus im Proprium missae. Heute dreistimmig mit einer Antiphon, der sich Psalmvers und Lobpreisung Gottes anschließen; der Text nimmt Bezug auf das religiöse Tagesgeschehen.

Invention (lat., ›Einfall‹). **1.** Stück mit besonderem Einfall; weitete sich später zum Gattungsbegriff (z. B. Bach, *Zweistimmige Inventionen*). **2.** Erfindungskunst (z. B. Variations-, Imitationskunst).

Inventionshorn, Waldhorn auf Naturtongrundlage, das seinen Tonvorrat durch einsteckbare Stimmbögen (Verlängerung der Schallröhre) erweitern kann.

Inversion (lat., ›Umkehrung‹), Motiv- oder Themenumkehrung. → Gegenbewegung.

ionisch → Kirchentonarten.

Isometrie (von griech. *ísos* ›gleich‹ und *metrón* ›Maß‹), gleichrhythmische Stimmführung im mehrstimmigen Satz.

Isorhythmie (von griech. *ísos* ›gleich‹ und *rhythmós* ›Rhythmus‹), polyphone Satztechnik, in der ein wiederkehrendes Rhythmusmodell (Talea) die Stimmen gleichrhythmisch durchzieht, während die Melodie desselben (Color) abschnittsweise wechselt. Zu kunstvollen Überschneidungen kommt es in der Isorhythmischen Motette des 14./15. Jh.s.

istesso tempo (ital.), im gleichen Zeitmaß.

Italienische Ouvertüre → Ouvertüre.

J

Jagdhorn, gewundenes, ventilloses Signalhorn aus Metall. → Plesshorn.

Jagdmusik, urspr. nur Signale oder einfache Begleitmusik zu Tänzen bei Jagdfesten. Stilisiert fand sie später Eingang in die Kunstmusik (z. B. Suite).

Janitscharenmusik, alttürk. Militärmusik, marschartig-lärmend mit Becken, Triangel, Tamburin, Trommeln und Pauken. Die J. gelangte während der Türkenkriege nach Europa und fand dort Eingang in die Kunstmusik (z. B. Mozart, *Entführung aus dem Serail*).

Jazz, seit Ende des 19. Jh.s in den USA aus dem Zusammentreffen afrikanischer und europäischer Traditionen entstandener, spezifisch amerikanischer Musikstil. Charakteristisch ist die gemeinschaftliche Improvisation, oft nach einem vorgegebenen Thema, formal z. B. in zweiunddreißigtaktiger Liedform AABA, zwölftaktigem Bluesschema o. ä. Typisch sind die siebenstufige Bluesskala (Blue notes), Tonverschleifungen, Spannung zwischen Beat- und Off-Beat-Rhythmen, rhythmische Überlagerungen sowie die anfänglich enge Verbindung zur Tanzmusik. Die Besetzung, in Combo- oder Orchesterform, teilt sich nach Rhythmus- (Klavier, Gitarre, Schlagzeug, Kontrabass) und Melodiegruppe (Blasinstr.), funktional übergreifend. Der J. entwickelte eine eigene Stilgeschichte. → Bebop, Blues, Chicago-, Cool-, Dixieland-, Free Jazz, Hardbop, Kansas-City-, Modal-, Modern-, New-Orleans-, West-Coast-Jazz.

Jazzrock, Rockmusik, die Jazzelemente einbezieht (z. B. Bläser-Improvisationen, Jazzharmonik, -rhythmik u. a.).

jeté (frz., ›geworfen‹), Spielanweisung bei Streichinstr.: der obere Teil des Bogens wird rasch mehrfach auf die Saite fallen gelassen, um eine dichte, leicht gegeneinander abgesetzte Tonfolge zu erhalten.

Jive (engl.), entschärfte Form des Jitterbug, eines nordamerik. Gesellschaftstanzes, der zu Boogie-Woogie-Rhythmen und Rock'n'Roll getanzt wurde. Heute Turniertanz.

Jodeln, alpenländisches Singen in Intervallen, Akkordbrechungen und Naturtonreihen auf Silbenketten bei Wechsel von Kopf- und Bruststimme. Urspr. Verständigungsmittel, heute unterhaltende Musizierform.

Jota (aragonesca) (span.), nordspan. Volkstanz im raschen ¾- oder 4/4-Takt, begleitet von Gesang, Bandurrias, Gitarren, Trommel und Kastagnetten.

Jubilus (lat.), textloses, melismatisch ausgeführtes Singen auf der Schlusssilbe von Antiphonen oder Responsorien, vor allem beim ›Alleluja‹.

K

Kadenz. **1.** Akkordfolge mit Schlusswirkung am Ende eines Musikstücks, auch zur Markierung von Einschnitten und Ruhepunkten. Vollständige Kadenz: Tonika (T), Subdominante (S), Dominante (D), Tonika (T); authentische Kadenz: Dominante, Tonika; plagale Kadenz: Subdominante, Tonika u. a. **2.** Urspr. improvisierte, später notierte Ausführungen des Solisten (oft virtuoser Art) kurz vor Schluss eines Konzertsatzes.

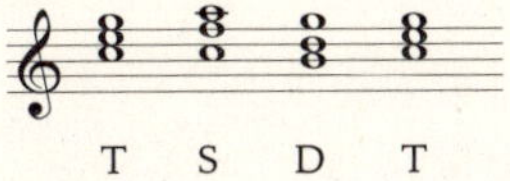

Kakophonie (von griech. *kakós* ›schlecht‹), Missklang bei Tonfolgen, Akkorden, Instr.; auch absichtsvoll.

Kalkant (von lat. *calcare* ›treten‹), Balgtreter der Orgel.

Kammermusik, KaM., Musik für kleine, solistische Besetzung von Duo bis Nonett (und mehr), instr. als Streicher-, Bläser- oder gemischtes Ensemble bzw. für klavierbegleitetes Soloinstr., auch vokal (z. B. lautenbegleitetes Sololied), meist intimen Charakters. Urspr. Bez. für weltliche, in der höfischen ›Kammer‹ von Künstlern und Dilettanten dargebotene, auf Kenner und Liebhaber zugeschnittene Musizierform (z. B. Triosonate, Streichquartett), die erst Ende des 18. Jh.s ihren Platz im Konzertsaal fand.

Kammeroper, kleine Oper von kürzerer Spieldauer, geringer Besetzung (ohne Chor), Ausstattung usw.

Kammersonate → Sonate.

Kammerton, national/int. festgelegte Tonhöhe (Frequenz), nach der die Instr. eingestimmt werden (z. B.

Deutschland: a¹ = 440 Hertz). In der Vergangenheit war der K. a¹ oft höher oder tiefer – diesem Faktum trägt die historische Aufführungspraxis Rechnung.

Kanon (griech., ›Regel‹), aus der → Imitation hervorgegangene, meist zwei- bis sechsstimmige vokal oder instr. auszuführende Komposition, bei der die Stimmen in festgelegtem Abstand, einander folgend, dasselbe Thema aufgreifen. Unterarten: Doppelkanon (2 Themen), Krebskanon (2. Stimme mit rückläufigem Thema), Kreis-/Zirkelkanon (mit beliebiger Stimmenwiederholung) u. a.

Kansas-City-Jazz, eine Art → Swing mit Bluescharakter und -Gestaltungsmitteln.

Kantate (von lat.-ital. *cantare* ›singen‹), Vokalform lyrisch-dramatischen Charakters, mehrstimmig, oft mit Eingangschor, zweimaligem Rezitativ-Arie-Paar und Schlusschoral, auch durch Duette/Terzette erweitert bzw. anders abgewandelt, mit instr. Begleitung. Ital. K.n meist auf weltliche Texte, deutsche K.n hauptsächlich in der geistlichen Musik vertreten.

Kantele (finn.), balt. Volksinstr., finn. Nationalinstr.; Zither mit flügelförmigem Korpus, griffbrettlos, mit heute bis zu 30 fächerartig gespreizten Saiten (Metall).

Kantilene (ital.), urspr. liedhaft-lyrischer Gesang, später auch Melodie/Thema eines Instr.-Satzes.

Kantor (lat., ›Sänger‹). **1.** Ab dem 10. Jh. Leiter von Domschulen, der den Choralgesang lehrte. **2.** Ab dem 15. Jh. auch Bez. für einen Sänger einer Dom- oder Hofkapelle. **3.** Lehrer/Kantoreileiter einer protest. Lateinschule. **4.** Heute: Kirchenmusiker; Leiter eines Gemeinde-, Kirchen- oder Domchors; Organist.

Kantorei. 1. Mittelalter: Chor einer Chor-/Klosterschule im Mittelalter. **2.** Seit der Reformation: Gemeindechor. **3.** Heute: kirchlicher Laienchor.

Kanzellen (von lat. *cancelli* ›Einzäunung‹), zur Windlade gehörige Teile der Orgel, die den Wind an die Pfeifen weitergeben. Tonkanzellen: Bauelemente, auf denen alle einer Taste zugeordneten Pfeifen stehen; Registerkanzellen: Bauteile mit allen einem Register angehörenden Pfeifen.

Kanzone (ital., ›Lied‹). **1.** 13.–16. Jh.: lyrische Form provenz. Herkunft (Trobadordichtung), Musik in Anlehnung an Strophenform. **2.** Ab dem 15. Jh. ital. Bez. für weltlich-mehrstimmige Kompositionen, auch auf Instr. übertragen (z. B. Orgel); Vorläufer der Instr.-Musik. **3.** Ab dem 18. Jh. Bez. für ein volkstümlich-einstimmiges, instr. begleitetes Lied; später auch melodisches Instr.-Stück.

Kanzonette (von Iital. *canzonetta* ›Liedchen‹). **1.** Kleines tanzartiges Chorlied mit strophenförmigem Aufbau: aa b cc. **2.** Schlichtes, klavierbegleitetes Sololied im 18. Jh.; liedähnliche Instr.-Komposition.

Kapelle (von ital. *capella* ›kleines Gotteshaus‹), kirchlicher oder weltlicher Sängerchor, der ab dem 16. Jh. auch mit Instrumentalisten besetzt wurde. Ab dem 17. Jh. auch Bez. für das Orchester.

Kapellmeister, früher Leiter einer vokal oder instr. besetzten Kapelle; später Titel einer Musikerpersönlichkeit. Heute ist der K. eine dem Chefdirigenten nachgeordnete Position.

Kassation (von ital. *cassatione* ›Entlassung‹), kleines unterhaltendes Instr.-Werk des 18. Jh.s, mehrsätzig, mit unterschiedlicher Besetzung.

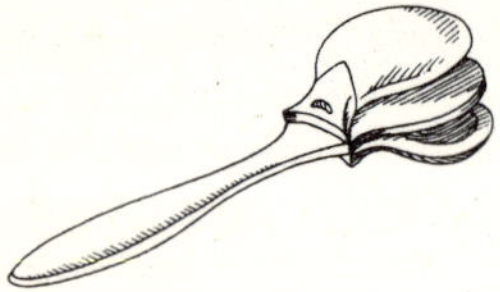

Stielkastagnetten

Kastagnetten (span.), Rhythmusinstr., aus 2 kleinen, ausgehöhlten Holzschalen bestehend, die, in der Hand liegend, aneinandergeschlagen werden; verbreitet in Spanien (→ Flamenco) und Unteritalien.

Kastrat (von lat. *castrare* ›verschneiden‹), Sänger, der zur Erhaltung seiner hohen Stimmlage im Knabenalter kastriert wurde; bedeutsam in der kath. Kirchenmusik und v. a. der Opera seria des 18. Jh.s.

Kavatine (ital.), kleines, liedartiges (Solo-)Gesangsstück in der Oper oder im Oratorium des 18./19. Jh.s; meist zweiteilig und instr. begleitet.

Kemánche, arab. Streichinstr. mit rundem Korpus, Felldecke und langem, griffbrettlosem Hals. Heute viersaitig (Stimmung: G, d, g, c^1).

Kenthorn, Bügelhorn; im 19. Jh. Blasinstr. der brit. Armee. Mit seinen 5–7 Klappen ermöglichte es das Spiel der chromatischen Skala.

Kesselmundstück, kesselförmig ausgebauchtes Mundstück für Trompete und Posaune.

Kesselpauke → Pauke.

Keyboard, keyb. (engl.), elektrisch verstärktes bzw. elektronisches Tasteninstr. der Rock- und Jazzrockmusik (z. B. → Elektronenorgel).

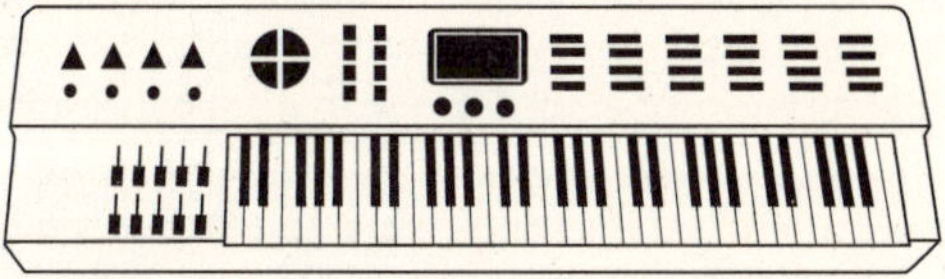

Keyboard

Kiel → Cembalo.

Kielinstrumente, Tasteninstr. wie Cembalo, Spinett oder Virginal, wobei zur Tonerzeugung die Saiten mittels Federkielen (heute auch Kunststoff) angerissen werden.

Kirchenlied, für den Gottesdienst oder zur häuslichen Andacht gebr. Lied, meist strophenförmig und in der Landessprache gesungen.

Kirchenmusik, eine an den Gottesdienst gebundene, liturgische oder außerliturgische, vokale, vokal-instr. sowie rein instr. Musik. Formen der kath. Kirchenmusik: Gregorianischer Choral, Messe, Oratorium, Kantate, Motette, Passion, Mysterienspiel, Vesper, Litanei, Magnificat, Kirchenlied, Kirchensonate, Orgelmusik u. a. Formen der evang. Kirchenmusik: Deutsche Messe (Kyrie, Gloria), Geistliches Konzert, Motette, Magnificat, Gemeindelied und -choral, Orgelchoral u. a. Während die kath. Kirchenmusik zumeist an traditionellen Formen orientiert bleibt, werden in der evang. Kirchenmusik mit der Einführung von Jazz, Beat, Pop usw. in letzter Zeit neue Wege beschritten.

Kirchenschluss → Plagaler Schluss.

Kirchensonate → Sonate.

Kirchentonart, Kirchentöne, Modi (lat.), tonales Ordnungssystem des Mittelalters mit 12 nach Halbtonlage verschiedenen Tonskalen im Oktavumfang, bei jeweiliger Dominanz eines Grundtons und Paarbildung: je eine ›ursprüngliche‹ (authentische) und eine von dieser abgeleitete (plagale, eine Quarte unter dem Grundton einsetzende) K. gehören zusammen. Neben Tonumfang und Grundton (Finalis) ist jede K. noch durch ihren Rezitationston (der melodische Zentralton) – eine Quinte/Sechste über dem Grundton liegend – charakterisiert.

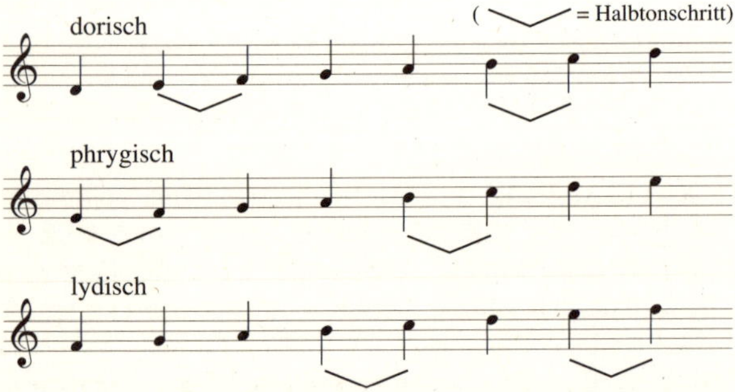

mixolydisch

äolisch (=Moll)

ionisch (=Dur)

1. Modus: dorisch (auf d)
3. Modus: phrygisch (auf e)
5. Modus: lydisch (auf f)
7. Modus: mixolydisch (auf g)
9. Modus: äolisch (auf a)
11. Modus: ionisch (auf c)

Dazwischen liegen die abgeleiteten (plagalen) Tonarten: hypodorisch, hypophrygisch, hypolydisch, hypomixolydisch, hypoäolisch, hypoionisch.

Kithara (griech.), altgriech. Saiteninstr., Begleitinstr. zu lyrisch-epischen Sprechgesängen. Bestehend aus viereckigem Resonanzkörper mit gestreckten geraden Jocharmen, dazu 18 Saiten mit Reichtum chromatischer Zwischentöne. → Lyra.

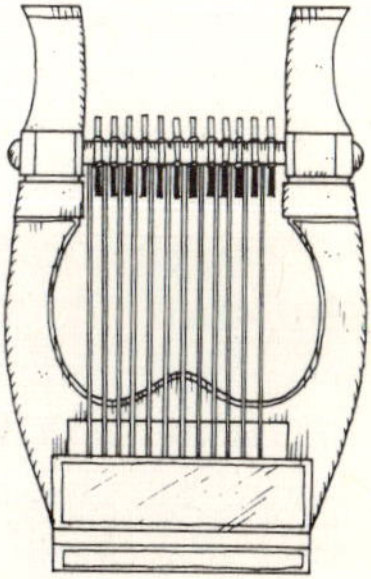

Kithara

Klampfe → Gitarre.

Klang. 1. Akustisch: Das Zusammenklingen mehrerer, periodisch regelmäßig schwingender Teiltöne. **2.** Umgangssprachlich für Klangfarbe, Klangcharakter, Sound. → Geräusch.

Klangfarbe, als subjektiver Eindruck: harter, weicher, nasaler Klang usw. Akustisch: typisches Schwingungsbild eines gemessenen Tones (Oszillograph), meist mit charakteristisch verstärkter Teilfrequenz, die jedes Instr. / jede menschliche Stimme auf Grund einer speziellen Resonanzwirkung andersartig hervorhebt. Die K. eines Klangs hängt von der entsprechenden Verteilung bzw. Intensität seiner Obertöne ab.

Klangfarbenkomposition, Kompositionstechnik, bei der Klangfarben gegenüber anderen Parametern (Tonhöhe, -dauer usw.) dominieren bzw. diese in deren Diensten stehen (z. B. Rhythmus als zeitliche Abfolge von Klangfarben u. a.). K. wird häufig elektronisch realisiert (Synthesizer).

Klangspektrum → Spektrum.

Klangstufen → Stufenlehre, -bezeichnung.

Klappen, metallene, lederbedeckte Plättchen zum Verschließen/Öffnen von Tonlöchern bei Blasinstr.; die Bedienung erfolgt mit den Fingern über einen Hebelmechanismus.

Klappenhorn, ein mit Tonlöchern/Klappen versehenes Waldhorn. → Kenthorn.

Klappentrompete, Naturtrompete mit 4–6 Klappen, mit deren Hilfe die in der Naturtonreihe fehlenden Töne ergänzt werden können.

Klarinette, Klar., cl (von lat. *clarus* ›hell tönend‹), Holzblasinstr., Orchesterinstr., Soloinstr.; auch Jazzinstr. Bestehend aus einer zylindrischen Röhre mit schnabelförmigem Mund-

Klarinette

stück (Rohrblatt), Zwischenstück, Mittelstück (zweiteilig) und trichterförmigem Schallbecher. Tonhöhenerzeugung durch Überblasen sowie 5 Grifflöcher/22 Klappen. Hauptstimmung in B (Umfang des–b³), auch A, C. u.a. Bau in mehreren Größen (z. B. Bass-Klarinette).

Klausel (von lat. *clausula* ›Schlusswendung‹). **1.** Mittelalterliche Schlusswendung beim Gregorianischen Choral, Organum oder der vierstimmigen Motette. Seit dem 15. Jh. feststehend (Diskant: Halbton aufwärts, Alt: Tonwiederholung, Tenor: Ganzton abwärts, Bass: Quintsprung abwärts). **2.** Abschnitt eines Chorals, austauschbar.

Klaviatur, Gesamtheit der Tasten bei Tasteninstr. (z. B. Klavier).

Klavichord, Tasteninstr., im 14. Jh. aus dem Monochord hervorgegangen. Bestehend aus rechteckigem Resonanzkasten und Rahmen mit quer zur Tastatur verlaufenden Saiten. Sie werden mit metallener, am Ende eines Tastenhebels angebrachter Tangente derart angeschlagen, dass nur der Saitenteil zwischen Anschlagstel-

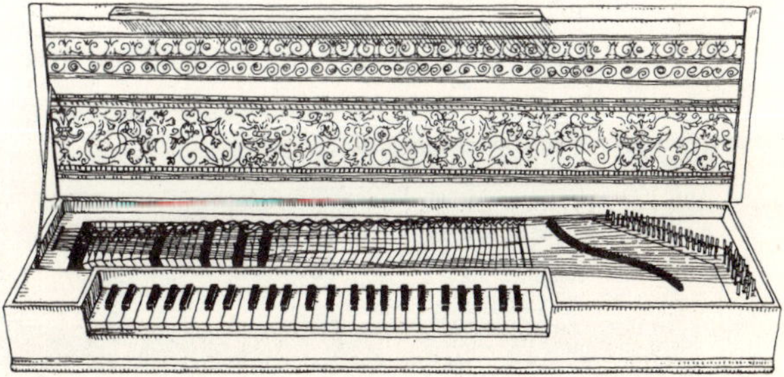

Klavichord

le und Steg in Schwingung gerät. Neben die Form der Zuordnung von bis 5 Tasten (5 unterschiedliche Saiten-Anschlagstellen) pro Saite, dem sog. gebundenen K., trat ab dem 17. Jh. das moderne bundfreie K. mit je einer Saite pro Taste. Das Instr. zeichnet sich durch zarten und leisen Klang aus.

Klavier, Kl. **1.** Bis ins 18. Jh. Bez. für alle Tasteninstr. **2.** Seit dem 19. Jh. Bez. für Tasteninstr., deren Saiten mit einem Hammer beschlagen werden. – 2 Grundformen des K. sind zu unterscheiden: a) das aufrecht stehende **Piano** mit senkrechtem, häufig kreuzsaitigem Bezug und b) der → **Flügel** mit waagerechtem Resonanzkörper und parallel zur Tastatur geführter Bespannung. Die Tonerzeugung erfolgt beim K. über einen filzbezoge-

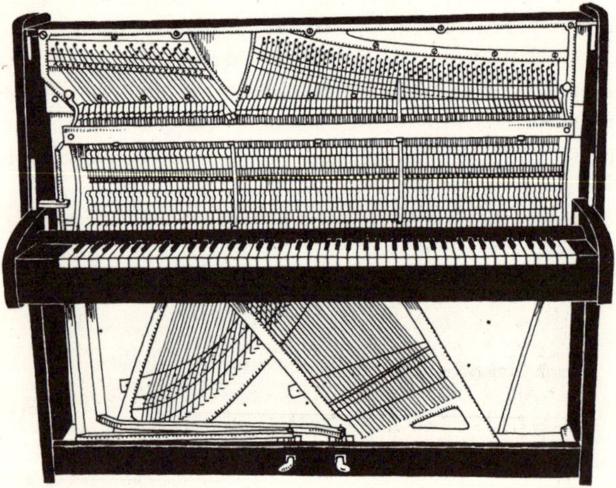

Klavier (geöffnet)

nen, beweglich auf dem hinteren Ende eines Holzstils angesetzten Hammerkopf, der bei Tastenanschlag an die gewünschte Saite schnellt und sie so zum Klingen bringt (Christofori 1709, verbesserte Wiener/Engl. Mechanik 1780/1820). Im Gegensatz zum → Cembalo kann man das K. – ohnehin klanglich kräftiger, voluminöser – je nach Anschlag laut(er) oder leise(r) spielen und damit den Ausdruck stärker differenzieren. Dazu werden 2 Pedale bedient: das rechte zur Aufhebung der Dämpfung (Vollklang, Forte), das linke für ein wenigerchöriges (Piano-)Spiel. Der Tonumfang eines K.s/Flügels beträgt gut 7 Oktaven, von $_2$A–c^5. Beide Instr. sind als Solo- und Begleitinstr. (Gesang, Kammermusik) bis heute von großer Bedeutung. → Phonola, Pianola.

Klavierauszug, Einrichtung eines musikalischen Werkes (z. B. Sinfonie, Oper) für das Klavier.

Klavierlied, klavierbegleitetes Sololied; als Gattung seit dem 18. Jh. von Bedeutung.

Klaviertrio, -quartett, -quintett, Kammermusikensemble/Komposition für 3, 4 oder 5 Instr. **Klaviertrio:** Klavier und 2 Streich- oder Blasinstr. (häufig Violine, Violoncello); **Klavierquartett:** Klavier und 3 Streich- oder Blasinstr. (häufig Violine, Viola, Violoncello); **Klavierquintett:** Klavier und 4 Streich- oder Blasinstr. (häufig 2 Violinen, Viola, Violoncello); auch in gemischter Besetzung.

Kleine Oktave → Oktavbereiche.

Klirrfaktor, Maßeinheit (in Prozent) für Verzerrungen bei elektronischer Klangwiedergabe, die durch Bildung neuer Obertöne in elektronischen Bauteilen entstehen.

Koda → Coda.

Kolo (serbokroatisch), urspr. serb. (?) Nationaltanz im ruhigen ¾-Takt, lokal unterschiedlich ausgeprägt. Fand Eingang in die Kunstmusik.

Kolophonium, ein zur Erhöhung der Haftfähigkeit der Bogenhaare (bei Streichinstr.) verwendetes (Kunst-)Harz.

Koloratur (von lat. *colorare* ›ausschmücken‹), Verzierungen des Gesangs durch Läufe, Akkordbrechungen und Triller. Mittel dramatischer Ausdruckssteigerung; dient aber auch der Darstellung sängerischer Virtuosität.

Kolorierung (von lat. *colorare* ›ausschmücken‹), Ausschmücken einer Melodie. → Verzierungen.

Kolorit (von lat. *colorare* ›ausschmücken‹), Farbwirkung einer Komposition, erzeugt durch Klangkombinationen oder Instrumentierung.

Kompander, Kompandersysteme, Rauschunterdrückungsgeräte bzw. -schaltungen (z. B. Dolby-System).

Komposition (von lat. *compositio* ›Zusammensetzung‹), (noten)schriftlich fixiertes, wiederholbares und auf Grundlage von Regeln (Formenlehre, Stimmführung, Instrumentierung) geschaffenes Musikwerk. In der europ. Musik werden K.en seit dem 9. Jh. von der jeweiligen Epoche, dem musikalischen Umfeld (Epochenstil) u. a. geprägt. → Improvisation.

Konkrete Musik, eine auf alltäglichen Klängen/Geräuschen beruhende Musik (z. B. Industrielärm, Tierstimmen), die mittels Tonbandgerät aufgezeichnet und nach musikalischen Klangeigenschaften (elektroakustisch) realisiert – umgeordnet, umgedeutet – wird.

Konservatorium (von lat. *conservare* ›bewahren‹), Ausbildungsstätte für Musiker, staatlich geleitet oder als privates Institut, mit Hochschulcharakter und staatlich anerkanntem Diplom (Deutschland: Hochschule für Musik). Bildet Dirigenten, Regisseure, Opern- und Chorsänger, Instrumentalsolisten, Orchester-, Schul- und Kirchenmusiker aus.

Konsonanz (von lat. *consonantia* ›Zusammenklang‹), Akkord/Intervall mit harmonischem, Wohlklang- bzw. Entspannungscharakter. Konsonante Intervalle sind Prime, (durch Unterquint/-terz gestützte) Quarte, Quinte, Oktave, Terz und Sexte. Konsonante Akkorde: die aus Terzen bestehenden Dreiklänge und ihre Umkehrungen.

Kontertanz → Contredanse.

Kontrabass, Kb., b, tiefstes Streichinstr., Orchesterinstr., Soloinstr.; auch Jazzinstr. Bestehend aus einem großen Korpus mit Decke, flachem, oben abgeschrägtem Boden, breiten Zargen und kurzem Hals; 4 Saiten (Darm; Stimmung in $_1$F, $_1$A, D, G) verlaufen vom Saitenhalter über Steg und Griffbrett zu 4 hinterständigen Wirbeln im Wirbelkasten. Stimmstock und Bassbalken (im Korpus) dienen der Regulierung des Klanges. Das Instr., mit Stachel auf den Boden gestellt, wird im Stehen oder von erhöhten Sitzen aus gespielt.

Kontrabass

Kontrafagott, Kfg. → Fagott.

Kontrafaktur (von mlat. *contrafacere* ›nachbilden‹), seit dem Mittelalter gebr. Übernahme bzw. Bearbeitung von Melodien weltlicher Lieder im religiösen Kontext (geistliche Texte). → Parodie, → Transkription.

Kontrapunkt, Kp. (von lat. *punctus contra punctum* ›Note gegen Note‹). **1.** Kompositionstechnik, bei der einer vorgegebenen Hauptstimme (Cantus firmus) eine oder mehrere weitere, eigenständig und melodisch-rhythmisch nach bestimmten Regeln geführte Stimmen beigegeben werden. Ist die Gegenstimme derart gearbeitet, dass sie als Ober- oder Unterstimme eingesetzt werden kann, spricht man vom doppelten K. Contrapunctus simplex ist der nach strengen Regeln, Note gegen Note gesetzte K. Geschichte des K.: 9.–11. Jh.: einfacher K. im Parallelorganum (→ Organum); 16. Jh.: K. der Niederländischen Schule; 18. Jh.: Fugen Bachs als höchste Form des K.s. **2.** Allgemeine Bez. einer Gegenstimme in der Fuge.

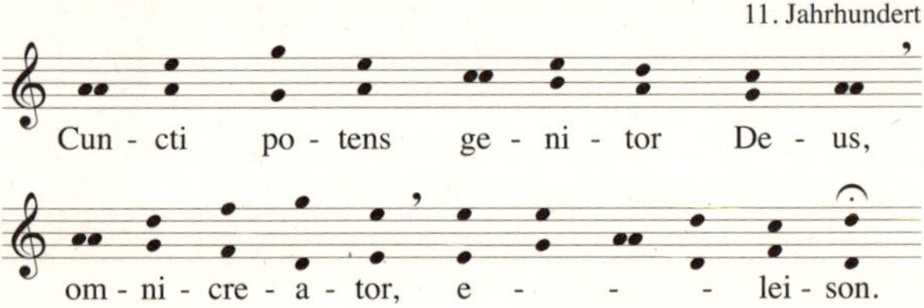

Kontrasubjekt, eine in der Fuge gleichzeitig mit dem Fugenthema erklingende kontrastierende Gegenstimme. Erscheint erstmals als Fortsetzung des Dux – da als Gegensatz bez. –, wo es den Kontrapunkt zum Comes bildet.

Konzert (von lat. *concertare* ›wettstreiten‹ und ital. *concerto* ›Vereinigung‹). **1.** Im 17. Jh. entstandene Gattung, bei der ein oder mehrere Solisten und ein Ensemble miteinander, d. h. im Wechsel oder gemeinsam, oft auch als gegensätzliche Klangkörper musizieren (z. B. in Concerto grosso, Sinfonia concertante u. a.). **2.** Allgemeine Bez. für die Aufführung musikalischer Werke.

konzertant. **1.** Konzertartige Aufführung (z. B. einer Oper im Konzertsaal unter Verzicht auf szenische Darstellung). **2.** Solistisch.

Konzertform, dreisätzige Form des Solokonzerts, oft mit der Satzfolge schnell (z. B. Allegro; in Sonatensatzform) – langsam (z. B. Andante; in Liedform) – schnell (z. B. Presto; in Rondoform). → Sinfonieform.

Konzertmeister, Stimmführer der 1. Violinen mit Verpflichtung zur Übernahme von Solopassagen, Einrichtung der Violinstimmen (Fingersatz, Bogenstrich) u. a.

Kopfstimme, hohe Stimmlage, bei der die Stimmlippen nur am mittleren Rand schwingen. Ausschlaggebend ist die Kopfresonanz. → Falsett, → Jodeln.

Kopist (von lat. *copia* ›Abschrift‹), Noten(ab)schreiber.

Koppel, mechanische Spielhilfe der Orgel, die bewirkt, dass beim Spiel auf einem Manual die Tasten des anderen (ausgekoppelten) ebenfalls mitbetätigt werden (z. B. Melodie-Koppel, Oktav-Koppel).

Kornett. **1.** Blechblasinstr. der Hornfamilie, gebr. in der Blasmusik, auch als Jazzinstr. Trompetenförmig, mit Kesselmundstück, Stimmbögen, 2–3 Ventilen. Das Instr. ist meist in B (Umfang e–c^3) gestimmt, besitzt einen hellen Klang, dabei we-

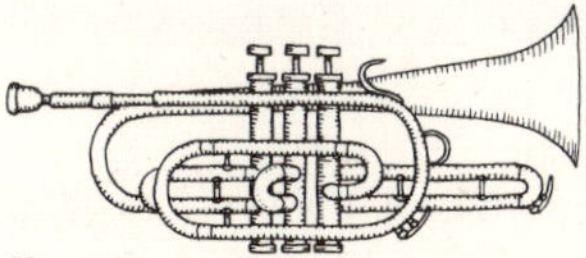

Kornett

niger weich als der des Flügelhorns. **2.** → Orgelregister. → Cornet à pistons.

Korpus (lat., ›Körper‹), Resonanzkörper bei Saiteninstr.

Korrepetitor (von lat. *repetere* ›wiederholen‹). Kapellmeister, der den Opernsänger beim Erarbeiten einer Partie am Klavier begleitet.

Koto, jap. zitherähnliches Saiteninstr. Begleitinstr., 1,80 m lang, mit 12–16 Saiten und verstellbaren Zwischenstegen zur Tonhöhenregulierung.

Koto

Krakowiak (poln.), poln. Volkstanz, aus dem 16. Jh. stammend, formal dreiteilig, im raschen 2/4-Takt mit charakteristischer Synkopenbildung. Beliebter Gesellschaftstanz.

Krebs, rückläufig geführte Melodie (z. B. Fugenthema oder Reihe einer seriell angelegten Komposition).

Kreuz → Vorzeichen.

Krummhorn. 1. Altes Holzblasinstr. mit Doppelrohrblatt und 6–8 Grifflöchern; am unteren Ende nach vorn gekrümmt. Das Instr. besitzt einen leicht schnarrenden Klang. Bau (heute rekonstruiert) in Diskant-, Alt- und Basslage. **2.** → Orgelregister.

Krummhorn

Kuhreigen, alpenländischer Hirtengesang, von Schalmeien und Alphörnern begleitet.

Kunstkopf-Stereophonie, stereophones

Aufnahmeverfahren, bei dem seit 1973 in einem Kunstkopf anstelle des Trommelfells 2 Mikrophone installiert werden, sodass man bei der Wiedergabe genau jene akustischen Signale hört, die zuvor im Ohrbereich des Kunstkopfes angekommen sind; das Verfahren wurde 1982 entscheidend weiterentwickelt.

Kunstlied, meist klavierbegleitetes, stilistisch-gesangstechnisch anspruchsvolles Sololied mit musikalischer Ausdeutung des Textes. Es ist mehrstrophig, folgt formal dem einfachen oder variierten Strophenlied, auch durchkomponiert. Die Herkunft des K.s ist fast immer nachweisbar.

Kunstmusik, Gegenbegriff zu Volksmusik: von einem Komponisten nach bestimmten (z. B. kontrapunktischen, harmonischen) Regeln geschaffene Instr.-Musik.

Kurrende (von lat. *currere* ›laufen‹, auch *corradere* ›betteln‹), urspr. Chor armer Schulknaben, die vor den Haustüren geistliche Lieder sangen und dafür Almosen bekamen.

Kyrie eleison (griech., ›Herr, erbarme dich‹), 1. Teil des Ordinarium missae der lat. Messliturgie mit neunmaligem Begrüßungs- und Huldigungsruf. Dreimal dreiteilig: Kyrie eleison – Christe eleison – Kyrie eleison, bei wechselchörigem Vortrag.

L

Labialpfeifen (von lat. *labium* ›Lippe‹), Pfeifenart der Orgel (Holz, Metall, gedackt/ungedackt) mit abgekantetem Ober-/Unterlabium am Fußende. Beim Spiel bricht sich ein durch die Kernspalte zugeführter Luftstrom an der Kante des Oberlabiums, wobei die Luftsäule des Pfeifenkörpers in Schwingungen gerät. L. besitzen z. B. die Register ›Prinzipal‹, ›Flöten‹ und ›Streicher‹. → Lingualpfeifen.

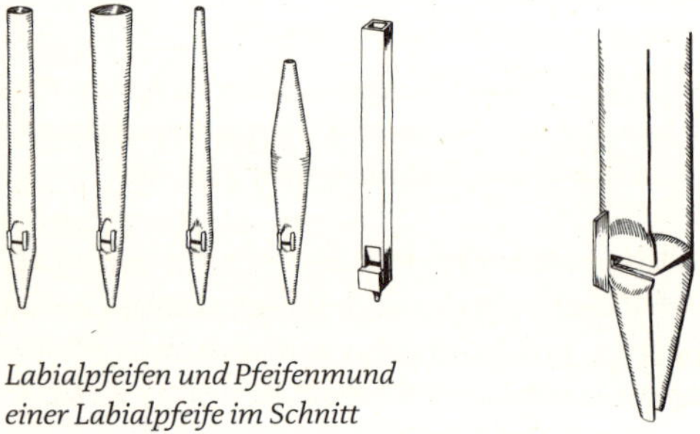

Labialpfeifen und Pfeifenmund einer Labialpfeife im Schnitt

Label (engl., ›Etikett‹), Schallplatten- bzw. CD-Marke; auch Bezeichnung einer Tonträger-Firma.

lacrimoso (ital.), tränenvoll.

Ländler, in Österreich/Bayern gepflegte Volkstänze, meist zweiteilig und je achttaktig, im ruhigen ¾-, auch ⅜-Takt. Weiterentwickelte Formen: Schneller Walzer, Steirer, Schuhplattler.

Lage. **1.** Aufbau eines Dreiklangs, danach bez., welche Tonstufe vom Grundton der Tonleiter in der Oberstimme liegt: Terz-, Quint-, Oktavlage. **2.** Enge oder weite Lage, je danach, ob die Töne eines Akkords (Bass ausgenommen) im Oktavbereich oder außerhalb desselben liegen. **3.** → Stimmlage.

Lai → Leich.

Lambada (port., ›heiße Lenden‹), auf brasilianischer Volksmusik basierender, leidenschaftlicher Paartanz, der sich durch den Hit ›Lambada‹ der Band Kaoma ab 1989 rasch in Europa ausbreitete.

Lamentationen (von lat. *lamentatio* ›Klage‹), von Gründonnerstag bis Karsamstag vorgetragene Klagelieder des Propheten Jeremias; als Gattung besonders im 16. Jh. verbreitet.

Lamento (ital., ›Klage‹), Klagelied; Arientyp in Oper, Oratorium u. a. des 17./18. Jh.s; dissonanzenreich und mit chromatisch abwärts geführten Bässen.

lamentoso (ital.), klagend, traurig.

largamente (ital.), breit.

largando, allargando (ital.), langsamer werdend.

larghetto (ital.), bewegter als largo; auch Satzbez.

largo (ital.), breit, langsam; auch Satzbez.

Latin Rock, Rockmusik, die Gestaltungsmittel lateinamerik. Musik einbezieht (z. B. Polyrhythmik, spezielle Rhythmusinstr.).

Lauda (ital., ›Lobgesang‹), geistlicher, hymnenartiger Chorgesang ital. Bruderschaften (13. Jh.), einstimmig, später mehrstimmig-homophon, strophenförmig.

Laute, Lt., Zupfinstr., Solo und Begleitinstr.; bestehend aus einem halbbirnenförmigen Korpus (dünne, geleimte Holzspäne) mit flacher Decke und kurzem Hals. Die Renaissance-Laute hat 6 Saiten, 5 davon doppelchörig (Darm; Stimmung in E, A, d, g, h, e^1), sie verlaufen vom stegartigen Querriegel über das mit Bünden versehene

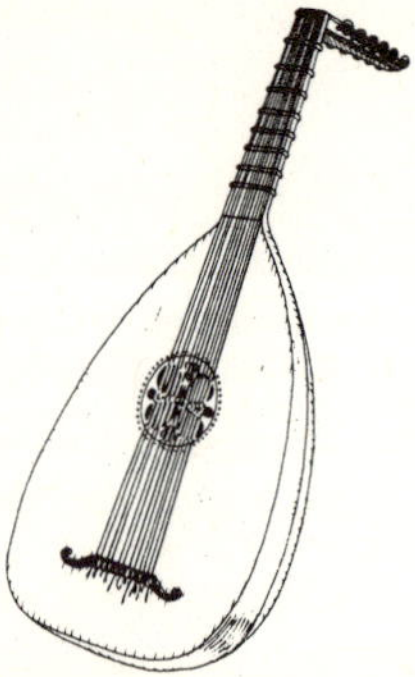

Laute

Griffbrett zu 6 seitenständigen Wirbeln im abgeknickten Wirbelkasten. Notierung in Lautentabulatur.

Lautentabulatur → Tabulatur.

Lautstärke, die frequenzabhängige, subjektive Hörempfindung, gemessen in Phon.

Leader, ld (engl., ›Leiter‹), Leiter einer Band und zugleich der die Melodiestimme spielende Trompeter, Kornettist usw.

leere Saite, die ohne Fingeraufsatz frei schwingende Saite bei Saiteninstr.

legato, legabile (ital.), gebunden.

Legende (von lat. *legenda* ›das zu Lesende‹), vokale/instr. Komposition, die sich auf einen Mythos, eine Heldensage oder eine Heiligengeschichte bezieht.

leggiero (ital.), leicht, ungezwungen.

Lehrstück, eine von B. Brecht entwickelte, didaktische und gesellschaftlich engagierte Form auch des Musiktheaters. L.e wollen Einsichten vermitteln, werden anti-illusionistisch und szenisch-oratorienartig dargeboten und beziehen mitunter die Zuhörenden ein. → Episches Musiktheater, → Schuloper.

Leich (von got. *laiks* ›Tanz, Spiel‹), mittelalterliche Liedgattung, unterschieden in religiöse, Minne- und Tanz-L.s; formal der lat. Sequenz – bei unregelmäßigem Strophenbau – folgend. Frz. Herkunft ist dag. der **Lai**, weltlich (Minnelai) oder geistlich (Marienlai), urspr. harfenbegleitet und mit wiederholten, fortschreitenden Versen AABBCC usw.

Leier, antikes Zupfinstr., in Griechenland als Lyra und Kithara bekannt. Die L. besteht aus einem Resonanzkörper (Holz), 2 Jocharmen und Querjoch (Saitenhalter); 7–11 Saiten.

leitereigene Harmonik, ausschließlich auf Tönen der Grundtonleiter beruhend.

Leitmotiv, prägnantes Motiv, das im Verlauf eines Musikdramas oder einer programmatischen Instr.-Komposition häufig wiederkehrt, um eine Situation, Stimmung, Person o.ä. zu assoziieren (berühmt ist Wagners Leitmotiv-Technik).

Leitton, Ton, der auf Grund des harmonischen Ablaufs einem Entspannung bringenden Zielton zustrebt. Meist in kleiner Sekunde aufwärts (z. B. in G-Dur: fis zur Tonika g).

Lektionston, Melodieschema im gesungenen Vortrag während des christlichen Gottesdienstes.

lentando (ital.), langsamer werdend.

lentement, lento (ital.), langsam.

Lesginka (russ.), kaukasischer Volkstanz im schnellen $6/8$-Takt.

libero (ital.), ungezwungen, frei.

Libretto (ital., ›Büchlein‹), Textbuch zu Oper, Operette usw.

Lichtorgel, Gerät, das nach Melodie und Rhythmus Lampen oder Scheinwerfer steuert.

Lied, lyrische Kleinform, meist mehrere Strophen gleichen Baus; durch Einfachheit, Geschlossenheit, periodische Gliederung und ein enges Wort-Ton-Verhältnis charakterisiert. Formal unterscheidet man Strophenlied, variiertes Strophenlied und durchkomponiertes Lied, nach Funktion Tanz-, Arbeits-, Kampf-, Klagelied usw.; ferner ein- und mehrstimmige L.er, Volks- und Kunstlieder usw. → Frottola, Geißlerlieder, Kirchenlieder, Klavierlied, Liederkranz, Liedertafel, Liederkreis und -zyklus, Meistersang, Minnesang, Trobadors, Trouvères, Villanella.

Liederkranz, Liedertafel, national eingestellte, gesellige Männervereinigung im 19. Jh., die auch das Chorlied pflegte.

Liederkreis, Liederzyklus, Lieder mit einer bestimmten Thematik, deren Text oft vom gleichen Dichter bzw. Komponisten geschaffen wurde (z. B. Schuberts *Die Winterreise* auf Texte von Wilhelm Müller).

Liedermacher, Personalunion von Texter, Komponist und Interpret; Vortrag oft zur Gitarre; häufig gesellschaftskritisch. → Protestsong.

Liederspiel, singspielartige Gattung mit kleiner Handlung, gesprochenen Dialogen und volkstümlichen Liedern; instr. begleitet.

Liedform, meist symmetrische Anlage eines Liedes, auch bei Tänzen des 17./18. Jh.s. Man unterscheidet zwischen einteiliger (A), zweiteiliger (A, A' oder AB) und dreiteiliger (ABA Bogen- / ABC Reihenform) L., Barform (AAB), Gegenbarform (ABB) u. a. Bei nochmaliger Dreiteilung innerhalb der Teile spricht man von zusammengesetzter L. (z. B. im klassischen Menuett mit Trio: A(aba)–B(cdc)–A(aba).

ligato (ital.) → legato.

Ligatur (von lat. *ligatura* ›Verbindung‹). **1.** Bez. für das Binden zweier auf gleicher Tonhöhe stehender Noten durch einen Bindebogen. **2.** Mensuralnotation: Zusammenschluss mehrerer Noten zu einer Gruppe.

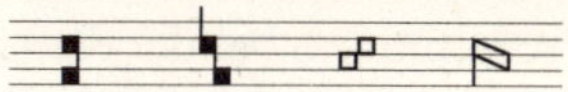

Mensuralnotation

linearer Satz, ein auf die horizontale Linie orientierter (polyphoner) Satz.

Lingualpfeifen (von lat. *lingua* ›Zunge‹), Zungenpfeifen; Pfeifenart der Orgel. Die Tonerzeugung erfolgt mittels Luftstrom, der eine aufschlagende bzw. durchschlagende Metallzunge in Schwingungen versetzt, bei periodischer Unterbrechung des Luftstroms. L. besitzen z. B. die Register ›Trompete‹ oder ›Fagott‹. → Labialpfeifen.

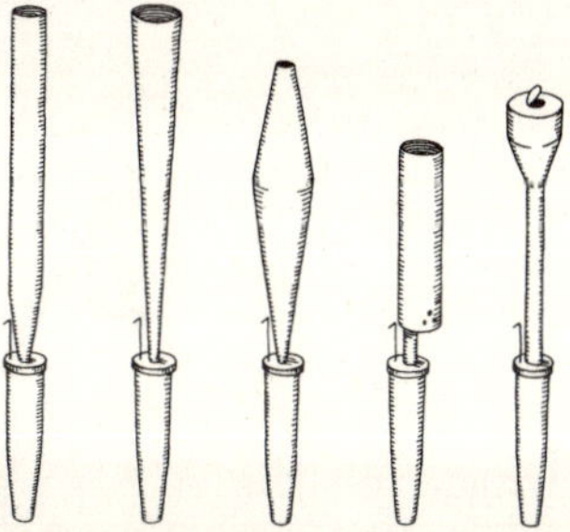

Lingualpfeifen

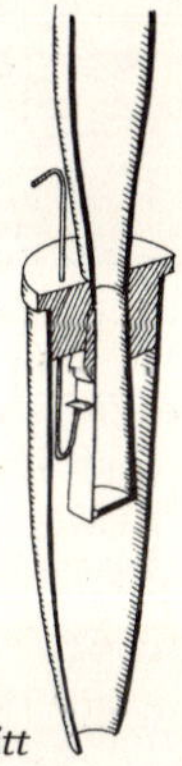

Schnitt

Lira, Streichinstr. der Renaissance, Begleitinstr. Lira da braccio mit violinähnlichem Korpus, breitem Hals, herzförmiger Wirbelplatte, 7 Saiten, und Lira da gamba (Kniegeige, Bassinstr.) mit 11–19 Saiten.

l'istesso tempo (ital.), im gleichen Zeitmaß, auch bei Taktwechsel.

Litanei (von griech. *líssesthai* ›flehen‹), Bittgesang der kath. Liturgie in Form von Anrufungen, bei der die Gemeinde / der Chor die vorgetragenen Gebete mit der gleichbleibenden Bittformel: »Kyrie eleison« (Herr, erhöre uns) beantwortet.

Liturgie (von griech. *leitourgia* ›öffentlicher Dienst‹), Mess- bzw. Gottesdienstordnung innerhalb der christlichen Kirche; formal und musikal. weitgehend vorgeschrieben.

Lituus (lat.), antikes römisches Signalhorn, bestehend aus langem Metallrohr, Schallbecher und Kesselmundstück.

lombardischer Rhythmus, charakteristische Rhythmusfigur mit kürzerer 1. und längerer 2. Note. → Scotch Snap.

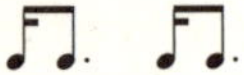

Longa → Mensuralnotation.

Lotosflöte, Schnabelflöte mit vibrierendem Klang und glissandoartiger Tonfolge; Tonumfang etwa g^1–c^4.

Loure (frz.). **1.** Frz. Volkstanz, auftaktig und im mäßig bewegten $\frac{6}{4}$-Takt; fand Eingang in die Suite. **2.** Frz. Sackpfeife des 16./17. Jh.s.

lugubre (ital.), düster, klagend.

Lure, altgerm. Blasinstr., Kultinstr. mit posaunenartigem, rauhem Klang. Beste-

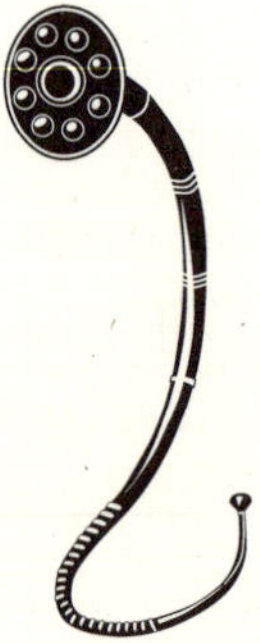

Lure

hend aus langem, s-förmig verdrehtem Bronzerohr, kesselförmigem Mundstück und Zierteller am Ende. Tonerzeugung durch Überblasen.

lydisch → Kirchentonarten.

Lyra (griech.), altgriech. Zupfinstr.; Begleitinstr. der Sänger. Bestehend aus schalenförmigem Korpus, 2 Jocharmen, Querjoch (Saitenhalter) und 3–7 Saiten. Ein der L. verwandtes, antikes Saiteninstr. ist der **Barbitos** mit einem Korpus aus Schildkrötenpanzer und 5–7 Saiten.

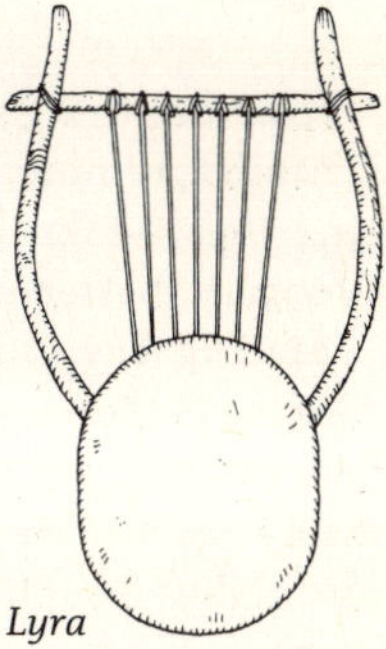
Lyra

M

macabre (frz.), schauerlich.

Madison, nordamerik., mäßig bewegter Gesellschaftstanz im 4/4-Takt, dem Twist und (langsamem) Boogie-Woogie nahestehend; kurzzeitig europ. Modetanz.

Madrigal (von lat. *matricalis* ›von der Mutter‹, sinng.: ›Gesang in Muttersprache‹), mehrstimmiges ital. Strophenlied weltlichen Inhalts (Liebesdichtung, Satire u.a.), auch instr. begleitet. Das frühe M. (14. Jh.) enthält 2–3 Terzinen (dreizeilige Strophen) gleicher Musik und Schlussritornell, ist zwei- bis dreistimmig und von der reichen Melismatik der Oberstimme geprägt. Spätere M.e (16. Jh.) sind freier, mit 6–13 (7–11silbigen) Versen, von kunstvoll polyphoner/harmonischer Anlage und sinndeutender Tonmalerei. → Madrigalismen.

Madrigalchor, Madrigalisten, Kammerchor, der meist ältere Chorlieder aufführt; überwiegend solistisch besetzt.

Madrigalismen, tonmalerische Effekte im Madrigal (z.B. Chromatik als Mittel der Wortdeutung und Ausdruckssteigerung).

Madrigalkomödie, ein aus Madrigalen u.a. Vokalsätzen zusammengesetztes Theaterstück, oft grotesk-karikierend. M.n wurden im 16. und frühen 17. Jh. aufgeführt (Italien).

maestoso (ital.), majestätisch.

maggiore (ital.), Dur, Durteil (z.B. innerhalb einer in Moll stehenden Komposition).

Magnetophon → Tonbandgerät.

Magnificat (lat.), Lobgesang Marias (»Meine Seele preist den Herrn«) beim Besuch Elisabeths (Lk. 1,46 ff.). Höhepunkt der Vesper im Offizium der kath. Messliturgie. Die musikalische Tradition seit der Gregorianik wurde von der protest. Kirchenmusik übernommen. Strophisch gebaut, seit dem 15. Jh. oft mehrstimmig, dann selbständig als Kantate (z. B. bei Bach).

Mainstream (engl., ›Hauptströmung‹), Musizierstil in Jazz und Unterhaltungsmusik, der sich an traditionellen, konventionellen Gestaltungsmitteln orientiert.

majeur, major (frz., engl.), Dur.

Malagueña (span.), span. Tanzlied im lebhaften 3/8-Takt, dem Fandango ähnlich. Meist wird die Melodie über einem ostinaten Bass improvisiert.

Mambo, lateinamerik. Gesellschaftstanz, rumbaartig, im mäßig raschen Tempo und 4/4-Takt stehend.

Mandola, Mandora, kleines lautenartiges Zupfinstr. arab. Herkunft.

Mandoline, Mnd., Zupfinstr., Soloinstr., ital. Nationalinstr.; bestehend aus halbbirnenförmigem, aus Holzspänen gefertigtem Korpus, abgeschrägt, mit kurzem Hals. 4 Doppelsaiten (Metall; Stimmung in g, d^1, a^1, e^2) verlaufen über Steg und Griffbrett zu 4 hinterständigen Wirbeln einer abgeknickten Wirbelplatte. Der charakteristische Tremoloklang wird durch rasches Auf und Ab des Plektrums erreicht.

Mandoline

Manieren → Verzierungen.

mano destra, mano sinistra, m. d., m. s. (ital.), rechte Hand, linke Hand.

ma non troppo/tanto (ital.), nicht zu sehr.

Manual, manualiter, Man., man (lat.), Tastatur; auf der Tastatur – ohne Pedal – zu spielen (Orgel).

Maqam (arab.). **1.** Improvisationslehre altarab.-türk. Musik nach Melodiemodellen. **2.** Ein charakteristisches Melodiemodell (s. 1.). **3.** Eine für das Melodiemodell (s. 1.) einsetzbare melodisch-rhythmische Wendung.

Maracas (port.), süd-/mittelamerik.-indian. Rhythmusinstr. aus hohlen Früchten, die mit Steinen o.ä. gefüllt sind; Klangerzeugung durch Schütteln.

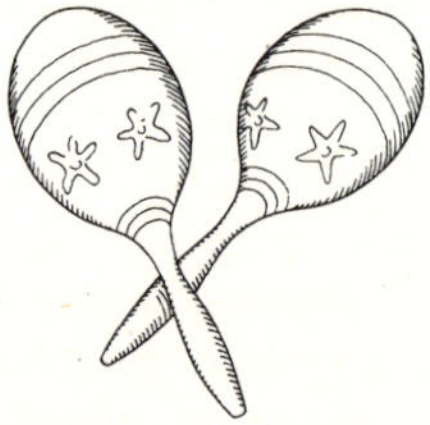
Maracas

marcato, marc. (ital.), betont, hervorgehoben.

Marche funèbre (frz.), **marcia f.** (ital.), Trauermarsch.

Marianische Antiphonen, vier verschiedene, dem Schluss des gregorianischen Stundengebets entnommene, ohne Psalm vorzutragende → Antiphone, die wahlweise im Offizium der kath. Kirche zum Einsatz kommen.

Marimba(phon), urspr. afrik. Schlaginstr. aus klaviaturartig aneinandergereihten, nach Tonhöhen geordneten Metallröhren; zweireihig, mit Resonatoren (Umfang: c–c^5).

Marsch (zu frz. *marcher* ›gehen‹), geradtaktiges, metrisch regelmäßiges Musikstück, das die Bewegung des Schreittanzes und des Gleichschrittgehens aktiviert. Urspr. zweiteilig (je 8–16 Takte), folgte später ein weicheres Trio mit Wiederkehr des Hauptteils. Funktion: Militärmarsch, Trauermarsch u. a.

martelé (frz.), **martellato** (ital.), gehämmert: kräftiges Staccato.

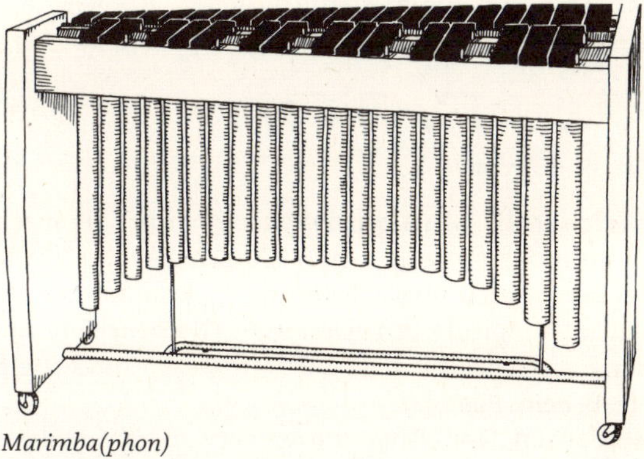

Marimba(phon)

marziale (ital.), kämpferisch.

Masque (engl., ›Maskenspiel‹), altengl.-höfisches Bühnengenre (mythologische Stoffe) mit Chören, Tanz, Instr.-Musik und Effekten.

Maultrommel, Zupfinstr., Idiophon; bestehend aus hufeisenförmigem Metallbügel, zwischen dessen verlängerten Enden eine Stahlzunge schwingt. Der Spieler hält den Rahmen zwischen den Zähnen, wobei die Mundhöhle als Resonanzraum dient. Klangerzeugung durch Zupfen der Stahlzunge, Tonhöhenregulierung mittels Veränderung der Backen-/Lippenstellung.

Maultrommel

Maxima → Mensuralnotation.

Mazurka, poln. Nationaltanz im raschen 3/4- oder 3/8-Takt (Akzent auf 2./3. unbetonter Zählzeit) mit Melodiesprüngen und punktierten Rhythmen. Ab dem 18. Jh. europ. Gesellschaftstanz.

Mazurka-Rhythmus

mechanische Musikinstrumente, Instr., die mechanisch – ohne Interpreten – zum Klingen gebracht werden, wobei der Antrieb über Uhrfedern, Elektromotoren usw. erfolgt (z. B. Spieldose, Leierkasten, Glockenspiel). Speicherung von Musikstücken auf Stiftwalzen, Lochstreifen u. ä. (z. B. beim Pianola).

Medianten, Dreiklänge, die terzverwandte Verhältnisse zu einer Hauptfunktion (Tonika, Dominante, Subdominante) eingehen, deren Grundton im Terzabstand zum Grundton der Hauptfunktion steht. Man unterscheidet Haupt- und Nebenmedianten (im Groß-/Kleinterzabstand zur Hauptfunktion) sowie Ober- bzw. Untermedianten (über/unter der Hauptfunktion stehend).

Mehrchörigkeit, Kompositionsweise, bei der (meist) 2 Chöre oder instr. Klanggruppen, räumlich voneinander getrennt und verschiedenartig besetzt, abwechselnd-kontrastierend oder gemeinsam singen/musizieren. → Coro spezzato.

Mehrstimmigkeit → Polyphonie.

Meistersang, bürgerlich-städtische, zunftmäßige und nach strengen Regeln (Tabulatur) durchgeführte Liedkunst-Unterweisung in Deutschland im 15./16. Jh. Formale Grundlage des M.s bildet die Meistersangstrophe Bauform: dreiteilig, mit 2 gleichgebauten Teilen (Stollen) und andersartigem Abgesang, dazu silbenzählendes Metrum.

Die Texte waren oft geistlichen Inhalts, bei solistischem Vortrag ohne Begleitung. Aufführungsorte: Kirche, Zunft-, Wirtshäuser.

Melisma, Melismatik, allg.: Umspielung einer Melodie in kleinen Notenwerten. Urspr.: das Singen mehrerer Töne auf einer Textsilbe in mittelalterlicher Musik. Auch oriental. Melodik wird von M. bestimmt. → Koloratur.

Mellotron (griech.), elektronisches Tasteninstr., mit dessen Hilfe einer Musik zusätzliche Instr.-Klänge oder Effekte beigegeben werden. Jeder Taste ist ein Tonband mit dem gewünschten Klang zugeordnet.

Melodie (von griech. *melōdía* ›Liedweise‹), die durch unterschiedliche Tonhöhe, -dauer und Zeitmaß festgelegte, tonal/atonal charakterisierte, sinnvoll gegliederte (z. B. periodisch), dynamisch, agogisch und klangfarblich bestimmte, schließlich vokal oder instr. ausgeführte Abfolge von Tönen.

Melodik (von griech. *melōdía* ›Liedweise‹). **1.** Das Typische einer Melodie, a) äußerlich (z. B. abwärts) und b) hörpsychologisch (z. B. klagend). **2.** Lehre von Bau und Bildung einer Melodie.

melodische Molltonleiter → Tonarten, Tonleiter.

Melodrama (griech.). **1.** Schauspiel mit untermalender Musik, (v. a. im 18. Jh.). **2.** Szene mit Rezitation zur Musik in der Oper des 19. Jh.s, z. B. Kerkerszene in Beethovens *Fidelio*.

Melograph (von griech. *melos* ›Lied‹ und *grafein* ›schreiben‹), Vorrichtung am Klavier, die Stücke während des Spiels auf Lochstreifen ›zeichnet‹.

Melos (griech., ›Lied‹), Bez. für die gesangliche Linie einer Komposition; auch M. der Sprachmelodie.

Membranophone (von griech. *membrána* ›Pergament‹), Fellklinger; Instr., deren Klang durch eine in Schwingung versetzte Membran (Fell, Haut usw.) entsteht. Hierzu gehören vor allem Trommeln und Pauken.

Ménestrel, Minstrel (frz.), Sänger, Spielmann bei Hofe.

meno, m (ital.), weniger (z. B. *meno dolce* ›weniger zart‹).

Mensur (von lat. *mensura* ›Maß‹). **1.** Maßverhältnisse, die bei Musikinstr. die Art des Klanges bestimmen (z. B. das Verhältnis von Länge/Weite eines Rohrs bei Blasinstr.). **2.** Das mit Mensurzeichen zeitlich festgelegte Verhältnis zwischen Notenwerten in der Mensuralnotation. Man unterscheidet zwei- und dreizeitige M.en (bzw. Notenwerte), z. B. zweizeitige M.: 1 Longa = 2 Brevis; dreizeitige M.: 1 Longa = 3 Brevis. → Mensuralnotation.

Mensuralmusik (von lat. *musica mensurabilis* ›gemessene Musik‹), mehrstimmige Musik des 13.–16. Jh.s, bei der erstmals eine rhythmische Gliederung mittels zeitregelnder Notenwerte besteht. → Mensuralnotation.

Mensuralnotation, Notenschrift, die im 13. Jh. entstand und nach der Tonhöhe (Choralnotation) nun auch die Tondauer festlegte. Urspr. schwarze Notierung, nach 1430 weiß; führte um 1600 zur heutigen (runden) Notenschrift. → Choral-, Modalnotation, Mensur, Neumen, Noten(schrift).

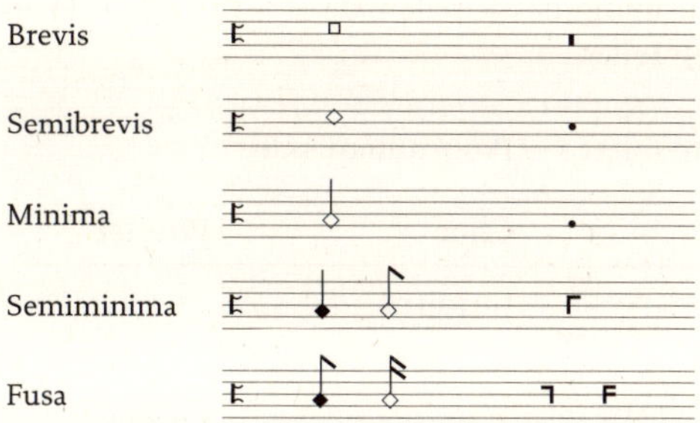

Menuett, (frz.) Volks-, später Hoftanz des 17./18. Jh.s, mäßig bewegt und im ¾-Takt stehend. Urspr. zweiteilig mit je 4–8 Takten, fand das M. nach Aufnahme in die Kunstmusik (häufig 3. Satz der klassischen Sinfonie) zu seiner endgültigen A–B–A-Form: Menuett – Trio – Menuett (Wiederholung).

Messe (von lat. *Ite, missae est* ›Geht, ihr seid entlassen‹), zentraler Gottesdienst, Eucharistiefeier (Danksagung) der röm. Kirche ab dem 5. Jh., in der des Letzten Abendmahls und des Kreuzesopfers Christi gedacht wird. Die M. besteht aus 4 Teilen: 1. Eröffnung (mit Schuldbekenntnis, Gloria und Tagesgebet), 2. Wortgottesdienst (mit Lesungen, Predigt, Credo und Fürbitte), 3. Eucharistiefeier (mit Gabenbereitung und Gebet, Sanctus, Hochgebet/Wandlungsworten, Fürbitten, Vaterunser, Friedensgruß und Kommunion) und 4. Entlassung mit Segen. Ihre Hauptmerkmale sind die lat. Sprache, Wechsel von gesungenen und gesprochenen Teilen, Verteilung der Gesänge auf Priester und Chor sowie die Folge von feststehenden (Ordinarium missae) und –

nach der Ordnung des Kirchenjahres – variablen (Proprium missae) Teilen:

Ordinarium missae	Proprium missae	
Chor	Chor	Priester
	Introitus	
Kyrie Gloria		
		Oratio Epistel
	Graduale + Alleluia (oder Tractus oder Sequenz)	
		Evangelium
Credo		
	Offertorium	
		Präfation
Sanctus + Benedictus Agnus Dei		
	Communio	
		Postcommunio

Die M. war als musikal. selbständige Gattung im 15. Jh. voll ausgeprägt; eine zugrunde liegende Choralmelodie, als Cantus firmus, garantierte den inneren Zusammenhang. Im 16. Jh., mit Palestrina, bildete sich der klassische A-cappella-Stil heraus, ab dem 17. Jh. kam es zu einer klanglichen Erweiterung mit Soli, Chor und Orchester (Bach, Haydn, Mozart, Beethoven, Schubert); für das 19. Jh. ist eine stark subjektive Empfindung (Liszt) charakteristisch. – Seit dem

Zweiten Vatikanischen Konzil (1963–66) wurde im gottesdienstlichen Rahmen zunehmend das Volk an der Liturgie beteiligt; dies führte zu weitgehender Aufgabe der Latinität und Lockerung der Form.

mesto (ital.), traurig, betrübt.

Metallophon(e). **1.** Allg.: Idiophone (Selbstklinger) aus Metall wie Gong, Becken, Glocken usw. **2.** Metallstabspiel aus abgestimmten Stahlplatten, klaviaturartig aneinandergereiht, zweireihig, chromatisch (Tonumfang meist f–f^3).

Metamusik (griech. *metá* ›zwischen‹), eine zwischen avantgardistischer und Popmusik stehende Musik, die außereurop. (z. B. asiat.) Stilrichtungen einbezieht. Sie soll dem Hörer neue Dimensionen der Rezeption vermitteln (u. a. Meditation).

Metrik (von griech. *metrón* ›Maß‹), Lehre vom → Metrum.

Metronom, Gerät (Pendel), mit dessen Hilfe das Tempo eines Musikstücks vorgegeben wird; Einstellung: 40–208 Schläge/Minute (bezogen auf einen festgelegten Notenwert).

Metrum (von griech. *metrón* ›Maß‹), Ordnung innerhalb eines Taktes, einer Periode oder größeren Einheit nach dem Prinzip der Wiederholung betonter, leicht betonter und unbetonter Zeiteinheiten.

mezzo-, m. (ital.), im Sinne von ›halb‹, ›mittel‹ (z. B. **mezzoforte, mf.**), halblaut.

Mezzosopran, Stimmlage zwischen Sopran und Alt stehend, Stimmumfang etwa g–b^2.

Mikrointervalle, kleinere → Intervalle als Halbtöne (z. B. Viertel- oder Achteltöne).

Mikrophon, Gerät zur Umwandlung von Schallschwingungen in elektrische Signale; arbeitet nach unterschiedlichen Funktionsprinzipien.

Minimal music (engl.), Stilrichtung seit Mitte der 1960er Jahre, gekennzeichnet durch melodisch-rhythmische Muster, die permanent wiederholt, dabei aber allmählich abgewandelt, zeitlich verschoben werden, sodass ein fließender Klangstrom entsteht.

Minnesang, Minnesänger (mhd. *minne* ›Liebe‹), deutschsprachige höfische Liebeslyrik des 12.–14. Jh.s, einstimmig und instr. begleitet (Laute, Harfe usw.). Die Melodik des M.s ist kirchentonal geprägt, dabei aber volksliednah. Der M. übernahm mitunter Melodien der → Trobadors. Formal herrscht die Kanzonenstrophe (in dreiteiliger Barform AAB) vor. Niedere Minne: beinhaltet die Liebe zu einer Frau unteren Standes; Hohe Minne: beinhaltet die Liebe zu einer (unerreichbaren) Edelfrau.

Mischklang, entsteht, wenn 2 oder mehrere Instr.-Farben zu einem Klang verschmelzen.

Mischpult, elektronische Anlage, mit deren Hilfe unterschiedliche Klangquellen verschiedener Herkunft zusammengespielt, beeinflusst und neu zusammengestellt werden können.

Miserere (lat., ›erbarme dich‹), zum Beschluss des Totenoffiziums gesungener Bußpsalm (Ps. 50 bzw. 51); mehrstimmige Vertonungen ab dem 17. Jh.

Missa brevis (lat.), kurze bzw. auf Kyrie und Gloria verkürzte Messenkomposition.

Missale (von lat. *missa* ›Messe‹), Messbuch für den Priester, das alle Gebete, Lesungen und Gesangstexte für die Messliturgie enthält.

Missa pro defunctis (lat.), Totenmesse. → Requiem.

Missa solemnis (mlat., ›feierliche Messe‹), großangelegte Messe, mehrstimmig, mit großem Orchester.

misterioso (ital.), geheimnisvoll.

misurata (ital.), gemessen, im Takt.

Mittelstimmen, die zwischen höchster und tiefster Stimme verlaufenden Stimmen im mehrstimmigen Satz.

mixolydisch → Kirchentonarten.

Mixtur (von lat. *mixtura* ›Vermischung‹), die beim Orgelspiel verwendete orgeltypische, klangprächtigste ›gemischte‹ Stimme. Der Klang setzt sich aus einem Grundton mit einer Auswahl dazugehörender Obertöne (zwei- bis siebenfach) zusammen.

M. M., Abkürzung für: Metronom Mälzel, d. h. Pendelschläge pro Minute auf dem 1816 von Johann Nepomuk Mälzel erfundenen → Metronom (z. B. M. M. 112: 112 Viertelschläge in der Minute).

modal (von lat. *modus* ›Maß‹), auf die mittelalterlichen Modi also Kirchentöne bezogen (z. B. m. e Harmonik, m. e Tonskala).

Modal Jazz, Jazzstil der 1950er und 60er Jahre. Die Funktionsharmonik wird aufgegeben; Thema und Improvisation orientieren sich an für größere Taktgruppen festgelegten Skalen bzw. Modi (→ Kirchentonarten); auch die ansonsten nicht strikt festgelegte Harmonisierung geht von leitereigenen Akkorden aus.

Modalnotation (von lat. *modus* ›Maß‹), Notenschrift der mehrstimmigen Musik des 12./13. Jh.s, der Choralnotation ähnelnd, doch mit erstmaliger Festlegung rhythmischer Grundstrukturen. Dabei werden 6 Rhythmusmodelle (Modi), Kombinationen von Longa und Brevis, verwendet, wobei das gewählte Modell innerhalb einer Komposition (Stimme) erhalten bleibt. Die 6 (dreizeitigen) Grundmuster, meist in zwei- bis viertönigen Ligaturen abgebildet, entsprechen nach heutiger Notation folgenden Rhythmen:

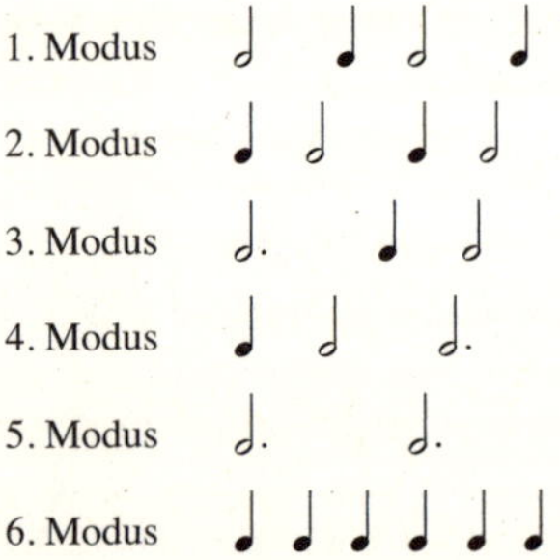

→ Choral-, Mensuralnotation, Neumen, Noten(schrift).

moderato (ital.), mäßig, gemäßigt.

Modern Jazz (engl.), Jazzformen der 1940er, 50er und 60er Jahre (z. B. → Cool Jazz).

Modulation, Tonartwechsel innerhalb eines musikalischen Ablaufs mit Bestätigung durch die Kadenz. Diatonische Modulation: Akkordumdeutung (z. B. Dominante von G-Dur d–fis–a umgedeutet zur Subdominante von A-Dur); enharmonische Modulation: enharmonische Umdeutung von Akkordtönen; chromatische Modulation: chromatische Fortschreitung in einer oder mehreren Stimmen. → Ausweichung, → Rückung.

Modus (lat., ›Maß‹). **1.** → Kirchentonart. **2.** → Modalnotation.

Moll (von lat. *mollis* ›weich‹), sogenanntes ›weiches‹ Tongeschlecht innerhalb eines tonalen Systems, vor allem durch die kleine Terz der 3. Stufe charakterisiert (z. B. c-Moll: c–es). Natürliche Molltonleiter: mit erniedrigter Sexte als 6. Stufe; harmonische Molltonleiter: ebenfalls mit kleiner Sexte bei zusätzlicher Halbtonerhöhung der 7. Stufe; melodische Molltonleiter: Beseitigung der entstandenen übermäßigen Sekunde durch weitere Halbtonerhöhung der 6. Stufe, abwärts als natürliche Molltonleiter.

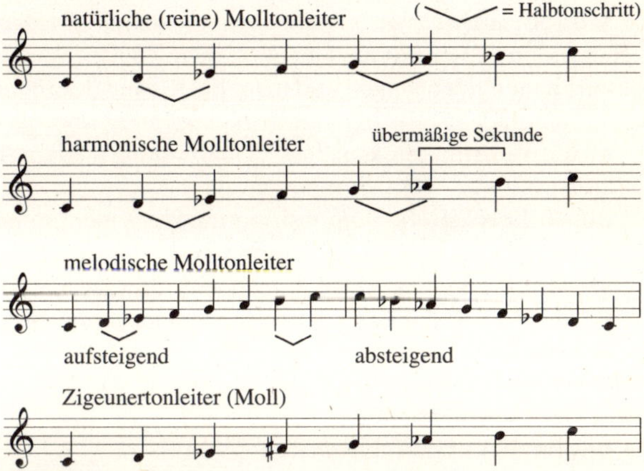

molto (ital.), sehr.

Moment musical (frz.), kurzes lyrisches Charakterstück; meist für Klavier.

Monochord (von griech. *monos* ›einzig‹ und *chordé* ›Saite‹), antikes Instr., mit dem man Töne mathematisch, aus dem Verhältnis von Saitenlänge und Tonhöhe, ermittelte. Bestehend aus rechteckigem Resonanzkörper und darübergespannter Saite sowie verschiebbarem Steg, der die Teilungspunkte markierte.

Monodie (von griech. *monodía* ›Einzelgesang‹). **1.** Kitharabegleiteter Sprechgesang der Tragödien im antiken Griechenland. **2.** Rhythmisch freie, deklamatorische Gesangsform, dem Sinn (Affekt) der Texte angepasst, generalbassbegleitet. Wurde ab dem Ende des 16. Jh.s für den Ausdrucksstil in Oper, Oratorium und Kantate bedeutsam; Wegbereiter der Homophonie des 17. Jh.s.

Monodram(a) (von griech. *monos* ›allein‹), dramatisches Bühnenstück mit nur einer sprechenden / im Sprechgesang handelnden Person und instr. Begleitung (Kammerorchester o. ä.).

Monophonie, einkanaliges Übertragungsverfahren. → Stereophonie, → Quadrophonie.

monothematisch, Komposition mit nur einem musikalischen Thema (z. B. in der barocken Instr.-Musik).

Mordent → Verzierungen.

morendo (ital.), leiser, langsamer werdend; ersterbend. → smorzando.

Moresca (ital.), span. grotesker Tanz des 15.–17. Jh.s, gerad-, später ungeradtaktig.

mosso (ital.), bewegt, lebhaft.

Motette (von altfrz. *motet* ›Vers‹), mehrstimmige, z. T. mehrsätzige Vokalgattung, solistisch oder chorisch, begleitet/unbegleitet, auch mit verschiedenen Texten gleichzeitig (geistlich/weltlich) überliefert. Urspr. weltlich, nach 1500 Bindung an die Kirchenmusik. Höhepunkte: Isorhythmische Motette (Frankreich, 14./15. Jh.), durchimitierte Motette (15./16. Jh.), Solo- und mehrchörige Motette (Italien, 17. Jh.) sowie Lied- und Spruchmotette (Deutschland, nach 1525).

Motetus (lat.), im Organum eine über den Tenor gelegte neue (textierte) Oberstimme.

Motiv, kleinste sinnenthaltende Einheit in einer Komposition, meist bestehend aus einer melodisch-rhythmisch prägnanten Figur, die im weiteren verarbeitet, d. h. fortgesponnen oder entwickelt wird (z. B. in der Durchführung eines klassischen Sonatensatzes). → Leitmotiv, → motivische Arbeit.

motivische Arbeit, Entwicklung eines Motivs mittels Sequenztechnik, Imitation, Augmentation, Diminution, Gegenbewegung, freier (melodischer, rhythmischer, harmonischer) Variation, Verbindung mehrerer Motive zu höheren Einheiten (Themen) usw.

moto (ital.), Bewegung (z. B. *con moto* ›mit Bewegung‹, ›bewegt‹).

Mouvement (frz.), Zeitmaß eines Satzes, auch Satzbez. bzw. Satz.

Multiplay (engl.), Zusammenfügung eines Musikstücks von Einspur- auf Mehrspurverfahren.

Mundharmonika, Volksmusikinstr., Begleitinstr. Die Tonerzeugung erfolgt durch den abwechselnd eingeblasenen/abgesaugten Luftstrom, wobei durchschlagende Metallzungen zum Schwingen gebracht werden. Der Tonumfang beträgt meist 2–3 Oktaven bei diatonischer, chromatischer oder diatonisch-chromatischer Tönereihung, vorgeprägten Akkorden und Einzelbässen.

Mundstück, oberster Teil von Blasinstr. (z. B. bei der Blockflöte: Schnabel; Waldhorn: Trichtermundstück;

Trompete: Kesselmundstück usw.). Es wird je nach Instr. an oder zwischen die Lippen gesetzt.

Murkybässe, Trommelbässe, Bassbegleitung in gebrochenen Oktaven.

Musette (frz.). **1.** Frz. Dudelsack des 17./18. Jh.s. **2.** Frz. Tanz des 17./18. Jh.s, gavotteartig, im ruhigen $^2/_4$-, $^3/_4$- oder $^6/_8$-Takt stehend. **3.** → Orgelregister.

Musica artificalis → Musica instrumentalis.

Musica humana (lat.), nach Boethius (um 480–524) der die Harmonie des Makrokosmos spiegelnde Mikrokosmos von Körper und Seele des Menschen.

Musica instrumentalis (lat.), nach Boethius (um 480–524) die eigentliche, hörbare Musik.

Musical (von engl. *musical comedy* ›musikalisches Lustspiel‹), Bühnengenre, bestehend aus Elementen von Operette, Revue, Varieté, Ballett, Jazz und Rockmusik, mit gesprochenen Dialogen, Liedern, Songs, Chören, Tänzen und Effekten. Das M. ist populäres Unterhaltungstheater mit Themen des Alltags, sozialkritischen Themen, Stoffen der Weltliteratur, aber auch reine Show. Das Broadway-Musical (New York) entstand nach 1908.

Musica mundana (lat.), nach Boethius (um 480–524) die Harmonie des Makrokosmos.

Music-Hall (engl., ›Musikhalle‹), Aufführungsort von Unterhaltungsmusik.

Music power (engl.), Musikleistung eines Verstärkers.

Musikästhetik, Lehre vom Wesen der Musik, von musikalischer Schönheit. Inhalts-/Ausdrucksästhetik: Suche nach Inhalt, Ausdruck und Bedeutung eines musikalischen Kunstwerks; Formalästhetik: Erfassung des Wesentlichen

(Schönen) einer Komposition in deren Gestaltungsmitteln (z. B. den Strukturen).

Musikalien, gedruckte Kompositionen jeglicher Art (Noten); auch Musikhandschriften oder Schriften zur Musik.

musikalische Graphik, graphische Notation, Form der Aufzeichnung zeitgenössischer, z. B. aleatorischer Musik: Zeichnungen und Zeichen, die dem Interpreten die Ausführung (als Improvisierendem) teilweise überlassen. → Aleatorik.

Musikbibliographie, systematisches Verzeichnis von Musikalien und/oder Musikliteratur nach bestimmten Kriterien (Komponisten, Titeln, Sachgruppen, Opuszahlen usw.).

Musikdrama, ein mit Wagners Opernschaffen verbundener Begriff für die Einheit von Dicht- und Tonkunst. Ein Bühnenwerk präsentiert sich nicht als traditionelle Nummernoper, sondern als sinfonische, durchkomponierte Form mit → Leitmotivtechnik usw.

Musikelektronik, Bereich der elektronischen Klangerzeugung, -verarbeitung, -speicherung und -steuerung.

Musikethnologie, musikalische Völkerkunde, Bereich der Musikwissenschaft, der sich mit Volks- und Kunstmusik außereuropäischer Kulturen befasst.

Musikkorps, Musikverband, Musikzug z. B. in einer Armee.

Musiksoziologie, lehrt die Zusammenhänge zwischen gesellschaftlichen und musikalischen Erscheinungen in Geschichte und Gegenwart. M. befasst sich mit der sozialen Funktion von Musik, dem sozialen Umfeld von Musikschaffenden und Publikum, untersucht die soziale Rolle von Komponisten, Interpreten und Publikum sowie von Veranstaltungen (Oper, Konzert u. a.), Massenmedien, Verlegern, Kritikern usw.

Musiktheater, Bühnenwerke mit gesungenem Wort, szenischer Darstellung und Musik (z. B. Oper, Singspiel, Musikdrama, Operette, Musical).

Musiktherapie, Behandlung von Krankheiten durch Musik als medizinisch-psychologische Therapieform. Passiv: Anhören von Musik; aktiv: Patienten musizieren selber. Findet breite Anwendung in der Psychiatrie, bei Neurosen, Suchtkrankheiten, Behinderten u. a.

Musique concrète (frz.) → Konkrete Musik.

Mutation (von lat. *mutatio* ›Veränderung‹). **1.** Stimmbruch. **2.** Wechsel der Tonart (Barockmusik).

Mysterienspiel, nach biblischen Erzählungen szenisch gestaltetes, gesungenes und gesprochenes geistliches Spiel unter Verwendung instr. begleiteter liturgischer Gesänge. Ab dem 14. Jh. in England und Frankreich.

N

Nachhall, Zeit, die der Schall in einem geschlossenen Raum nachklingt; abhängig von Raumvolumen und Beschaffenheit der Wände. → Echo, Hall, Raumakustik.

Nachsatz → Periode.

Nachschlag → Verzierungen.

Nachtanz, rascher ausgelassener Springtanz ungeraden Taktes, einem vorangehenden Vortanz melodisch/harmonisch ähnelnd. → Courante, → Galliarde.

Nänie (lat. *nenia* ›Totenklage‹), altröm. Bestattungsgesänge nach melodischen Mustern, begleitet von Lyra oder Flöte.

Nagelgeige, Friktionsinstr. mit halbrundem Resonanzkörper, dazu 12, 24 oder mehr senkrecht eingearbeiteten, tonlich abgestimmten Metallstiften, die mittels Bogen in Querschwingungen versetzt werden.

Naturhorn, -trompete, mit beiden Instr. können nur Naturtöne erzeugt werden, d. h. sie besitzen keine Ventile, Klappen oder einsetzbaren Züge.

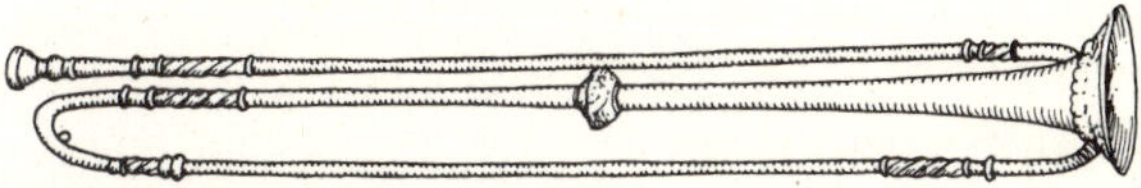

Naturtrompete

Naturtonreihe → Obertöne, Obertonreihe.

Naturtöne, Blasinstr.: alle der Obertonreihe angehörenden Töne, die allein durch verändertes Anblasen entstehen (Überblasen).

neapolitanischer Sextakkord, Moll-Subdominantakkord einer Tonart mit charakteristischer Ersetzung der

Quinte durch die kleine Sexte (z. B. von C-Dur: f–as–des).

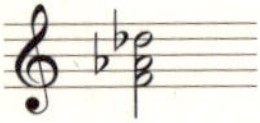

Nebendominante → Zwischendominante.

Nebendreiklänge, Substitutdreiklänge, alle Dreiklänge (im Dur-Moll-System), die sich nicht von der 1., 4. oder 5. Stufe (also von Tonika, Subdominante, Dominante) her aufbauen: → Parallelklänge, → Medianten, auch unselbständige (z. B. verminderte/übermäßige) Dreiklänge.

Nebenregister, Orgelregister, die nicht zum Kernbestand gehören, z. B. Cymbelstern (Glöckchengeläute), Glockenspiel, Nachtigallenzug usw.

Nebenthema, Seitenthema, dem Hauptthema z. B. eines Sinfoniesatzes beigegebener, kontrastierender Nebengedanke (in Dominant-, Parallel- oder Medianttonart).

Nebentöne, -noten, harmoniefremde Töne innerhalb eines (funktions-)harmonischen Ablaufs; meist unbetont (z. B. Durchgänge, Wechselnoten, Vorhalte).

Nebentonarten, Tonarten in einer Komposition, die neben der Haupttonart ebenfalls Verwendung finden, etwa Dominant-, Subdominant-, Parallel- oder Medianttonarten.

Neumen (von griech. *neũma* ›Zeichen‹), frühmittelalterliche Notation des einstimmigen liturgischen Gesangs. Zunächst nur das Steigen/Fallen einer Melodie bezeichnend – mittels Punkten, Strichen und Bögen über dem zu singenden Text –, prägten sich ab dem 10. Jh. (Gregorianischer Choral) drei- bis vierlinige Notationsfelder mit Tonhöhenfixierung aus. → Choral-, Mensural-, Modalnotation.

New-Orleans-Jazz, Jazzform, die Ragtime, Blues und Spiritual mit euroamerik. Marsch-, Tanz- und Unterhaltungsmusik verbindet. Typisch ist dabei kollektive Improvisation der Melodieinstr.: das führende Kornett wird von der Klarinette umspielt, die Posaune fügt sich ein. Zur Rhythmusgruppe gehören Banjo, Tuba (Kontrabass), Schlagzeug und (später) Klavier.

New Wave (engl., ›neue Welle‹), Stilrichtung der Rockmusik nach 1975 mit Orientierung an traditionellen Mustern der Beatmusik (anspruchsvolle Texte, einfache Strukturen, Verzicht auf massive Elektronik).

Nocturne (frz., ›Nachtstück‹), träumerisch-elegisches, einsätziges Charakterstück; meist für Klavier. → Notturno.

Noël (frz., ›Weihnachten‹), frz. Weihnachtslied, Texte oft auf die Verkündigung an die Hirten bezogen (Lk. 2,8 ff.).

None → Intervalle.

Nonenakkord (von lat. *nonus* ›der Neunte‹), Rahmenintervall einer None. Dominantseptnonenakkord: auf der Dominante einer Tonart aufbauend (z. B. von C-Dur: g, h, d^1, f^1, a^1 [as^1]). Verkürzt: mit weggelassenem Grundton.

Nonett (von lat. *nonus* ›der Neunte‹). **1.** Musikstück für 9 Soloinstr./-stimmen. **2.** Ensemble von 9 Solisten.

Normalton → Kammerton.

Noten(schrift) (von lat. *nota* ›Zeichen‹), graphische Zeichen zur Darstellung von Tönen innerhalb eines Fünfliniensystems (ab dem 16. Jh.), wobei die Notenplatzierung – bei Berücksichtigung von Notenschlüssel und Versetzungszeichen – einer bestimmten Tonhöhe, die Notengestalt (z. B. 𝅗𝅥 ♩ ♪) einer bestimmten Tondauer entspricht. Noten bestehen aus Kopf, Hals und ggf. Fähnchen; Achtel-, Sechzehntel-Noten-Fähnchen können auch als Querbalken die einzelnen Noten verbinden. Der Punkt hinter einer Note verlängert diese um die Hälfte; Notenverlängerungen – über den Taktstrich hinaus – werden mittels einer weiteren Note und Bindebogen kenntlich gemacht: ♩|♩ Jeweils am Zeilenbeginn sind die absolute Tonhöhe (mittels Notenschlüssel), Tonart (mit Kreuzen oder ♭'s) und Taktart (z. B. ¾-Takt) festgelegt. Hinzu kommen Angaben zu Tempo (z. B. Allegro), Lautstärke (z. B. piano), Phrasierung (Bögen), Artikulation (z. B. Staccato-Punkte) u. a. → Zeichen.

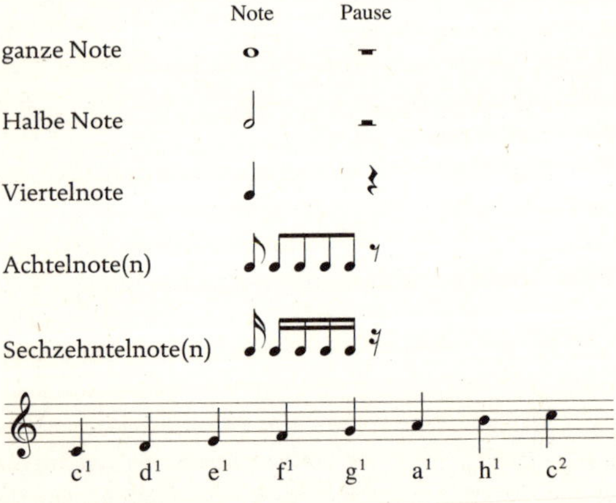

Notenschlüssel, dem Notenliniensystem vorangestellter stilisierter Tonbuchstabe, der eine Notenlinie umschreibt und so für diese eine absolute Tonhöhe vorgibt.

1 = Violinschlüssel (G-Schlüssel)
2 = Bassschlüssel (F-Schlüssel)
3 = Altschlüssel
4 = Mezzosopranschlüssel
5 = Tenorschlüssel
6 = Baritonschlüssel
(3–6: C-Schlüssel)

Notturno (ital., ›Nachtstück‹), abendliches, häufig im Freien dargebrachtes Ständchen im 18./19. Jh.; oft in Bläserbesetzung. → Nocturne.

Novelette (ital.), Instr. Charakterstück, das in erzählerisch-freier Art mehrere Themen verarbeitet.

Null, 0. **1.** Streichinstr.-Spiel: mit leerer, ungegriffener Saite. Über dem Fingersatz stehend: Flageolett-Griff. **2.** Generalbassspiel: nur den Basston spielen.

Nummernoper, Oper aus in sich geschlossenen Teilen: Rezitativen, Arien, Chören, Instr.-Sätzen u.a. → durchkomponiert, Musikdrama.

Nyckelharpa (schwed., ›Schlüsselfidel‹), altschwed. Volksinstr., der Viola ähnlich, mit 3–5 Saiten und einem Tangentenmechanismus am Griffbrett, mit dessen Hilfe – über Hebel – 1–2 Melodiesaiten zwecks Tonhöhenregulierung verkürzt/verlängert werden.

O

Oberek (von poln. *obrót* ›Drehung‹), der Mazurka ähnlicher, leidenschaftlich-schneller Drehtanz im 3/8-Takt mit wechselnder rhythmischer Punktierung.

Oberstimme, höchste Stimme im mehrstimmigen Satz. → Cantus, → Diskant, → Sopran.

Obertöne, Obertonreihe, Teiltöne, die über einem Grundton mitklingenden Töne, welche im Intervallabstand von Oktave, Quinte, Quarte usw. eine nach oben gerichtete Obertonreihe ergeben. Jeder Oberton entspricht nach Anzahl seiner Frequenzschwingungen einem ganzzahligen Mehrfachen der Schwingungen des Grundtons. Teilt man eine Saite, ergibt deren zum Klingen gebrachte Hälfte den 1. Oberton (Oktave), eine Drittelsaite den 2. Oberton usw. Ähnlich der Obertonreihe erhält man durch Überblasen bei Blasinstr. die Naturtonreihe. → Aliquoten.

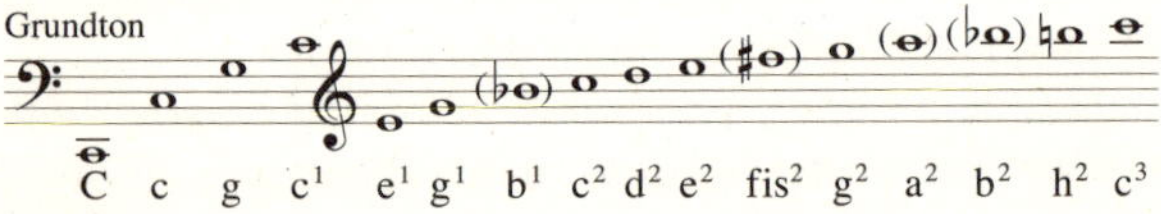

Oberwerk → Orgel.

obligat (lat.), verpflichtend; eine in jedem Falle zu spielende Stimme. Gegensatz: ad libitum (nach Belieben).

obligates Akkompagnement (lat.-frz.), schriftlich ausgearbeitete Begleitung, die als selbständig geführte Stimme auch an der motivisch-thematischen Arbeit beteiligt sein kann. → Akkompagnement, Generalbass.

Oboe, Ob. 1. Holzblasinstr., Orchesterinstr., Soloinstr.; bestehend aus Mundstück (Doppelrohrblatt), dreiteiligem Hartholzrohr (16–22 Klappen) und becherförmigem Schallstück. Klangerzeugung durch Blasen: die Schwingungen des Doppelrohrblatts übertragen sich auf die Luftsäule im Rohr. Die Tonhöhenregulierung erfolgt über ein Griffloch-/Klappensystem (Tonumfang b/h–f^3, max. a^3). Das Instr. besitzt einen warmen, aber durchdringenden Klang. Zu den O.n in Altlage gehören die Oboe d'amore und die Oboe da caccia. **2.** → Orgelregister.

Oboe

Ode (griech., ›Lied‹), seit Antike und Mittelalter gepflegte Form strophischer, vokal vorgetragener und instr. begleiteter Dichtung, ab dem 16. Jh. metrisch-mehrstimmig, geistlichen und weltlichen Inhalts (Natur, Liebe); Neubelebung im 18. Jh. als Klavierlied.

Off-Beat/On-Beat (engl.), gibt die tatsächliche Platzierung von Tönen und Schlägen in Bezug auf den Grundschlag (→ Beat) an: Off-Beat ›außerhalb des Grundschlags‹, On-Beat ›auf dem Grundschlag‹.

offene Form, Kompositionen, die immer neue Interpretationen oder Weiterführungen erlauben, ja fordern.

Offertorium (lat., ›Darbringung‹), Gesang zur Gabendarbringung im Proprium missae der kath. Messliturgie.

Offizium (lat., ›Dienst‹). **1.** kath. Gottesdienst, in dem keine Wandlung vollzogen wird. **2.** Stundengebet (Brevier).

Okarina (lat., ›Gänschen‹), weich klingende, tönerne

Gefäßflöte, länglich-oval, mit Schnabelmundstück und 8–10 Grifflöchern.

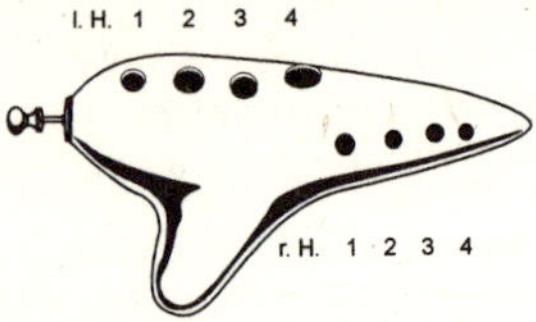

Okarina

Oktavbereiche, den zum Musizieren genutzten Tonraum teilt man in folgende, der C-Dur-Tonleiter zugrunde liegende O.:

Oktave → Intervalle.

Oktavhorn, Waldhorn, das eine Oktave höher gestimmt ist; kleiner als dieses und mit 4 Ventilen.

Oktavierungszeichen, Hinweis auf die Versetzung von Tönen um eine Oktave nach oben (8va) oder unten (8_{va}).

Oktavlage → Lage.

Oktavparallelen, Fortschreitung zweier Stimmen in parallel geführten Oktaven; im strengen Kontrapunkt nicht zulässig.

Oktett (von lat. *octo* ›acht‹). **1.** Musikstück für 8 Soloinstr./-stimmen. **2.** Ensemble von 8 Solisten.

Oktoechos (griech., ›acht Tonarten‹), byzant. Tonartensystem mit 8 Kirchentönen (-tonarten). Auch das liturgische Buch der byzant. Kirche wird O. genannt.

Oktole (von lat., *octo* ›acht‹), Folge von 8 gleichwertigen Noten, die, versehen mit der Ziffer ›8‹, für die Geltungsdauer von 9 (auch 6) rhythmisch entsprechenden Werten stehen.

Olifant (altfrz., ›Elefant‹), Signal- und Jagdhorn aus Elfenbein.

On-Beat → Off-Beat, On-Beat.

Open-Air (engl., ›Freiluft‹), im Freien stattfindende Veranstaltung (z. B. Rockkonzert).

Oper (von ital. *opera* [in musica] ›[Musik-]Werk‹), Bühnenwerk, in dem szenische Handlung, Charaktere von Figuren usw. mit musikalischen – vokalen wie instr. – Mitteln gestaltet werden. Eine traditionell gebaute Nummernoper besteht aus Rezitativen, Arien, Ensembles, Chören, Tänzen und instr. Zwischenspielen. Hauptformen: → Opera seria, Grand opéra, Opera buffa, Opéra-comique, Singspiel. Dazu kommen nach unterschiedlichen Kriterien diverse Untergattungen wie z. B. → Ballad Opera, Comédie, Funkoper, Intermedium, Melodrama, Musiktheater, Mysterienspiel, Schuloper, Stagione, Zarzuela.

Opera buffa (ital., ›komische Oper‹), heitere Oper volkstümlichen Inhalts mit lockerer Nummernfolge (Recitativo secco, Arie, instr. Zwischenspiele, Chöre usw.).

Opéra-comique (frz., ›komische Oper‹), in Paris (17. Jh.) aufgekommene Form des Singspiels. Erst als Sprechstück mit eingefügten liedartigen Teilen, im 19./20. Jh. nach Art der Oper, wobei anstelle der Rezitative gesprochene Dialoge stehen.

Opera seria (ital., ›ernste Oper‹), ital. Opernform heroisch-tragischen Charakters, oft mit Bezugnahme auf historische oder mythologische Stoffe. Musikalisch ist sie durch den Wechsel von Rezitativ (Handlungsfortgang) und Arie (Gefühlsäußerung, auf das Rezitativ bezogen) charakterisiert.

Operette (von ital. *operetta* ›Werkchen‹), heiteres musikalisches Bühnenstück mit gesprochenen Dialogen, Gesangspartien (Strophenlieder, Schlager), Tanzszenen und instr. Zwischenspielen. Formal der Nummernoper ähnelnd, bedient sich die O. oft eines parodistischen Moments. Dies gilt besonders für die Pariser O., während die Wiener O. eher gemütvoll-biedermeierlich ist.

Opernregie, deutende Umsetzung der Opernpartitur in ein Bühnengeschehen.

Opus, op. (lat., ›Werk‹), Bez. für das Werk eines Komponisten. Gebr. ist dabei die chronologische Zählart (z. B. Werk Nr. 2 = op. 2).

Opus post(h)um, op. post(h). (lat.), Zählart für die nach dem Tode eines Komponisten veröffentlichten Werke.

Oratorium (von lat. *orare* ›beten, bitten‹), episch-dramatische, nichtszenische Kompositionsform für Solostimmen, Chor und Orchester. Oratorien sind mehrteilig und bestehen aus Rezitativen, Arien, Ensembles, Chören und instr. Stücken; anstelle szenischer Darstellung hält mitunter der Testo (›Sprecher‹) das Geschehen rezitativisch zusammen. Meist greifen Oratorien biblische Geschehnisse auf, selten profane Themen (z. B. Haydn, *Die Jahreszeiten*).

Orchester (von griech. *orchēstra* ›Tanzplatz‹), großes Instr.-Ensemble chorischer Besetzung, seit etwa 1800 von einem Dirigenten – im heutigen Sinne – geleitet. Ein großes

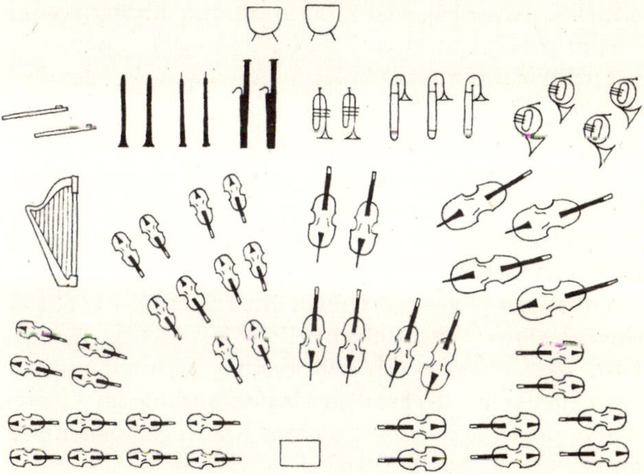

Orchester-Sitzordnung

Sinfonie- oder Opernorchester besteht aus: 10–14 Ersten und 8–10 Zweiten Violinen, je 5–6 Violen (Bratschen), Violoncelli und Kontrabässen, je 3 Flöten (mit Piccolo), Oboen (mit Englisch Horn), Klarinetten (mit Bassklarinette) und Fagotten (mit Kontrafagott), dazu 4 Hörnern, 3 Trompeten, 3 Posaunen, Basstuba, Harfe, Pauken und Schlagzeug. Daneben gibt es kleinere Kammerorchester, Streich-, Blas- und Tanzorchester.

Orchesterlied, orchesterbegleitetes Sololied.

Orchestrierung, Erstellung einer Orchesterpartitur; auch Umarbeitung einer Komposition für Orchesterbesetzung (z. B. eines Klavierwerkes). → Instrumentation.

Orchestrion. 1. Tragbare Konzertorgel. **2.** Bez. für mechanische Musikinstr., die den Klang von Klavier, Orgel, Streichern, Bläsern imitieren. Die Klangerzeugung erfolgt mittels durchschlagender Zungen, ähnlich der Harmonika. → Panharmonikon.

Ordinarium missae (mlat., ›das Regelmäßige der Messe‹), feststehende Teile der kath. Messe: Kyrie, Gloria, Credo, Sanctus, Agnus Dei. → Proprium missae.

Orff-Instrumente, Schlaginstr., von Carl Orff im Musikunterricht eingesetzt, darunter Glockenspiel, Xylophon, Triangel, Zimbeln, Becken, Tambourin, Trommeln, Pauken und Kastagnetten.

Organum (von lat. *organum* ›Instrument‹). **1.** Mittelalterliche Bez. für Musikinstr. (Orgel, Blasinstr.). **2.** Erste Form nachweisbarer (abendländischer) Mehrstimmigkeit. Ab dem 9. Jh. als parallele Stimmführung im Quart-, Quint- oder Oktavabstand unterhalb eines gegebenen Gregorianischen Chorals (Parallel-Organum). Im 11. Jh. erscheint die zweite Stimme auch oberhalb des Chorals, melodisch selbständiger und melismatisch verziert. Im 13. Jh. Ausweitung zur Drei- und Vierstimmigkeit, rhythmisch geregelter und innerhalb der Modalnotation fixiert.

Orgel (von lat. *organum* ›Instrument‹), Tasteninstr., zu den Aerophonen (Luftklingern) gehörend. Klangerzeugung durch skalenförmig angeordnete, zu Registern zusammengefasste Labial- und Lingualpfeifen (Holz, Metall), denen während des Spiels gleichbleibend verdichtete Luft zugeführt wird. Die Hauptteile der O. sind Spieltisch, Gebläse und Werkaufbau.

Spieltisch: hierzu gehören die übereinander angeordneten Manualklaviaturen (Umfang: meist C–g^3) und die mit Füßen zu bedienende Pedalklaviatur (Bässe; C–f^1). Hinzu kommen Registerzüge zur Bestimmung von Tonhöhen/-tiefen und Klangfarbenwahl, Züge für mechanische Regis-

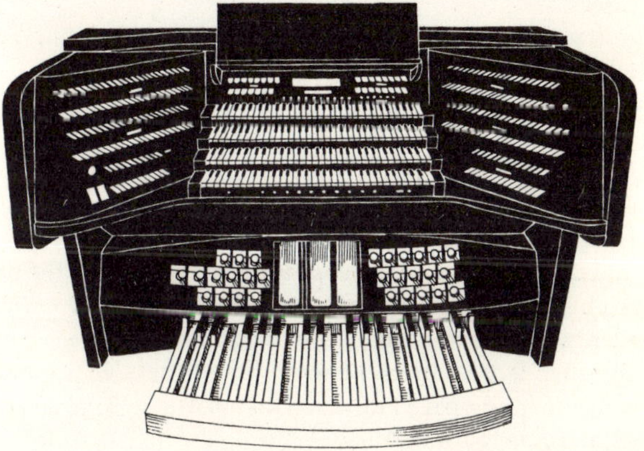

Orgelspieltisch, viermanualig

ter (z. B. Zimbelstern) und Spielhilfen, die Registerkombinationen, dynamische Abstufungen, Crescendo-/Diminuendospiel u. a. ermöglichen.

Gebläse mit Windladen und Traktur: Bestandteile sind der Ventilator (früher Schöpfbalg) zum Ansaugen des Windes und der Magazinbalg zum Speichern/Verdichten der Luft, die – nach Bedarf – über Windkanäle, Windkammern und Ton-/Registerkanzellen (→ Kanzellen) der Windladen dem Werkaufbau zugeführt wird.

Windladen: Holzkästen, welche die Windführungen enthalten; durch die mit den Tasten verbundenen Spiel- oder Tonventile wird der Wind in die Tonkanzellen geleitet. Die Tonregulierung erfolgt mittels Öffnung/Absperrung der Register durch bewegliche Leisten (Schleifen), die mit den Registerzügen im Spieltisch gekoppelt sind. Man unterscheidet Schleif-, Spring- und Kegelladen.

Traktur: Zugvorrichtung, welche die Verbindung zwischen Tasten und den Spiel- oder Tonventilen in der Windlade herstellt. Gebräuchlich sind mechanische und elektrische T.

Werkaufbau: Er besteht aus klanglich kontrastierenden, mit je eigener Tastatur versehenen Teilwerken (Brust-, Haupt-, Ober-, Seitenwerk usw.), ist mit insgesamt 30–50 und mehr Pfeifenreihen, den Registern, versehen, die nach Abmessung, Bauform und Material bzw. Tonhöhen und Klangfarben unterschieden werden. Register tragen entsprechende Bez. (nach Material/Bauform bzw. Tonhöhe: z. B. Holzprinzipal 8 Fuß; nach Klangfarbe: z. B. vox coelestis, ›Himmelsstimme‹ usw.).

Orgelähnliche Instr. sind bereits seit dem 3. Jh. v. Chr.

nachweisbar; im 17./18. Jh. erreichte die Kunst des Orgelbaus und -spiels ihre Hochblüte.

Orgelchoral, Bearbeitung einer Choralmelodie für Orgel. Dabei wird jede Zeile separat, unter Beibehaltung des Cantus firmus, durchgeführt.

Orgelmesse, Form der musikalischen Messe, bei der die Gesangsteile durch den Wechsel von mehrstimmigen Orgelsätzen (Versetten) und einstimmigem Gemeindegesang ersetzt werden.

Orgelpunkt, lang auszuhaltender oder in bestimmtem Rhythmus wiederholter Basston, über dem sich andere Stimmen frei bewegen.

Orgelpunkt

Orgelregister, Pfeifen einer Orgel von gleicher Bauart, Klangfarbe und -stärke.

Orgeltabulatur → Tabulatur.

Orgeltrio, Orgelkomposition mit 3 selbständig geführten, auf 2 Manuale und ein Pedal verteilte Stimmen verschiedener Registrierung.

Orgelwalze, mit Stiften versehene Walze eines mechanischen Orgelwerkes, die – mit Blasebalg – die Windverteilung auf die Pfeifen reguliert. → Flötenuhr.

Ornamente → Verzierungen.

ossia (ital., ›oder‹), Hinweis im Notentext auf eine andere (weitere) Spielfassung oder Besetzung; meist wird sie in kleinerer Notenschrift angeboten.

ostinato (ital., ›beharrlich‹), dauernde Wiederholung einer Tonfolge, eines rhythmischen Modells usw. → Basso ostinato.

Oszillator (von lat. *oscillatio* ›das Schaukeln‹), Generator, der elektrische Schwingungen erzeugt. → Synthesizer.

Oszillograph (von lat. *oscillatio* ›das Schaukeln‹), Messgerät, das Schwingungsvorgänge aufzeichnet; wichtig für die Prüfung von Instr., Verstärkern, Lautsprechern.

ottava alta/bassa, $8^{va}/8_{va}$ (ital.), Hinweis im Notentext, dass eine Oktave höher/tiefer zu spielen ist als notiert.

Ouvertüre (frz., ›Eröffnung‹), instr. Einleitungsmusik zu Oper, Schauspiel, Oratorium, Kantate, Ballett, Suite u. a. Wichtige Formen sind die ital. O. (schnell – langsam – schnell) und die frz. O. (langsam – schnell – langsam) mit punktiertem Rhythmus und fugisch gearbeitetem Mittelteil. Ab dem 19. Jh. Ausprägung der selbständigen Konzert-Ouvertüre. → Ouvertürensuite, Präludium.

Ouvertürensuite, Orchestersuite, instr. Tanzfolge, von einer Ouvertüre eingeleitet.

Overdubbing (engl.) → Playback.

P

Padoana, Paduana (ital.), Tanz im raschen Dreiertakt; ab dem 17. Jh. → Pavane.

Paläographie (griech.), Handschriftenkunde. Hier: Wissenschaft, die sich mit älteren Notationen befasst.

Pandero (span.), span. Trommel mit Schellen.

Pandora, Pandura (griech.-ital.), Zupfinstr. mit birnenförmig-gewelltem Korpus, Decke, Hals; 5–7 doppelchörige Metallsaiten (Stimmung z. B. in ^{1}G, C, D, G, c, e, a) verlaufen vom Querriegel (Steg) über das Griffbrett zum gebogenen Wirbelkasten. → Cister.

Panflöte, Syrinx, antike Hirtenflöte, bestehend aus 3–13 in Reihe angeordneten, grifflochlosen Schilf-, Holz- oder Bambusröhren.

Panharmonikon, ein um 1800 erfundenes, mit Imitationstechnik versehenes, Streich-, Blas- und Schlaginstr. nachahmendes mechanisches Musikinstr. → Orchestrion.

Pantal(e)on, großes Hackbrett mit Saitenbezug auf beiden Seiten, zwei Resonanzböden und einem Tonumfang von max. 5 ½ Oktaven.

Parallelbewegung, Führung zweier oder mehrerer Stimmen im gleichen Abstand zueinander.

parallele Tonarten, die zu jeder Dur- bzw. Moll-Tonart gehörende Moll- bzw. Dur-Tonart. Gemeinsames Merkmal sind gleiche Vorzeichen (z. B. C-Dur und a-Moll). Parallele Moll-Tonarten liegen eine kleine Terz unterhalb der Dur-Tonart, parallele Dur-Tonarten eine kleine Terz über der Moll-Tonart.

Parallelklang, Parallelklänge stehen im terzverwandten

Verhältnis zu den Hauptdreiklängen einer Tonart (Tonika, Subdominante, Dominante): Parallelklänge einer Dur-Tonart sind Tonika-, Subdominant- und Dominantparallelen, je eine kleine Terz tiefer und in Moll stehend, Parallelklänge einer Moll-Tonart je eine kleine Terz höher und in Dur.

Parameter, in die Musiktheorie eingeführter Begriff zur Fixierung physikalischer Größen wie Frequenz (Tonhöhe), Obertonspektrum (Klangfarbe), Schalldruckpegel (Lautstärke) usw.

Paraphrase (von griech. *paráphrasis* ›Umschreibung‹), virtuos-freie Bearbeitung bekannter Melodien (z. B. von Liedern, Opernarien) für Klavier, Orchester u. ä. → Bearbeitung.

parlando (ital., ›sprechend‹). **1.** Instr.-Musik: beredter, ausdrucksvoller Vortrag. **2.** Vokalmusik: ein dem schnellen Sprechen nahekommender, rhythmisch präziser und mit häufigen Wort-/Tonwiederholungen charakterisierter Vortrag (Sprechgesang); v. a. in der Oper.

Parodie, textliche oder musikalische Umarbeitung einer bestehenden Komposition zu einem neuen eigenständigen Werk. → Bearbeitung, Kontrafaktur.

Part (von lat. *pars* ›Teil‹), der von einer Sing- oder Instr.-Stimme zu singende/spielende Teil.

Partialtöne (lat.), Teiltöne, → Obertöne.

Particell, Kompositionsentwurf, der auf wenige Liniensysteme beschränkt ist, wobei der geplante musikalische Ablauf zunächst nur skizziert und auf die wichtigsten Instr.-Gruppen (Streicher, Holz-/Blechbläser) verteilt wird.

Partita (von ital. *partire* ›teilen‹), Deutschland/Italien (17. Jh.): Teil einer Variationenreihe. Frankreich (17./18. Jh.): mehrsätzige Folge von Stücken bzw. Tänzen. Auch Folge von arrangierten Instr.-Sätzen aus Oper oder Ballett.

Partitur (von lat. *partiri* ›verteilen‹), übereinander angeordnete Aufzeichnung aller Stimmen einer Komposition, verteilt auf sämtliche Instr. mit (meist) einzelnen Notensystemen, sodass Koordination und Zusammenklang deutlich werden. Von oben nach unten werden gewöhnlich notiert: Holzbläser, Blechbläser, Schlagzeug, (ggf.) Klavier, (ggf.) Soloinstr., (ggf.) Vokalsoli/Chor und Streicher (→ Abb. S. 172).

Partiturspiel, Darstellung der wichtigsten musikalischen Abläufe eines Werkes anhand der Partitur am Klavier.

Pas de deux (frz.), Tanznummer für zwei Tänzer, v.a. im Ballett.

Passacaglia (ital.), urspr. span. Tanzlied, später instr. Zwischenspiel von Tänzen. Meist im langsamen ¾-Takt und in Moll stehend, mit Variationen über einer ständig wiederkehrenden vier- bis achttaktigen Bassfigur.

Passage (frz., ›Durchgang‹), kunstvoll-schnell zu spielende Tonfolge (Tonleitern, Akkordbrechungen o.ä.).

Passamezzo, rascher ital. Tanz des 16./17. Jh.s mit ständig (variiert) wiederholten Melodiemodellen.

Passepied (frz.), altfrz. Rundtanz, Hoftanz, im raschen ¾- oder ⅜-Takt stehend. Zuweilen in der Suite, zwischen Sarabande und Gigue stehend.

Passion (von lat. *passio* ›das Leiden‹), Darstellung der Leidensgeschichte Christi, urspr. den entsprechenden Evangelientexten folgend, in der Karwoche als responsoriale P. gesungen oder gelesen, ab dem 17. Jh. als

ERSTE SINFONIE
L. van Beethoven, Op. 21
Adagio molto (♪ = 88)
Flauti
Oboi
Clarinetti in C
Fagotti
Corni in C
Trombe in C
Timpani in C. G
Violino I
Violino II
Viola
Violoncello e Contrabasso
pizz.
arco
cresc.

Partitur

oratorische P. mit Rezitativen, Arien, Chören und Instr.-Sätzen, teilweise generalbassbegleitet. Durch eigenständige Dichtungen (z. B. Brockes, 1712) fand die P. auch im außerliturgischen Bereich Eingang. → Choralpassion.

passionato (ital.), leidenschaftlich.

Pasticcio (ital., ›Pastete, Mischmasch‹), ein aus Teilen verschiedener Opern neu zusammengestelltes musiktheatralisches Werk; Bez. auch für ein von mehreren Komponisten geschaffenes Bühnen- oder Instr.-Werk.

Pastorale (von lat. *pastor* ›Hirte‹). **1.** Schäferspiel; im 17./18. Jh. heiter-idyllische Operngattung. **2.** Sätze in der Instr.-Musik im wiegenden 6/8-Takt und mitunter von warmem Holzbläserklang geprägt (z. B. in Händels *Messias*).

patetico (ital.), **pathétique** (frz.), leidenschaftlich.

Pauke, Kesselpauke, Pk., fellbespanntes Schlaginstr. (Membranophon), Orchesterinstr., bestehend aus parabolisch geformtem Kupferblechkessel, darübergespanntem Kalb- oder Plastikfell und Kesselboden. Gespannt wird die P. – über Pedal – mittels Felldruckreifen, geschlagen mit Filz-, Holz- oder Lederschlegeln. Tonumfang D–H (Bass-P.), F–d (große P.) und A–fis (kleine P.).

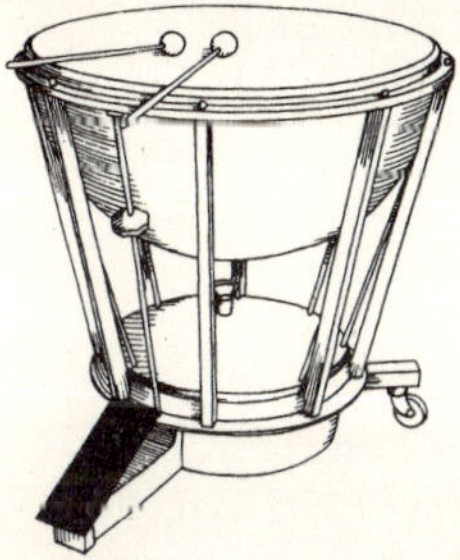

Pauke

Pause → Noten(schrift).

Pavane (ital.), höfischer, urspr. ital. Schreittanz des 16./17. Jh.s, langsam-gravitätisch, geradtaktig, bei dreiteiligem Formschema aa bb cc (jeweils 4- bzw. 8taktig). Mit der Galliarde ein Satzpaar bildend. → Passamezzo.

Pedal, Ped., P. **1.** Klavier: Forte-Pedal zur Klangverstärkung durch Aufhebung der Dämpfung, Piano-Pedal zur Lautstärkereduzierung durch Hammerverschiebung, wodurch pro Ton eine Saite weniger angeschlagen wird. **2.** Orgel: Klaviatur aus hölzernen Tasten, die mit den Füßen bedient wird (tiefe Register: 8–32 Fuß).

Pedalharfe, die heute übliche, mit 7 Pedalen zum Transponieren versehene Harfe.

Pedalwerk, das mittels Pedalen zum Klingen gebrachte Teil- bzw. Pfeifenwerk der Orgel.

Pelog (javan.), siebenstufige Tonleiter der javan.-balines. Musik; teilweise Grundlage der → Gamelanmusik. → Slendro.

Penill(ion) (engl.), improvisierter Gesang zu einer auf der Harfe gespielten Volksweise; im Wallis (Schweiz) und in der Bretagne gepflegter Brauch bis ins 19. Jh.

Pentatonik, Fünftönigkeit, Bez. für fünfstufige, leittonlose Tonsysteme bzw. -leitern. Halbtonlose P. ist durch das Nebeneinander von Ganztönen und Kleinterzen bestimmt (z.B. c, d, e, g, a; Afrika, Ostasien), daneben Halbton-P. (z.B. c, d, es, g, as; Japan).

perfekt (von lat. *perfectus* ›vollkommen‹), Mensuralnotation: dreiteiliger, nach mittelalterlicher Anschauung »vollkommener« Notenwert. Gegensatz dazu war der zweiteilige, sog. imperfekte (unvollkommene) Notenwert. Erst im 14. Jh. erlangte letzterer Gleichberechtigung.

Periode, klassisches, melodisch-rhythmisches Formenmodell innerhalb eines Lied- oder Sinfoniethemas, idealerweise acht- oder sechzehntaktig, symmetrisch in

Vordersatz (Phrase, Gegenphrase/Halbschluss) und Nachsatz (Phrasenwiederholung, Abschluss/Ganzschluss) gegliedert.

Perkussionsinstrumente (von lat. *percussio* ›das Schlagen‹) → Schlaginstrumente.

Permutation (von lat. *permutatio* ›Vertauschung‹). **1.** Stimmaustausch, wechselnde Verbindungen kontrapunktischer Elemente (wie Dux, Comes, Gegensatz), entweder nach strengen Regeln (Permutationsfuge) oder freier gestaltet (mehrthematige Fuge). **2.** Austausch von Tönen bzw. Tongruppen während des Ablaufs einer Reihe (serielle Musik).

perpetuo (ital.), fortwährend.

pesante (ital.), schwer, schwerfällig.

Pfeifen. **1.** Röhrenförmige Gehäuse (Blasinstr.), in denen eine Luftsäule zum Schwingen gebracht wird. Flöten haben Labial-Pfeifen, Oboe und Klarinette Lingual-Pfeifen. **2.** Sammelbez. für die Labial- und Lingual-Pfeifen der Orgel (offen und → gedackt).

Pfeifenwerk → Orgel.

Philharmonie (von griech. *philein* ›lieben‹ und *harmonía* ›[musikalische] Ordnung‹), Vereinigung von Musikern eines großen sinfonischen Orchesters; Beiname von Konzertgebäuden.

Phon (von griech. *phōnē* ›Ton‹), Maßeinheit für Lautstärke.

Phonetik, Lehre vom Sprachschall: Laut- und Stimmbildung, Wirkung auf Zuhörende u.a.

Phonogramm, Aufzeichnung von Schall.

Phonola, halbautomatisches klavierartiges Tasteninstr. mit abspielbaren Musikstücken auf Stanzbändern. Dynamik und Klangcharakter sind regulierbar. → Pianola.

Phonothek, Tonträgersammlung (Schallplatten, CD, Tonbänder); auch als Archiv.

Phorminx (griech.), altgriech. Leier mit halbkreisförmigem Resonanzkörper, Jocharmen und 4 Saiten.

Phrase, Tonfolge, die melodisch-rhythmisch bzw. harmonisch ein sinnvolles Ganzes ergibt.

Phrasierung, Gliederung eines musikalischen Ablaufs in (meist melodisch) zusammengehörende Einheiten mit Hilfe von Phrasierungsbögen, Betonungs- u.a. Vortragszeichen.

phrygisch → Kirchentonarten.

phrygischer Schluss, Schlusswendung: kleine Sekunde abwärts (f–e) entsprechend dem Schluss der phrygischen Tonart.

Kadenz

piano, pianissimo, p, pp (ital.), leise, sehr leise.

Piano, Pianoforte, P., Pft., pf., pfte. → Klavier.

Pianola (ital.), automatisch spielendes Klavier, dessen Tasten-/Hammermechanik mit pneumatischer Apparatur und Elektromotor betrieben wird. Der musikalische Ablauf ist durch lochgestanztes Papierband vorgegeben. → Phonola.

Piatti (ital.) → Becken.

piccato (ital.), staccatoartige Strichart auf Streichinstr.

Pièce (frz.), Stück.

pietoso, con pietà (ital.), mitleidend, voll Mitleid.

Pifferari (ital.), ital. Hirten, die zur Weihnachtszeit in der Kirche die Schalmei bliesen.

Piccoloflöte, Picc., Pikk. (ital.), kleine Querflöte in höchster Lage (Tonumfang in C: d^2–b^4).

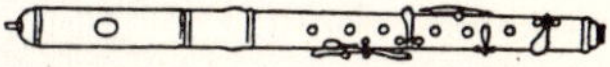

Piccoloflöte

Piston (frz.). **1.** Pumpenventil bei Blechblasinstr. **2.** Kurzform für: → Cornett à pistons. **3.** Ein → Orgelregister.

Piva (ital.). **1.** Schalmei. **2.** Altital. schneller Schlusstanz im 12/8-Takt.

pizzicato (ital.), Spielanweisung bei Streichinstr.: Saite mit dem Zeigefinger zupfen.

placido (ital.), ruhig, friedlich.

plagale Tonarten → Kirchentonarten

plagale(r) Kadenz, Schluss, eine auch als Kirchenschluss bez. Kadenz mit der Akkordfolge Subdominante – Tonika.

Playback (engl., ›Wiedergabe‹), getrennte, zeitlich nacheinander stattfindende Aufnahme oder Wiedergabe zum späteren, synchronen Zusammenspiel (z. B. von Solist und Begleitung). **Multiplayback:** mehrfache Hinzufügung eines Musikparts.

Plektron, Plektrum (lat., ›Stachel‹), Stäbchen oder Plättchen aus Kunststoff, Metall o. ä. zum Anreißen der Saiten.

Plesshorn, kleines enggewundenes Jagdhorn mit 3 Ventilen und kräftigem, hellem Klang (Stimmung in Es, B oder D).

Pochette (frz., ›Taschengeige‹), Taschengeige eines Tanzmeisters im 17./18. Jh. → Violino piccolo.

poco (ital.), ein wenig (z. B. *poco andante* ›etwas langsamer‹).

poco a poco (ital.), nach und nach.

Polka, böhmischer Volkstanz, Gesellschaftstanz des 19. Jh.s, dem Krakowiak ähnlich und im raschen 2/4-Takt stehend.

Polo, südspan. volkstümlicher Tanz im gemäßigt raschen, synkopierten 3/8-Takt; auch instr. begleitet (z. B. von Gitarre, Kastagnetten).

Polonaise (frz., ›polnischer Tanz‹), polnischer Nationaltanz, Gesellschaftstanz, meist im 3/4-Takt, mit ruhigem Grundcharakter, formal zwei- oder dreiteilig. Fand Eingang in die Klaviermusik.

Polymetrik (von griech. *polymetría* ›Vielfalt des Maßes‹), Überlagerung von 2 oder mehreren gleichzeitig auftretenden Metren.

Polyphonie, mehrstimmige Kompositionsweise, bei der sich jede Einzelstimme eigenständig melodisch-harmonisch entwickelt, wobei feste Regeln (kontrapunktische Setzweise) den Zusammenklang bestimmen. Vorform:

→ Organum. Höhepunkte: Isorhythmische Motette (14./ 15. Jh.), Vokalpolyphonie der Niederländer (15./16. Jh.) und die Fugenkunst Bachs (18. Jh.). → Homophonie.

Polyrhythmik, Überlagerung von 2 oder mehreren gleichzeitig auftretenden Rhythmen (z. B. in außereurop. Musik, etwa Afrika, Indonesien; auch in der Moderne).

Polytonalität, Überlagerung von 2 oder mehreren Tonarten. → Bitonalität.

pomposo (ital.), festlich, prächtig.

Ponticello, pont. (ital., ›Brückchen‹), Steg bei Saiteninstr. → sul ponticello.

Pontificale (lat., ›oberpriesterlich‹), Messbuch der röm.-kath. Liturgie, das die Anweisungen für die dem Bischof vorbehaltenen Amtshandlungen enthält.

Popmusik (von engl. *popular music* ›populäre Musik‹), eingängige, unterhaltende Musik, die massenmedial und kommerzorientiert ist. Zur P. gehören u. a. Rock ’n’ Roll, Beat, Rock, Punk(rock).

Portativ (von lat. *portare* ›tragen‹), tragbare Kleinorgel, einmanualig, mit 2 Reihen Labialpfeifen ausgestattet. Die Luftzufuhr erfolgt mittels Blasebalg (→ Abb. S. 180).

portato (ital.), breit, getragen, aber nicht gebunden.

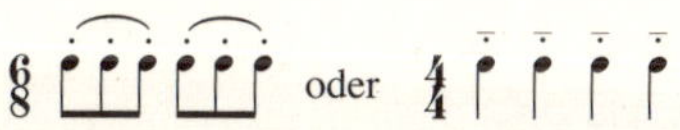

Posaune, Pos., trb. **1.** Blechblasinstr., Orchesterinstr., Soloinstr. Bestehend aus zweimal u-förmig gebogenem Hauptrohr mit Kesselmundstück, kegelförmigem Schalltrichter und Zugvorrichtung. Durch Hinausschieben des Zuges (7 Positionen) klingt das Instr. je einen Halbton

Portativ

tiefer, was einen Tonumfang von E–d^2 gewährleistet. Das Instr. besitzt einen feierlichen, strahlenden Klang. Im Orchester wird die Tenor-Posaune (in B) verwendet; seltener sind Alt- und Bass-Posaune. **2.** Ein → Orgelregister.

Tenorposaune

Positiv (von lat. *ponere* ›stellen‹), kleine stellbare Orgel, einmanualig und pedallos, mit wenigen Registern. Als Solo-, auch als Generalbassinstr. gebr.

Positiv

possibile (ital.), wie möglich (z. B. *presto possibile* ›so schnell wie möglich‹).

Posthorn, kleines ventilloses Signalhorn.

Postludium (lat., ›Nachspiel‹), instr. Nachspiel (einer Orgelmusik, Suite usw.). → Präludium.

post(h)um, post(h). → Opus post(h)um.

Potpourri, aus verschiedenen Werken ausgewählte lockere Folge beliebter Melodien.

poussé (frz., ›gestoßen‹) → Aufstrich.

Praeambulum (mlat.), Vorspiel; in der Klavier- und Lautenmusik des 15./16. Jh.s gebr. Begriff. → Präludium.

Präfation, Einleitungsgebet zum Sanctus der Messe, auch gesungen.

präludieren (lat.), ein Vorspiel improvisieren (Tasteninstr.).

Präludium (mlat., ›Vorspiel‹), instr. Einleitungsstück für Fuge, Suite, Choral; auch Orgelvorspiel. Meist freier, improvisatorisch angelegt, mit Läufen, Akkorden oder Imitationen. → Intrada.

Pralltriller → Verzierungen.

pressante (ital.), drängend, eilend.

presto, prestissimo (ital.), schnell, sehr schnell.

Primadonna (ital., ›erste Dame‹), Sängerin, die in Opern die weibliche Hauptrolle erhält.

Primärton (lat.), Grundton der Obertonreihe.

prima vista (ital.) → a prima vista.

prima volta, p. v. (ital., ›das erste Mal‹). Hat ein zu wiederholendes Stück verschiedene Schlusstakte, so sind die p.v. überschriebenen Takte ›das erste Mal‹ und die mit s.v. (seconda volta) bezeichneten ›das zweite Mal‹ (zu spielen).

Prime → Intervalle.

principale, princ. (ital., ›führend‹), bez. die in Orchesterwerken solistisch hervortretenden Instr.-Stimmen.

Prinzipal. **1.** Ein → Orgelregister. **2.** Im 17./18. Jh. die tiefe Trompete.

Programmmusik, Instr.-Komposition, die ein außermusikalisches Thema musikalisch wiedergibt. Hierzu gehören Natur- oder Bildeindrücke, Inhalte/Figuren aus Geschichte, Literatur, Sage, Mythos und Märchen, wobei programmatische Erläuterungen – als Werk- oder Satzüberschriften – den Zugang erleichtern sollen (z. B. Vivaldi, *Die vier Jahreszeiten*). → Sinfonische Dichtung.

Prolog (von griech. *prólogos* ›Vorrede‹), szenische Einleitung zu einer Oper, selbständig oder schon auf deren Inhalt hinweisend.

Proportio (lat., ›Verhältnis‹). **1.** Vergrößerung oder

Verkleinerung der Notenwerte, gemessen an ihrem Normalwert (Mensuralnotation). **2.** Bez. für das hinsichtlich Saitenlänge/Schwingungszahlen bestehende Zahlenverhältnis, in dem die Intervalle zueinander stehen (z. B. 1:2 für Prime zur Oktave).

Proposta (ital., ›Vordersatz‹), die beginnende Stimme in Fuge oder Kanon. → Risposta.

Proprium missae (lat., ›das Veränderliche der Messe‹), die innerhalb des Kirchenjahres wechselnden Messteile. → Ordinarium missae.

Prosodie, Melodik und Rhythmik des Sprechgesangs in der altgriech. Dichtkunst.

Prospekt (von lat. *prospicere* ›aussehen‹), die sichtbare Seite der Orgel mit Prinzipalregister.

Protestsong, Lied gesellschaftskritischen Inhalts, oft mit Gitarrenbegleitung. Themen: Pazifismus, Bürgerrechtsbewegung, Umweltschutz usw.

Psalmen, alttestamentliche, in die christliche Liturgie übernommene Hymnen, Klage-, Buß-, Trost- und Danklieder in Offizium, Antiphon, Graduale und Alleluja, antiphonal oder responsorial durchgeführt. Urspr. im gehobenen Sprechgesang, wurden die P. später den → Psalmtönen zugeordnet. Mehrstimmige Vertonungen ab dem 15. Jh.

Psalmodie, Psalmengesang im frühchristlichen Gottesdienst, je nach Psalmtönen auf eine bestimmte Lage festgelegt.

Psalmtöne, die den Kirchentonarten – ab dem 9. Jh. – zugeordneten feststehenden Gesangsmodelle (Tonus 1–8), abgestimmt auf den zweiteiligen Aufbau der Psalmverse. Jeder Psalmton besteht aus Initium (Eröffnung), Tenor (Rezitationston), Mediatio (Mittelkadenz), Tenor und Finalis.

Psalterium (von griech. *psallein* ›zupfen‹), altes, zitherartiges Saiteninstr., bestehend aus einem flachen, drei-/viereckigen oder trapezförmigen Korpus mit über 20 z. T. mehrchörigen Saiten. → Hackbrett.

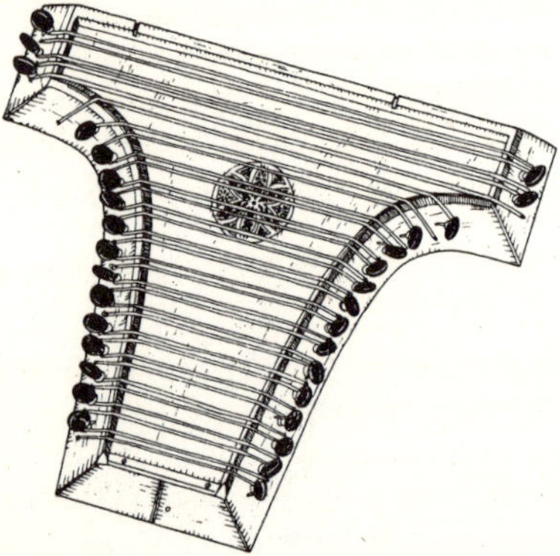

Psalterium

Punk, absichtlich krude Form der Rockmusik, entstanden in den 1970er Jahren in den USA, dann v. a. in Großbritannien als Alternative zur experimentierfreudigen und immer formenreicher ausdifferenzierten Entwicklung der Rockmusik; gekennzeichnet durch Haudrauf-Rhythmen, harmonische Anspruchslosigkeit, krachende Gitarren und Verzicht auf jede Virtuosität.

Punkrock, engl. Slangausdruck, der etwa ›Rabauke‹ oder ›Dreckskerl‹ bedeutet. Die grob, aggressiv daherkommende Rockmusik, die u. a. durch extreme Lautstärke, rasende Tempi, verzerrte Übersteuerung der E-Gitarre und provozierende Texte gekennzeichnet ist, hat ihre Wurzeln in den USA. Der Begriff bezieht sich aber primär auf die von der Gruppe Sex Pistols angeführte Protestbewegung im England der späten 1970er Jahre gegen das damalige Musikestablishment wie den Glamour-Rock.

punktierter Rhythmus, verschärfter Rhythmus, der mittels Punkt hinter einer Note (= Verlängerung um deren Hälfte) und anschließendem, entsprechend kürzerem Notenwert erreicht wird. Weitere Verschärfung durch einen 2. Punkt (= nochmalige Verlängerung) bei entsprechend (noch) kürzerer Folgenote. → Noten(schrift).

einfach punktiert doppelt punktiert

punktuelle Musik, hebt den Höreindruck des Einzeltons einer → Reihe (Serielle Musik) hervor und proklamiert so dessen Bedeutung als Schnittpunkt innerhalb verschiedener Reihen. → Serielle Musik.

pythagoreische Stimmung, Stimmung, die sich aus der Aneinanderreihung von 12 reinen Quinten (und Reduzierung auf 1 Oktave) ergibt. Nach Pythagoras (6. Jh. v. Chr.); besaß bis ins 15. Jh. Gültigkeit. → reine Stimmung, temperierte Stimmung.

pythagoreisches Komma, Tonhöhendifferenz zwischen 12 reinen Quinten (Quintenzirkel) und 7 Oktaven – etwa ein Achtelton –, woraus sich Probleme bei der Stimmung ergeben. → pythagoreische Stimmung.

Q

Quadrat → Vorzeichen.

Quadrille (frz.), ein der Contredanse nahestehender Gesellschaftstanz des 19. Jh.s. Er besteht aus 5–6 potpourriartig aneinandergereihten ›Touren‹ beliebter Melodien, wobei 2/4- und 6/8-Takt rasch wechseln.

Quadro, Quattro (ital.), Stück für 4 Instr.

Quadrophonie, vierkanaliges Aufnahme-/Wiedergabeverfahren, bei dem ein dritter und vierter Lautsprecher hinter dem Hörer angeordnet werden; imitiert damit die Hörerfahrung im Konzertsaal. → Stereophonie, Kunstkopf-Stereophonie.

Quadrupelfuge, Fuge mit 4 Themen, wobei diese erst einzeln, später in allen Stimmen gleichzeitig durchgeführt werden.

Quarte → Intervalle.

Quartenakkord, ein aus übereinandergeschichteten reinen, verminderten oder übermäßigen Quarten bestehender Akkord.

Quartett (von lat. *quattuor* ›vier‹). **1.** Musikstück für 4 Soloinstr./-stimmen, Kurzform für: Streichquartett (2 Violinen, Viola, Violoncello). **2.** Ensemble von 4 Solisten.

Quartole (von lat. *quattuor* ›vier‹), Folge von 4 gleichwertigen Noten, die, versehen mit der Ziffer ›4‹, für die Geltungsdauer von 3 (auch 6) rhythmisch entsprechenden Werten stehen.

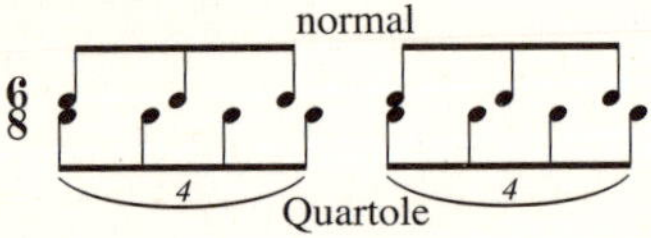

Quartsextakkord, ein aus Grundton, Quarte und Sexte bestehender Akkord; in der Harmonielehre 2. Umkehrung eines Dreiklangs (Terzlage).

Querflöte, Traversflöte, Flauto traverso, Orchesterinstr., Soloinstr. mit Spielhaltung quer zur Körperachse. Sie besteht aus Kopfstück mit Anblasloch (evtl. mit Mundplatte), Mittelstück und Fuß mit Tonlöchern/Klappenmechanik. Meist wird die Q. in C (Große Flöte; Tonumfang max. c^1–f^4) verwendet. Das Instr. besitzt einen hellen, kräftigen Klang und gehört zu den beweglichsten, virtuosesten Blasinstr. Die Traversflöte besteht aus Holz, die Querflöte (Böhmflöte) aus Metall.

Querflöte

Querpfeife, kleine Querflöte mit 4–7 Grifflöchern; im Mittelalter gebr.

Querstand, verbotene Stimmführung im strengen kontrapunktischen Satz: Alterierung eines Akkordtons im Folgeakkord, allerdings in einer anderen Stimme.

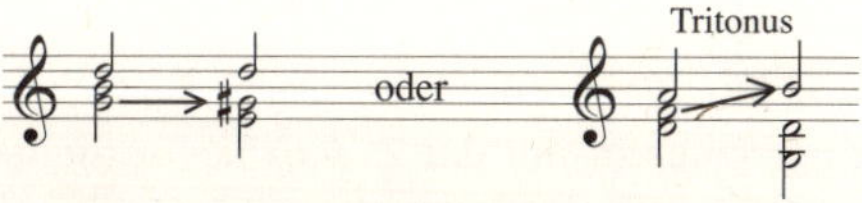

quieto (ital.), ruhig, gelassen.

Quinte → Intervalle.

Quintenzirkel, im Kreis dargestellte Abfolge der 12 Dur- und 12 Molltonarten im temperierten System; in Quintschritten auf- bzw. abwärtssteigend (→ Abb. S. 188).

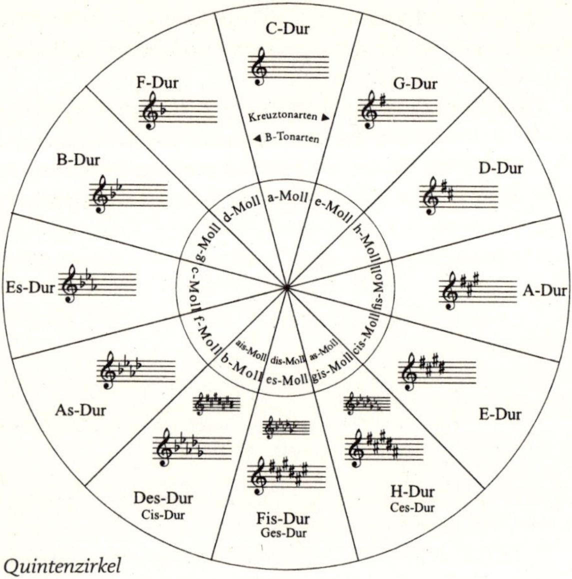

Quintenzirkel

Quintett (von lat. *quinto* ›fünf‹). **1.** Musikstück für 5 Soloinstr./-stimmen. **2.** Ensemble von 5 Solisten.

Quintlage → Lage.

Quintole (von lat. *quinto* ›fünf‹), Folge von 5 gleichwertigen Noten, die, versehen mit der Ziffer ›5‹, für die Geltungsdauer von 4 (auch 3, 6) rhythmisch entsprechenden Werten stehen.

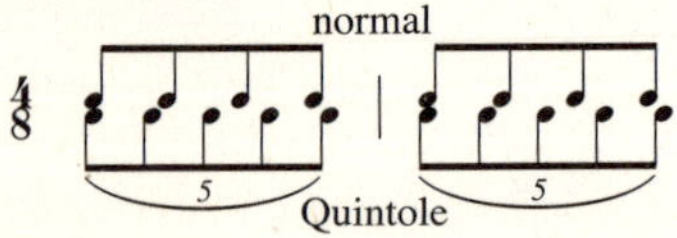

Quintparallelen, steigende oder fallende Stimmführung zweier Stimmen im Quintabstand; im strengen mehrstimmigen Satz verboten.

Quintsextakkord, Dreiklang mit angefügter Sexte, a) als 1. Umkehrung eines Dominantseptakkordes (z. B. von F-Dur: e, g, b, c^1), b) als Subdominante fungierend; z. B. g, h, d^1, e^1: Subdominante von D-Dur mit angeführter Sexte (Sixte ajoutée).

Quintverwandtschaft, Verhältnis von Tonarten, deren Grundtöne im Quintabstand stehen (z. B. von C-Dur: G-Dur = Dominante, und nach unten: F-Dur = Subdominante).

Quodlibet (lat., ›was beliebt‹), Aneinanderreihung, Überlagerung verschiedener/unterschiedlich textierter Lieder oder von Melodien; oft in kunstvoll kontrapunktischer Ausführung.

R

Radleier → Drehleier.

Rätselkanon, Kanon, der erst ausgeführt werden kann, nachdem verschlüsselte Hinweise des Komponisten – z. B. auf Stimmenanzahl, -einsatz oder -abstand bezogen – aufgelöst wurden.

Raga (Sanskrit), Form der ind. Kunstmusik: Melodiemodell, das durch eine bestimmte Tonleiter, wiederkehrende Motive, Intervalle usw. charakterisiert ist. Grundlage einer Komposition oder Improvisation.

Ragtime (von engl. *ragged time* ›zerrissene [Takt-]Zeit‹), afroamerik. beeinflusster Klavierstil, der nach 1860 im Mittelwesten der USA aufkam, mit fortwährendem 2/4-Zeitschlag der linken und improvisierten, nachschlagenden Achtel-Synkopen der rechten Hand. Vorläufer des Jazz. → Off-Beat, Two-Beat.

rallentando, rall. (ital.), langsamer werdend. → slargendo.

Rasseln, Idiophone, bei denen durch Schütteln lose Teile gegen einen Korpus schlagen. Es gibt u. a. Rahmen-R. (z. B. Sistrum) und Gefäß-R. (z. B. Guiro, Maracas).

Ratsche, Geräuschinstr., bei dem Holzzungen über einem Zahnrad gedreht werden.

Raumakustik, befasst sich mit den akustischen Gegebenheiten bzw. Schallvorgängen in Räumen. Nachhalllose Räume sind ebenso nachteilig wie solche mit übergroßer Verhallung. R. ist abhängig von Raumgröße und -geometrie, Wandbeschaffenheit, Innenausstattung, Klangkörper u. a.

Rauschen, Geräusch, das durch unendlich viele, dicht

nebeneinanderliegende Frequenzen entsteht. **Weißes Rauschen:** entsteht durch Frequenzen, die sich mit gleich großen Amplituden gleichmäßig über den gesamten Hörbereich verteilen. **Farbiges Rauschen:** Hier sind bestimmte Frequenzbereiche herausgefiltert.

Rauschfilter, im Verstärker eingebaut verringern sie das Rauschen (z. B. von Sendern, Schallplatten u. a.).

Rebec, kleines Streichinstr., Tanzmusikinstr., bestehend aus einem birnenförmigen Korpus, der sich zum Hals hin verjüngt. Besitzt 3 Saiten, wird mit Rundbogen gespielt.

Receiver (engl., ›Empfänger‹), Empfangs- oder Steuergerät, das Tuner und Verstärker enthält.

recitando (ital.), rezitativartig; mehr sprechend als singend.

Recitativo accompagnato (ital.) → Accompagnato.

Recitativo secco (ital.) → Secco.

Recorder (engl., ›Aufzeichner‹), ein zur Aufnahme elektroakustischer Signale bestimmtes Gerät; oft wiedergabefähig.

Refrain (frz.), wiederkehrende textlich-melodisch gleiche (Schluss-)Zeilen (z. B. im Strophenlied).

Regal, transportable Kleinorgel mit Zungenregistern, Windlade, Klaviatur und 2 Bälgen; Begleitinstr. (Theater-/ Kirchenmusik) (→ Abb. S. 192).

Regens chori (lat.), Kapellmeister einer kath. Kirche.

Register. **1.** → Orgelregister. **2.** Die 3 Bereiche innerhalb des Stimmumfangs der Gesangsstimme: hohes R. (Kopfstimme, Falsett), mittleres R., tiefes R. (Bruststimme). Dazu kommt das Pfeif-R. (Koloratursopran).

registrieren, Auswahl der → Register für die Aufführung einer Orgel- oder Cembalokomposition.

Reibidiophone → Friktionsinstrumente.

Reihe, in der Zwölftontechnik gebr. Abfolge aller 12 Töne der temperierten Tonleiter als Kompositionsgrundlage, bei freier Behandlung von Rhythmus und Lagenwahl. Die Reihe kann in ihrer Grundgestalt, in Umkehrung, im Krebs (rückwärts) sowie im Krebs der Umkehrung (= 4 Modi) erscheinen, dazu auf allen Stufen der chromatischen Skala. Nach 1950 wurden dem Reihenprinzip auch andere Parameter zugeordnet (z. B. Tondauer, Lautstärke, Klangfarbe). → Serielle Musik.

reine Stimmung, Stimmung, die über Oktave, Quinte und Quarte hinaus auch große und kleine Terz der Obertonreihe zugrunde legen. Die Intervalle beruhen auf Zahlenproportionen (Saitenlänge zu Tonhöhe) bzw. auf den akustischen Gesetzen der Obertonreihe. Musikal. nicht praktikabel. → pythagoreische Stimmung, temperierte Stimmung.

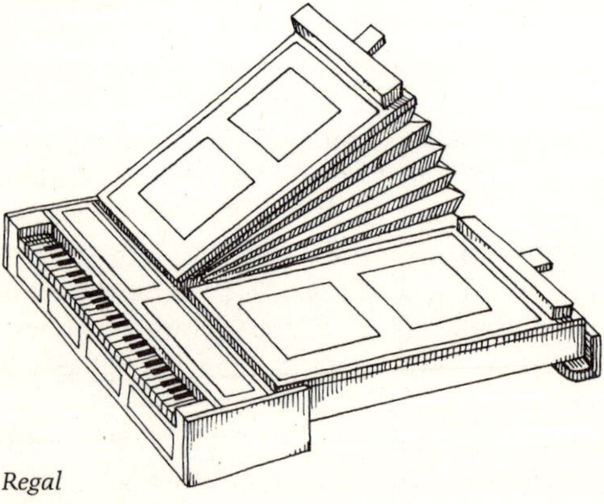

Regal

Réjouissance (frz., ›Belustigung‹), scherzoartig-rascher Suitensatz im 17./18. Jh.

relatives Gehör, die Fähigkeit, Intervalle oder Töne im Zusammenklang (Harmonien) zu erkennen. → absolutes Gehör.

religioso (ital.), andächtig, religiös.

Repercussa (von lat. *vox repercussa* ›wiederholt erklingende Stimme‹), Rezitationston in der Psalmodie; über der Finalis liegend.

Repercussio (lat., ›Wiedertönen‹). **1.** Intervall zwischen Repercussa und Finalis. **2.** Durchführung eines Fugenthemas in allen Stimmen; auch das Intervall zwischen den Anfangstönen von Dux und Comes. → Fuge, → Kirchentöne, → Psalmtöne.

Replica (ital.), Anweisung, ein Stück/Abschnitt/Thema zu wiederholen.

Replik, Intervall-Umkehrung in die Oktave (z. B. Quarte c–f zur Quinte f–c^1). Auch Umkehrung einer Reihe.

Reprise (frz., ›Wiederaufnahme‹), allg.: Wiederholung eines Abschnitts, markiert (eingerahmt) durch das Zeichen 𝄆 𝄇. Speziell: Wiederaufnahme der → Exposition, z. B. in der Sonatensatzform.

Requiem (von den lat. Eingangsworten *Requiem aeternam* ›Ewige Ruhe‹), Totenmesse; Bestandteil der Exequien. Im R. entfallen Alleluja, Credo und Gloria, statt dessen nimmt das eingefügte Dies irae die zentrale Rolle ein. Mehrstimmige Vertonungen seit Ende des 15. Jh.s.

Res facta (lat., ›ausgearbeitete Sache‹), ausgearbeiteter (notierter) Kontrapunkt im Gegensatz zum improvisierten.

Resonanz (von lat. *resonantia* ›Widerhall‹). Wird ein schwingungsfähiges System – etwa eine Luftsäule in Blasinstr. – durch eine periodische Kraft gleicher/ähnlicher Frequenz (z.B. Rohrblatt) zum Mitschwingen angeregt, spricht man von R. Dient der Klangverstärkung und -formung bei Instr. oder der menschlichen Stimme.

Resonanzkörper, wichtiger Teil vieler Musikinstr., das die Schwingungen eines Erregers – etwa einer Saite (Streichinstr.) oder Luftsäule (Blasinstr.) – aufnimmt und durch Mitschwingen dem Klang Stärke, Farbe und Form gibt.

Resonanzsaiten, zur Resonanzverstärkung mitschwingende Saiten.

Resonator, schwingungsfähiger Teil vieler Musikinstr., der die Schwingungen eines Schwingungserzeugers (etwa Saite) übernimmt und den Schall wirkungsvoll verstärkend abstrahlt (z. B. Resonanzkörper bei Streichinstr., Schallröhre bei Blasinstr. usw.).

Responsorium (von lat. *respondere* ›antworten‹), Wechselgesang zwischen Vorsänger und Chor mit gleichbleibendem Kehr- oder Rahmenvers, als Graduale oder Alleluja; im → Offizium und der evang. Liturgie gebr.

Restrictio (lat.) → Engführung.

retardieren, langsamer werdend.

Reveille (von frz. *réveil* ›Erwachen‹), Weckruf in der Militärmusik.

Revue (frz., ›Parade, Schau‹), Unterhaltungstheater; lockere Folge von gesprochenen, gesungenen, getanzten und artistischen Szenen. Meist mit einer Rahmenidee oder -handlung, dazu aufwendiger Bühnen-/Kostümausstattung, Begleitung durch ein Salonorchester oder eine Band.

Rezeption (von lat. *recipere* ›aufnehmen‹), das Erleben und Verstehen eines z. B. musikalischen Kunstwerks je nach Vorbildung, Hör-Erfahrung, -Erwartung usw.

Rezitationston → Kirchentonart.

Rezitativ (von ital. *recitare* ›vortragen‹), Sprechgesang im Rhythmus des Wortakzents, instr. begleitet, in Oper, Oratorium, Kantate usw. Paarbildung von R. und Arie ab dem 17. Jh., wobei dem R. – mit Textdeklamation auf harmonischer Grundlage des → Generalbasses (z. B. Cembalo) – die Vermittlung bzw. das Vorantreiben der Handlung zukommt. → Accompagnato, Secco.

Rhapsodie, freies Musikstück improvisatorischen Charakters.

Rheinländer, Gesellschaftstanz, ruhig und meist im 2/4-Takt stehend. Vermutlich aus der Polka hervorgehend.

Rhythm and Blues, afroamerik. Populärmusikstil, der Elemente des Blues aufgreift und rhythmisch durch stark akzentuierte, meist punktierte Achtelbewegung charakterisiert ist.

Rhythmik, Lehre vom Rhythmus (Rhythmusarten und -stile; rhythmische Erziehung).

Rhythmus, Gliederung des zeitlichen Ablaufs innerhalb eines Klanggeschehens nach dem ordnenden Prinzip ›langsam – schnell‹ (lang – kurz), in enger Verbindung zu Metrum und Takt. Die Vielfalt des R. tritt in abgestuften Tondauern und Akzenten, ferner in wechselnden Klängen, Tempo- und Lautstärkeunterschieden, Artikulation und Phrasierung auf.

Ricercar (ital.), Instr.-Stück des 16./17. Jh.s, bei dem ein oder mehrere Themen in den einzelnen Stimmen imitationsartig durchgeführt werden. Vorläufer der Fuge. → Tiento.

Riff, in Jazz und Rock eine melodisch-rhythmisch markante Wendung, die ständig wiederkehrt; auch als Background gebr.

Rigaudon (frz.), frz. Werbetanz des 17./18. Jh.s, gemäßigt schnell bis lebhaft, im 2/4- oder 4/4-Takt stehend. Meist ist der R. dreiteilig (3 Achttakter mit Wiederholung), mit kontrastierender Schlussphrase.

rinforzando (ital.), plötzlich betont. → sforzando.

Ringmodulator, elektronisches Effektgerät, mit dessen Hilfe 2 unterschiedliche Klangquellen zu einem neuen Klang vermischt werden. Auch Mischung verschiedener Rhythmen ist möglich.

Ripieno, r., rip. (ital., ›voll, ausgefüllt‹), Bez. für das gesamte Orchester im Gegensatz zum Concertino (Sologruppe) z. B. beim Concerto grosso. → Tutti.

risoluto (ital.), energisch, entschlossen.

Risposta (ital., ›Antwort‹), Themenbeantwortung in der Fuge. Nachfolgende Stimme im Kanon. → Proposta.

ritardando, rit. (ital.), langsamer werdend. → tardando.

ritenuto, rit. (ital.), zögernd, zurückhaltend.

Ritornell (von ital. *ritorno* ›Rückkehr‹). **1.** Beschließender Refrain in Madrigal oder Ballade (ab dem 13. Jh.). **2.** Instr. Zwischenspiel in Lied und Arie (ab dem 17. Jh.). **3.** Bez. für Teile in Concerto grosso oder Solokonzert, in denen das ganze Orchester spielt.

riverso (ital., ›rückwärts‹), in melodischer Umkehrung zu spielen (z. B. in der Fuge).

Rockmusik, Sammelbez. für verschiedene Stile (meist) angloamerik. Populärmusik, deren Wurzeln in afroamerik. Folklore (z. B. Blues) sowie amerik. Popular music (z. B. Country Music) liegen. Anfänge der R. bildeten die

Zeit des Rock 'n' Roll und Beat, später in zahllose Spielarten ausdifferenziert und Verbindung mit anderen Richtungen eingehend (Jazz-, Folk-, Latin-Rock usw.). R. ist v.a. jugendtypisch und gefühlsbetont, von Protesthaltung, auch Aggressivität bestimmt. Merkmale der R. sind ein federnd-swingender bis hämmernder Rhythmus, manchmal blues- oder kirchentonal geprägte Melodik/Harmonik, oft Standardbesetzung mit Gesang, Gitarren und Schlagzeug.

Rockoper, Aufeinanderfolge von Rocksongs mit einfacher, dabei oft psychologisierender Handlung, z. B. *Tommy* (1970) von The Who.

Röhrenglocken, Schlaginstr., Orchesterinstr., bestehend aus einem Gestell mit aufgereihten Metallröhren oder -stäben. Sie werden mit Holz- oder Gummischlegeln geschlagen.

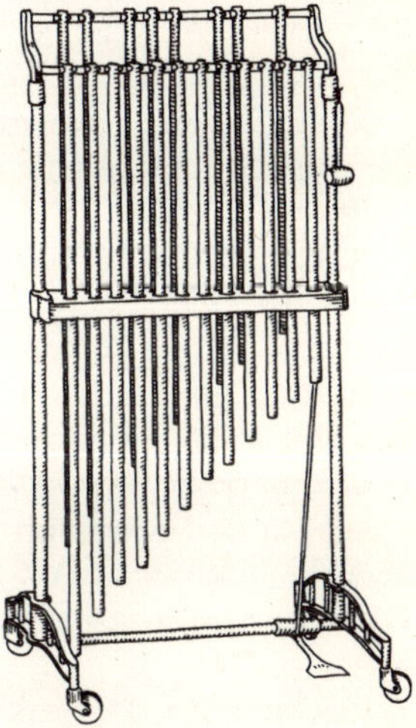

Röhrenglocken

Rohrblatt, Zunge, Plättchen aus Schilfrohr oder Metall, am Mundstück verschiedener Blasinstr. Beim Anblasvorgang gerät das R. in Schwingungen, die sich auf die Luftsäule im Instr. übertragen. Einfaches Rohrblatt: z.B. Klarinette, Saxophon; Doppelrohrblatt: z.B. Oboe, Fagott.

Rohrflöte, ein → Orgelregister.

Rohrwerk, alle Zungenstimmen der Orgel.

Romanze. **1.** Urspr. altspan., erzählendes, z. T. lautenbegleitetes Verslied, das im 18. Jh. als balladenhafte Komposition – in Strophen- oder Rondoform – nach Deutschland gelangte. **2.** Liedhaft-lyrisches, formal freies Instr.-Stück.

Rondeau (von frz. *ronde* ›Runde‹), altfrz. höfisches Rundtanzlied, gesungen im Wechsel zwischen Vorsänger und Chor, ab dem 14. Jh. kunstvoll mehrstimmig. Formschema: AB a A ab AB (AB = chorischer Refrain, a = Vorsänger, ab = Zusatzverse des Vorsängers).

Rondo (ital.), Formtyp, der aus einem ständig wiederkehrenden Refrain und immer neu eingeschobenen Couplets (Episoden) besteht: ABACAD usw. In der Wiener Klassik ist das Sonatenrondo ein Schlusssatz mit dem Formschema ABA (Exposition) – C (Durchführung) – $AB'A'$ (Reprise) und z. B. A' (Coda).

Rose, Rosette, verziertes Schallloch im Resonanzkörper von Zupf- und besaiteten Tasteninstr.

Rota (lat., ›Rad‹), Zirkel-, → Kanon.

Rotation (von lat. *rotatio* ›Drehung‹), Zwölftonmusik: ›Drehung‹ einer Reihe: Grundform (Reihentöne 1–12), dann 2.–1. Ton, 3.–2. Ton, 4.–3. Ton usw.

Rotta, Rotte, Zither in Form eines Dreiecks (8. Jh.) mit beidseitiger Saitenbespannung (11–30 Saiten).

Round (engl., ›rund‹), Zirkelkanon, → Kanon, Catch.

rubato (ital., ›geraubt‹), beabsichtigte Tonverzögerung oder -beschleunigung bei gleichbleibendem Grundtempo. Dient der Ausdrucksintensivierung (z. B. in ung. Zigeunermusik).

Rückpositiv, Teilwerk der Orgel, das im Rücken des Spielers aufgestellt ist.

Rückung, unvorbereiteter, direkter Wechsel in eine andere, auch entferntere Tonart. → Ausweichung, Modulation.

Rührtrommel, große Landsknechtstrommel mit beidseitigem Fellbezug; dumpfer, düsterer Klang.

Rührtrommel

Rumba, afrokuban. Tanz, geradtaktig und in gemäßigtem, selten raschem Tempo. Charakteristisch ist der synkopenreiche, mehrschichtige Rhythmus. Begleitet wird mit Maracas und Claves. Die R. ist seit 1930 Gesellschaftstanz; auch Turniertanz.

Rute, Reisigbündel, Stahlbesen zur Erzeugung von Zischgeräuschen auf der Großen Trommel.

S

Sackpfeife → Dudelsack.

sacro (ital., ›heilig‹), kirchlich, feierlich.

Saite, dient, in Schwingung versetzt, der Klangerzeugung auf Saiteninstr. Sie besteht aus Darm, Stahl, Kunststoff u. ä. Tonhöhe und Klangfarbe sind abhängig von Länge, Stärke und Spannung, doch auch von der Beschaffenheit des Resonanzkörpers.

Saitenhalter, dient der Saitenbefestigung am Instr.; ist meist unterhalb des Stegs angebracht.

Saiteninstrumente, Chordophone, Instr., bei denen die Tonerzeugung durch in Schwingung gebrachte Saiten erfolgt. Geschieht durch Streichen, Zupfen, Reißen, Reiben oder Beschlagen.

Salonmusik, urspr. Musik, die der gehobenen Unterhaltung von Adel und Großbürgertum diente; ab dem 19. Jh. eine häufig auf äußere Virtuosität reduzierte, auch sentimental-triviale Klavier- oder Kammermusik (Repertoire: Bearbeitungen, → Potpourris bekannter Opernmelodien u. a.).

Salonorchester, Orchester oder kleineres Ensemble der Unterhaltungsmusik (z. B. Kur-, Kaffeehauskapelle).

Salpinx (griech.), altgriech., trompetenartiges Signalinstr. mit hellem, scharfem Klang. Bestehend aus einem geraden Eisenrohr mit Kesselmundstück und glockenartigem Schallbecher.

saltando, saltato (ital.), gehüpft, gesprungen.

Saltarello (von ital. *saltare* ›springen‹), temperamentvoller Springtanz im ¾- oder ⁶⁄₈-Takt ital. Herkunft.

Salve regina (lat., ›sei gegrüßt, Königin‹), → Marianische Antiphonen.

Samba, brasil. Tanz; Turniertanz, geradtaktig und im schnellen Tempo, mit charakteristisch synkopiertem Rhythmus. → Bossa Nova.

Samisen (jap.), jap. Langhalslaute, Instr. der Geishas und des Kabuki-Theaters, bestehend aus kleinem, quadratischem Resonanzkörper mit 3 Saiten (Stimmung in h, e^1, h^1).

Sanctus (lat., ›heilig‹), 4. Teil des Ordinarium missae der lat. Messliturgie. Dreiteilig: auf das »Dreimalheilig« (Jesaja 6,3) folgen »Hosianna« und das »Benedictus, qui venit«.

Sarabande (frz.), urspr. span. Tanz, Hoftanz im langsam-getragenen Tempo, meist im 3/2- oder 3/4-Takt; u.a. in England und Italien auch als schneller Tanz bekannt. Formal ist die S. zweiteilig, mit 4 und 8 Takten. Ab 1650 Bestandteil der Suite, dort an 3. Stelle.

Sarangi, ind. Streichinstr. mit sehr breitem Hals und 3–4 Spiel-/11–15 Resonanzsaiten (Darm; Stimmung in C, G, c, f).

Sattel, kleine Querleiste am oberen Griffbrettende von Streichinstr., über welche die Saiten verlaufen.

Satz. 1. Art der Ausarbeitung/Schreibweise einer Komposition (z.B. homophoner, polyphoner, figurierter S.); auch zwei-, dreistimmiger S., Quartett-, Orchester-S.; vokaler, instr. S. **2.** Komplette Stimmgruppe (z.B. Posaunen-S.). **3.** Teil eines Werkes (z.B. einer Sinfonie). **4.** Vordersatz und Nachsatz als Bestandteile einer → Periode.

sautillé (frz., ›gehüpft‹) → Springbogen.

Saxhorn, Bügelhorn in Trompetenform mit Trompetenmundstück, 3–6 Ventilen und Schalltrichter. Instr. frz.-engl. Militärkapellen.

Saxophon, Sax., Sx., s, 1840/41 von Adolphe Sax erfundenes Holzblasinstr., Jazzinstr. (auch solistisch), Instr. der Militärmusik; oberer Teil mit Mundstück (Rohrblatt), vom Altinstr. abwärts mit nach oben gewinkeltem Rohrbeginn und Schallbecher; oboenähnliches Klappensystem. Das S. besitzt einen sonoren, in hohen Lagen durchdringenden, in tiefen etwas schnarrenden Klang. Wichtigste Vertreter: Altsaxophon in Es (Tonumfang d–as^2), Tenorsaxophon in B (Tonumfang As–f^2).

Saxophon

Schall, dem Ohr wahrnehmbare, in Wellen sich ausbreitende Schwingungen. Hörbereich des Menschen: 16–20000 Hertz. Arten des Sch.s sind z. B. Ton, Klang, Geräusch. → Akustik.

Schallanalyse, die mit elektronischer Messtechnik durchgeführte Zerlegung des Schalls in seine Teiltöne, deren Frequenz und Amplitude.

Schallbecher, unterster Teil von Holzblasinstr., trichterförmig erweitert und so von klangverstärkender, -färbender Wirkung. Auch als **Schallstück, -trichter** oder **Stürze** (bei Blechblasinstr.) bez.

Schalllöcher, in die Korpusdecke von Streich- und Zupfinstr. eingearbeitete Öffnungen für den Luft- bzw. Schwingungsausgleich. → F-Löcher, → Rose, Rosette.

Schallwandler, Bez. für elektroakustische Geräte, die

akustische Energie (Schall) in elektrische Energie umwandeln (z. B. Mikrophon) oder umgekehrt (z. B. Lautsprecher).

Schallwellen, periodische Dichteschwankungen der Materie, die sich kreisförmig von einem Schallerreger bzw. wellenförmig in einem Medium wie etwa der Luft ausbreiten.

Schalmei (von griech. *kálamos* ›Halm, Rohr‹). **1.** Mittelalterliches, scharf klingendes Blasinstr. mit flötenartigem Aussehen, Doppelrohrblatt und 6–7 Grifflöchern; Vorläufer der Oboe. **2.** Ein → Orgelregister.

Schalmei

Scheitholz, mittelalterliches Zupfinstr. mit langem, sehr schmalem Resonanzkörper und 1–5 Spiel-, dazu Resonanzsaiten. → Zither.

Schellen, Rasselinstr. mit kleinen, an einem Stab o. ä. angebrachten Metallkugeln. Auch andere Schüttelidiophone (Metall) werden als Sch. bez. → Schellenbaum (→ Abb. S. 204).

Schellenbaum, Rassel- bzw. Klingelinstr. der Musikzüge, Militärkapellen usw.; bestehend aus einer Tragstange mit Schellen, Glöckchen usw. (→ Abb. S. 204).

Schellentrommel → Tamburin.

scherzando, scherzoso (ital.), scherzend, spielerisch.

Scherzo (ital.). **1.** Instr. Stück heiteren Charakters. **2.** Ein aus dem Menuett hervorgegangener, meist ebenso

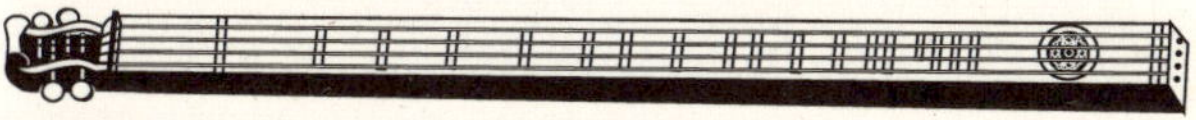

Scheitholz

an dritter Stelle stehender Sinfoniesatz im ¾- oder ⅜-Takt, jedoch rhythmisch schärfer und formal geweitet, zuweilen von burlesker, auch unheimlich-verfremdender Wirkung.

Schlager, ›einschlagendes‹, erfolgreiches Stück/Lied in der Unterhaltungsmusik. Merkmale: melodische Einprägsamkeit (z. B. effektvoller Refrain), marschartiger, tänzerischer, moderner Rhythmus, auch Einbeziehung exotischer Elemente. Schlagertexte behandeln populäre Themen wie Liebe, Sehnsucht, manchmal Aktuelles. → Evergreen.

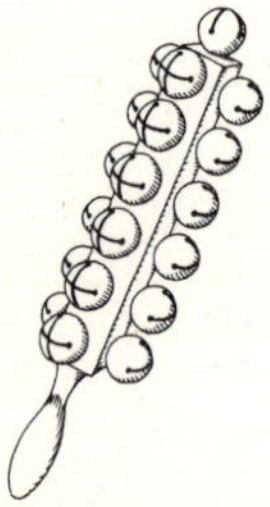

Schellen

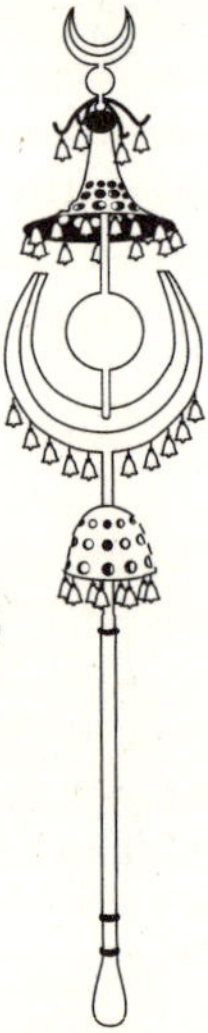

Schellenbaum

Schlaggitarre, Rhythmusinstr., hauptsächlich zur Begleitung in der Tanz- und Jazzmusik, mit großem Korpus und kräftigem Ton, oft elektrisch verstärkt.

Schlaggitarre

Schlaginstrumente, Musikinstr., deren Ton durch Beschlagen einer Membran (Haut, Fell) oder eines Korpus (Idiophone), auch durch Schütteln, Schrapen oder Stampfen erzeugt wird, bei bestimmter oder unbestimmter Tonhöhe (z. B. Trommel, Becken, Xylophon, Kastagnetten).

Schlagzeug, dr, die in Orchester- und Unterhaltungsmusik verwendeten Schlaginstr. Sinfonie-/Opernorchester: Pauke, Große/Kleine Trommel, Becken, Triangel, Glockenspiel, Celesta, Cymbeln, Tamtam, Kastagnetten, Tamburin u. a. Tanz-/Pop-/Jazzmusik: Drum-Set meist mit Bassdrum, Snaredrum, Großer/Kleiner Trommel, Gro-

Schlagzeug

ßem/Kleinem Becken, Hi-hat, Tomtom, Holzblock, u.a. Carl Orff verwendet in seinem musikpädagogischen Schulwerk zusätzlich Metallophone, Schellentrommeln, Bongos, Rasseln usw.

Schlegel (Schlägel), Stäbe zum Anschlagen von Schlaginstr., mit einem Kopf aus Holz, Leder, Filz oder Schwamm.

Schleifer → Verzierungen.

Schleiflade, Art der Windlade bei der Orgel.

Schlüssel → Notenschlüssel.

Schnaderhüpfl, bayr.-öst. Scherzlied; es besteht aus einer achttaktigen Ländlermelodie im ¾-Takt mit zugrunde liegendem Vierzeiler.

Schnarre → Ratsche.

Schnecke, schneckenhausförmiger Abschluss des Wirbelkastens bei Streichinstr.

Schofar (hebr., ›Widderhorn‹), Signalhorn, noch heute als Kultinstr. im synagogalen Ritus gebr.

Schola cantorum (lat., ›Sängerschule‹), mittelalterlicher Sängerchor am päpstlichen Hof, nach dessen Vorbild bald jede größere Kirche ihre Kantoren ausbildete bzw. die Liturgie ausführte.

Schottisch, deutscher Tanz im schnellen ²⁄₄-Takt; ab dem 19. Jh. nur noch auf dem Lande gebr.

Schrammelmusik, wienerische Unterhaltungsmusik, benannt nach dem 1877 gegründeten Trio der Brüder Schrammel; Repertoire aus Walzern, Märschen usw.; Besetzung: 2 Violinen, Gitarre, Klarinette und Akkordeon (Klarinette).

Schrapinstrumente, Geräusch- bzw. Rhythmusinstr.: mittels Stäbchen/Plättchen streicht der Spieler über einen gekerbten Schallkörper, wobei das entsprechende Geräusch entsteht (z. B. Guiro, Ratsche).

Schreittanz, mittelalterlicher Tanztyp, meist mit nachfolgendem Springtanz ein Paar bildend. Er ist geradtaktig und von langsamem Tempo.

Schüttelidiophone, Musikinstr. (Idiophone), die durch Schütteln Geräusche erzeugen (z. B. Rasseln).

Schuhplattler, bayr. Drehtanz derb-fröhlichen Charakters, meist im ¾-Takt oder mit 2/4-Takt wechselnd.

Schuloper, kleines musikdramatisches Bühnenwerk, das den Aufführungsmöglichkeiten von Schülern Rechnung trägt.

Schwebungen, Überlagerung zweier Schwingungen ähnlicher Frequenz, die als ein Ton periodisch wechselnder Lautstärke, auch als ›Reibung‹ oder ›Vibrato‹ gehört werden.

Schwellwerk, Orgelregister in einem mit Jalousien versehenen Kasten, der geöffnet bzw. geschlossen werden kann und damit eine Lautstärkeregelung ermöglicht.

Schwerttanz, Tanz junger Männer, begleitet von Trommeln und Pfeifen.

Schwingungen, periodische (seltener: nichtperiodische) Änderung einer physikalischen Größe, in der Musik z. B. Sch. von Saiten (als Pendelbewegung bei Zupf-/Streichinstr.) oder Fellen (Schlaginstr.) bzw. Luftsäulen (als Dichte- und Druckänderung bei Blasinstr.), auch als Änderung elektrischer/magnetischer Feldstärke in elektromagnetischen Wellen. Hörbare Sch. breiten sich nur im entsprechenden Medium, meist Luft, aus.

Schwingungserreger, bringt den → Schwingungserzeuger eines Musikinstr. zum Klingen (z. B. Hammer beim Klavier, Bogen bei Streichinstr.).

Schwingungserzeuger, der zum Schwingen gebrachte Teil eines Musikinstr. (z. B. Saite bei Klavier oder Streichinstr.).

Schwirrholz, Kultinstr. der Naturvölker: kerbenversehenes Brettchen, das an einer Schnur im Kreise herumgewirbelt wird.

Scordatura (von ital. *scordare* ›verstimmen‹), Umstimmung mancher Saiteninstr. (z. B. Laute, Violine), um das Spielen komplizierter Läufe oder Akkorde zu erleichtern bzw. um andere Klangfarben zu erzielen. Die Notierung erfolgt in Normalstimmung mit Stimmungsangabe.

Scotch Snap (engl.), charakteristische Rhythmusfigur. → lombardischer Rhythmus.

Secco (ital., ›trocken‹), Recitativo secco: Rezitativ (Oper, Kantate, Oratorium), das nur vom → Generalbassinstr. (z. B. Cembalo) begleitet wird. → Accompagnato.

Sechzehntelnote → Noten(schrift).

seconda volta, s. v., II^{da} → prima volta.

Segno (ital.) → dal segno.

segue (ital., ›es folgt‹), nach Begleitfiguren der Hinweis, dass sich diese so fortsetzen (Notentext). → simile.

Seguidilla (span.), span. Tanz im mäßig raschen Dreiertakt, dem Bolero verwandt; begleitet von Gitarren oder Kastagnetten.

Seitenbewegung, das Auf- oder Absteigen einer Stimme, während eine andere Stimme ihre Tonhöhe beibehält.

Seitensatz, 2. Thema einer Exposition, meist in der Dominanttonart, bei Molltonalität in der Tonikaparellele.

Seitenthema → Nebenthema.

Seitentonarten → Nebentonarten.

Sekundakkord (lat.), 3. Umkehrung eines Septakkords mit der Septime im Bass (z. B. von G-Dur: f–g–h–d^1).

Sekunde → Intervalle.

Semibrevis, Semifusa, Semiminima → Mensuralnotation.

Semiseria (ital., ›halbernst‹), inhaltlich-stilistische Mischform zwischen ernster Oper (Opera seria) und komischer Oper (Opera buffa).

semplice (ital.), einfach; auch unverziert.

sempre (ital.), immer (z. B. *sempre staccato* ›immer staccato‹).

sentimento (ital.), Gefühl (z. B. *con sentimento* ›mit Gefühl‹).

senza (ital.), ohne (z. B. *senza sordino* ›ohne Dämpfer‹).

Septett (von lat. *septem* ›sieben‹). **1.** Musikstück für 7 Soloinstr./-stimmen. **2.** Ensemble von 7 Solisten.

Septime → Intervalle.

Sept(imen)akkord, Vierklang, der sich aus Grundton, Terz, Quinte und – meist kleiner – Septime zusammensetzt. Drei Umkehrungen: Quintsext, Terzquart- und Sekundakkord. Häufig sind Dominantseptakkord, auch verminderter S. anzutreffen.

1. 2. 3.

Umkehrung

Septole (von lat. *septem* ›sieben‹), Folge von 7 gleichwertigen Noten, die, versehen mit der Ziffer ›7‹, für die Geltungsdauer von 8 (auch 4,6) rhythmisch entsprechenden Werten stehen.

Septole

Sequenz (von lat. *sequentia* ›Folge‹). **1.** Stufenweise höher- oder tieferversetzte Wiederholung einer musikalischen Gestalt.

2. 9. Jh.: hymnischer Gesang in der Messliturgie (Proprium missae), dem Alleluja folgend. Entwickelte sich später zur Reimstrophenform, erhielt volksliedhafte Züge und emanzipierte sich zur freien Hymne. 4000 S.en blieben erhalten, die die Form des mittelalterlichen – auch weltlichen – Gesangs entscheidend mitprägten.

Serenade (von lat. *serenus* ›heiter‹), Ständchen; instr. Komposition unterhaltenden Charakters; lockere Folge von oft 5–7 Sätzen (Marsch, langsamer Satz, Menuett, Variation) in kleinerer Besetzung. Im 18. Jh. als Huldigungs-, Tafel- oder Freiluftmusik gepflegt.

sereno (ital.), heiter.

Serielle Musik (von lat. *series* ›Reihe‹), eine die Zwölftontechnik fortführende Kompositionstechnik, wobei sämtliche Parameter (Tonhöhe, Lautstärke usw.) eines Stücks nach zuvor aufgestellten Reihengesetzmäßigkeiten geordnet werden. Konsequenteste Form der S.M. ist die punktuelle Musik, in der jeder Ton mit möglichst allen Eigenschaften erscheint. S.M. ist jedoch in ihrer strengsten Ausführung gar nicht möglich, da es etwa bei den Parametern Tonstärke und Artikulationsweise keine den 12 Tonleiterstufen entsprechende Vielzahl von Spielarten gibt. Die detaillierte Realisierung eines Stücks bleibt daher dem Komponisten freigestellt.

serioso (ital.), ernsthaft.

Serpent, Srp. (frz., ›Schlange‹), Horninstr., das in der frz. Militärmusik verwendet wurde. Es besteht aus einem schlangenförmig gedrehten Rohr, Kesselmundstück und 4–6 Grifflöchern (später Klappen).

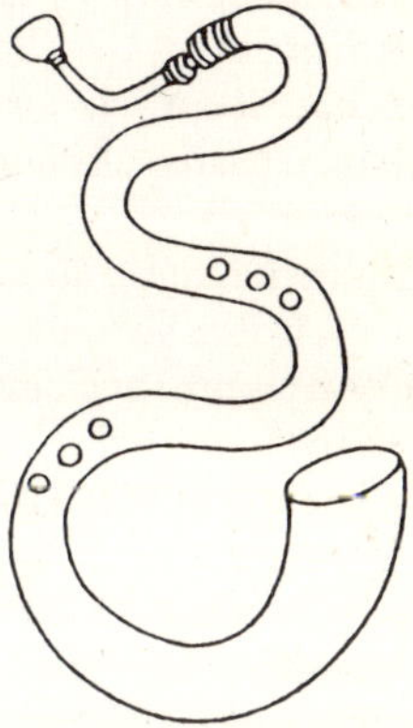
Serpent

servero (ital.), streng, gemessen.

Sextakkord, 1. Umkehrung des Dreiklangs, mit Terz, Quinte und Oktave (z.B. von F-Dur: a–c–f).

Sexte → Intervalle.

Sextett (von lat. *sex* ›sechs‹). **1.** Musikstück für 6 Soloinstr./-stimmen. **2.** Ensemble von 6 Solisten.

Sextole (von lat. *sex* ›sechs‹), Folge von 6 gleichwertigen Noten, die, versehen mit der Ziffer ›6‹, für die Geltungsdauer von 4 rhythmisch entsprechenden Werten stehen (→ Abb. S. 212).

Sextole

sforzato, sforzando, sfz, sf (ital.), starke Betonung *eines* Tons oder Akkords.

sforzato piano, sfp (ital.), starke Betonung *eines* Tons oder Akkords, danach sofort wieder leise.

Shake (engl., ›schütteln‹), engl. Gesellschaftstanz, mäßig bewegt und im 4/4-Takt stehend.

Shakuhachi (jap.), jap. Bambusflöte, zumeist Soloinstr., Kultinstr., mit 5 Grifflöchern (pentatonisch).

S(h)amisen (jap.), jap. Laute, Instr. der Geishas und des Kabuki-Theaters. Es besteht aus einem kleinen viereckigen Korpus mit langem Hals; 3 Saiten.

Shanty (engl.), altengl. Seemannslied, strophenförmig und nach dem Vorsänger-Chor(refrain)-Prinzip gebaut; mit Ziehharmonika begleitet.

sharp (von engl., ›hoch‹), engl. Bez. für das Erhöhungszeichen bzw. ♯ (z. B. G sharp major = Gis-Dur).

Shimmy (engl.), nordamerik. Gesellschaftstanz im raschen 2/4- oder 2/2-Takt; dem Ragtime ähnlich.

Shuffle (engl.), afroamerik. Tanz mit typisch punktierter oder triolischer Begleitung; auch für Swing, Rock 'n' Roll u. ä. typisch.

Siciliano (ital.), sizilian. Tanz des 17./18. Jh.s im wiegend-ruhigen 6/8- oder 12/8-Takt, mit punktierter Achtelbewegung und oft in Moll stehend. → Pastorale.

Signalinstrumente, Musikinstr. zur Erzeugung von Signalen (Jagd, Militär, Repräsentation; z. B. Hörner, Trompeten).

simile (ital., ›ähnlich‹), Notenschrift: Hinweis, in gleicher Weise fortzufahren (z. B. mit einer Spielfigur). → segue.

Sinfonia (ital., von griech. *symphōnia* ›Zusammenklang‹). **1.** 16. Jh.: Stück, das neben vokalen auch instr. Stimmen enthält; als Instr.-Werk aus Vokalwerken (z. B. Madrigal) entstanden oder direkt für Instr. komponiert. **2.** Opernouvertüre oder Einleitung zu einer Suite. → Intrada.

Sinfonia concertante, Orchesterwerk mit mehreren Soloinstr., die das Themenmaterial aufgreifen und musikalisch verarbeiten. Meist dreisätzig mit einem 1. Satz in Sonatensatzform. → Doppel-, Tripelkonzert.

Sinfonie (von griech. *symphōnia* ›Zusammenklang‹), wichtigste Form der Orchesterkomposition, die aus der ital. Sinfonia (als instr. Einleitung zur Opera seria) hervorging, sich im 18. Jh. entwickelte und in der Klassik ihren Höhepunkt erlebte. Zyklische Anlage: lebhafter 1. Satz (in Sonatensatzform), langsamer 2. Satz (in Lied- oder Variationsform), tänzerischer 3. Satz (Menuett mit Trio-Mittelteil oder Scherzo) und rascher Finalsatz in (Rondo- oder nochmals in Sonaten[haupt]satzform). Die S. zählt zu den musikalisch reichsten Formen und bietet die Möglichkeit zu markanter Themenfindung, intensiver thematischer Arbeit, kühner Harmonik/Rhythmik, Instrumentierung usw.

Sinfonieform, die der → Sinfonie eigene, meist viersätzige zyklische Form. → Konzertform.

Sinfonische Dichtung, Orchesterwerk, das einen außermusikalischen Inhalt wiedergibt. Merkmale sind die freiere Form, meist (unterteilte) Einsätzigkeit, Leitmotivik, Motivwandlung, Tonmalerei, differenzierte Harmonik/

Instrumentation u.a. (z.B. Smetana *Mein Vaterland*). → Programmmusik.

Singspiel, volkstümliches, teilweise heiteres Bühnenstück (meist) in deutscher Sprache. Anstelle des Rezitativs treten gesprochene Prosadialoge, dazu kommen Arien, in sich geschlossene Lied- und Tanzformen sowie Chöre. Das S. ist in Akte, Szenen und Nummern gegliedert.

sinistra mano, s. m. (ital.), linke Hand (z. B. Anweisung für das Klavierspiel).

Sinusschwingung, periodische, einfachste Art der Schwingung (Sinuston); mehrere S.en ergeben einen Klang oder ein Geräusch.

Sirtaki (von griech. *syrtós* ›Rundtanz‹), griech. Volkstanz, dessen Tempo sich nach langsamem Beginn allmählich steigert.

Sirventes (provenz., ›Dienstlied‹), Liedform der Trobadordichtung, in der zu öffentlichen oder privaten Dingen Stellung bezogen wird.

Sister → Cister.

Sistrum, antikes Rasselinstr. mit Handgriff, Rahmen und darin eingehängten Metallscheiben.

Sitar, Laute; eines der wichtigsten Instr. der klassischen (Raga-)Musik Indiens. Besteht aus kleinem, birnenförmigem Resonanzkörper, sehr langem Hals, dazu 5 Melodie- (Metall; Stimmung in c, f, g, c^1, c^2) und 2 Bordunsaiten.

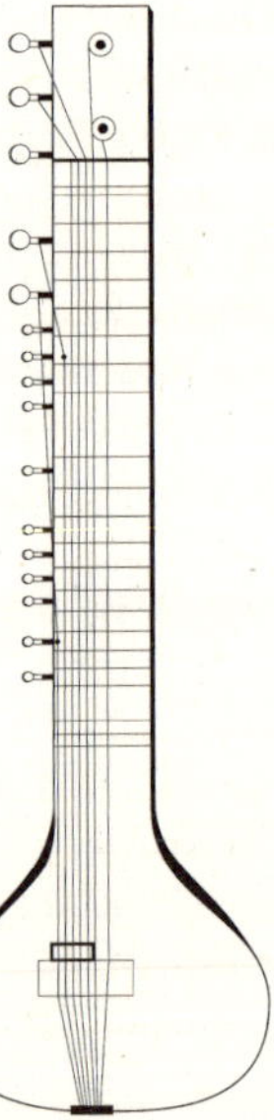

Sitar

Sixte ajoutée → Quintsextakkord.

Skala → Tonleiter.

Skiffle (engl.), improvisiertes, zunächst häusliches Laienmusizieren, angeregt von Jazz, Blues, Ragtime oder volksliedhaften Elementen. Typisch sind der akzentuierte, federnde Rhythmus, dazu Instr. wie Gitarre, Banjo, Waschbrett und Blaskamm.

Skordatur → Scordatura.

slargendo (ital.), langsamer werdend. → rallentando, slentando.

Sléndro (javan.), javan.-balines. Tonleiter, bestehend aus 5 Tönen innerhalb einer Oktave bei annähernd gleich großen Intervallen. → Gamelan(orchester).

slentando (ital.), langsamer werdend. → rallentando, slargendo.

Slowfox (engl.), langsamer Foxtrott; int. Standardtanz.

smorzando (ital.), verlöschend, ersterbend. → morendo.

Soggetto (ital., ›Subjekt‹), Thema eines kontrapunktisch gearbeiteten Werkes; auch Tenor einer Messe.

solenne (ital.), feierlich.

Solfège, Solfeggio (frz., ital.). **1.** Gesangsübungen, die sich der Solmisationssilben bedienen; Grundlage der Sängerausbildung in Frankreich mit Schwerpunkt auf Gehör- und Stimmbildung. **2.** Virtuose Stimmübungen auf Vokalen.

Solmisation, Benennung der Töne c, d, e, f, g, a nach den Tonsilben ut (do), re, mi, fa, sol, la, denen die Anfangssilben eines Hymnus auf den heiligen Johannes zugrunde liegen. Das System, zur raschen Einstudierung kirchlicher Gesänge entwickelt, wurde von Guido von Arezzo geschaffen (11. Jh.), verlor aber nach Einführung des Dur-Moll-Systems (Ende des 16. Jh.s) seine zentrale Bedeutung. In roman. Ländern noch heute gebr.

Solokantate, Kantate für Solostimme und Basso continuo.

Solokonzert → Konzert.

Sololied, begleitetes, anspruchsvolles Lied, generalbass-, klavier- oder orchesterbegleitet. Dabei erfolgt die Vertonung in strophischer, variierter oder durchkomponierter Form.

somma (ital.), höchst, äußerst (z. B. *con somma durezza* ›mit äußerster Härte‹).

Sonata, Sonate (von lat. *sonare* ›klingen‹), zwei-, meist aber drei- bis viersätzige zyklische Instr.-Form in solistischer oder kleiner Besetzung. Während der 2. Hälfte des 16. Jh.s in Abgrenzung zur vokalen Komposition (Kanzone) entstanden, prägten sich etwas später weitere Unterformen aus: die **Solosonate** für ein Instr. (zumeist mit Generalbassbegleitung) und die → **Triosonate** für 2 (Sopran-) Instr. und Generalbassbegleitung. – Nach 1750 Ausprägung der klassischen Klavier- und Solosonate mit Klavierbegleitung: bewegter 1. Satz in Sonatensatzform, langsamer 2. Satz in Lied- oder Variationsform, später eingefügtes Menuett (dann Scherzo), rasches Finale, häufig in Rondoform.

Sonata da camera → Triosonate.

Sonata da chiesa → Triosonate.

Sonaten(haupt)satzform, seit der Wiener Klassik festausgeprägte Form des 1., manchmal auch letzten Satzes von Sinfonie, Solokonzert, Streichquartett, Klaviersonate u. a. Beginnt mit einer Exposition (Themenaufstellung), der sich Durchführung und Reprise mit Coda anschließen.

Sonatine (ital., ›kleine Sonate‹), meist nur zweisätzige Sonate mit einfacher Durchführung.

Song (engl.), Lied mit (meist) zeitkritischem, satirischem Inhalt, im Kabarett oder auch selbständig. Der Aufbau folgt meist dem Strophe-Refrain-Prinzip; Vortrag auch im Sprechgesang. Einbezogen werden Elemente von Schlager, Jazz u.a.

Sonorismus (von lat. *sonus*, ›Klang‹), Musikstil, der auf Klangflächenkomposition beruht und sich ab 1960 immer mehr ausbreitete. Dabei wird der musikalische Verlauf von bewegten, sich ständig verändernden Klangflächen bestimmt, z. B. bei Krzysztof Penderecki.

sopra (ital., ›oben‹), Klavierspiel: die oben liegende Hand. Auch: mit gekreuzten Händen zu spielen.

Sopran, S. (von mlat. *supranus* ›darüberstehend‹). **1.** Hohe Frauen-, Knaben- oder (früher) Kastratenstimme (Stimmumfang: a–max. f^3). **2.** Höchste Stimme in einer Komposition. **3.** Höchste Stimme einer Instr.-Familie (z. B. Sopransaxophon).

Sopranschlüssel → Notenschlüssel.

Sordino, sord. (ital.) → Dämpfer.

sospirando, sospirante (ital.), seufzend.

sostenuto (ital.). **1.** Getragen, etwas langsamer. **2.** Getragener Fortklang bei Einzeltönen.

sotto (ital., ›unten‹), Klavierspiel: die unten liegende Hand. Auch: mit gekreuzten Händen zu spielen.

sotto voce, s.v. (ital., ›unter der Stimme‹), mit leiser Stimme.

Soubrette (frz., ›Zofe, Kammerjungfer‹), hellklingender

Koloratursopran in munter-verschmitzter Mädchen-/Dienerin-Rolle.

Soul (engl., ›Seele‹), eine aus Blues, Spirituel und Gospel hervorgegangene Stilart von Jazz und Rockmusik, charakterisiert durch Gefühlsbetonung, breite sängerische Ausdrucksskala und jähe Kontraste.

Sound (engl., ›Klang‹), der ureigene, unverfälschte Klang einer Jazzband, Rockgruppe oder eines Solisten; charakteristische Gesangsart oder Spielweise.

Sousaphon, dem → Helikon verwandtes Blechblasinstr. mit nach vorn gerichteter Stürze.

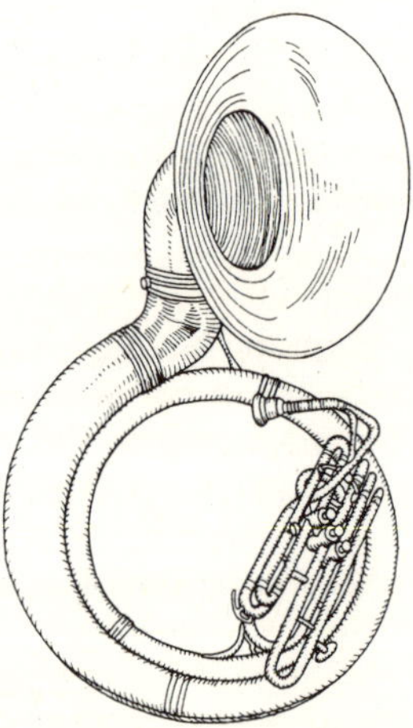

Sousaphon

Spaltklang, Mehrklang, dessen Einzeltöne nur wenig Tendenz zum Verschmelzen zeigen (z. B. bei → Heterophonie und in außereuropäischer Musik).

spartieren (von ital. *spartire* ›einteilen‹), Einteilen der Notenlinien in gleichmäßige Zeitabschnitte, Übertragen aller Einzelstimmen in eine Partitur.

Spektrum, Zerlegung eines Klangs in Teilschwingungen und die graphische Darstellung ihrer Frequenz und Sinusschwingungen.

spiccato (ital.), Streichinstr.-Spiel: jeder Ton wird mit einem neuen Strich erzeugt.

Spiegelfuge, Fugenart, bei der alle Stimmen in Umkehrung erscheinen: Aufwärts- wird Abwärtsbewegung, dazu gleichzeitiger Stimmentausch: tiefste Stimme wird die höchste o. ä.

Spiegelkanon, Kanon, in dem die 2. Stimme die Melodie der 1. rückwärts *und* in Umkehrung vorträgt.

Spieldose, mechanisches Musikinstr., dessen Werk aus einem Metallkamm mit Zinken, Stiften, Stiftwalze und Feder besteht. Letztere versetzt die Walze in Drehbewegung, deren Stifte die (abgestimmten) Zinken anreißen und die Melodie hervorbringen.

Spielmann, Spielleute, urspr. Sammelbez. für beruflich tätige, v. a. musizierende (aufspielende) Künstler. Seit dem 14. Jh. Einschränkung des Begriffs auf sozial tiefer gestellte Musiker (ab etwa 1750: ›Musikant‹).

Spieluhr → Flötenuhr.

Spinett (von lat. *spina* ›Dorn‹), kleines Kielinstr. in unregelmäßiger 5–6eckiger Form mit schräg (spitzwinklig) zur Tastatur verlaufenden Saiten, einchörig, mit zartem Klang (Tonumfang: C–f^3). → Cembalo.

Spiritual, geistliche Liedform der Farbigen, mehrstimmig, mit großen Chören, melodisch-rhythmisch mit Blue notes und → Off-Beat, formal durch Call-and-Response-Muster (Ruf – Antwort) charakterisiert; klavier- oder harmoniumbegleitet. Oft mit gefühlsbetonten, auch sozialkritischen Texten. → Blues, Gospelsong.

spirit(u)oso, con spirito (ital.), geistvoll, belebt.

Spitzharfe, Spitzzither, harfenförmige, beidseitig saitenbezogene Zither (Tonumfang: c–e^2, auch g–c^4).

Sprechgesang, bewegt sich zwischen Sprechen und Singen, z. B. deklamatorisch-gehoben im → Rezitativ der Oper.

Springbogen, Spielart auf Streichinstr., bei der der Bogen im Auf- und Abstrich durch seine Eigenelastizität zum ›springen‹ gebracht wird und einen ›hüpfenden‹ Ton erzeugt.

Springtanz, rasche ungeradtaktige Tänze, die dem mittelalterlichen Schreittanz folgen (z. B. Courante, Galliarde, Saltarello).

Square dance (engl., ›Vierecktanz‹), nordamerik. Volkstanz, hervorgegangen aus der frz. Quadrille u. a. europ. Volkstänzen. Meist von Geige, Akkordeon, Gitarre und Banjo begleitet.

Stabat mater (lat., ›es stand die [schmerzensreiche] Mutter‹), Sequenz über ein zwanzigstrophiges mittelalterliches Reimgebet für das Fest zum Gedächtnis der Sieben Schmerzen Mariens. Mehrstimmige Vertonungen von Palestrina, Pergolesi, Verdi u. a.

Stabspiele, Schlaginstr. (Idiophone) mit tonal abgestimmten Stäbchen/Plättchen aus Holz oder Metall (z. B. Xylophon, Marimbaphon, Vibraphon, Celesta u. a.).

staccato (ital.), abgestoßen. → martelé.

Stadtpfeifer, ab dem 16. Jh. in Zünften organisierte Musiker in städtischer Anstellung. Zu ihren Aufgaben gehörten die Durchführung der Ratskonzerte, Verstärkung der Hofmusik, Unterstützung von Kantoreien usw.

Ständchen, kleines, zu Ehren einer Person dargebrachtes Musikstück, vokal oder instr., oft im Freien. → Aubade, → Serenade.

Stagione (ital., ›Saison‹), trad. Spielzeiten der ital. Opernhäuser; zur traditionellen Karnevalsspielzeit (26. 12.–30. 3.) kommt noch die Zeit vom 2. Osterfeiertag bis zum 15. 6. bzw. vom 1. 9. bis 31. 11.

Stammakkord, Grundakkord, von dem sich alle anderen Akkorde herleiten.

Steg. **1.** Brückenförmig geschnitztes Hartholz, das bei Saiteninstr. auf der Korpusdecke steht und durch die Saitenspannung gehalten wird. Es bestimmt die Höhe der Saiten über dem Griffbrett und überträgt deren Schwingungen auf die Decke und – über den Stimmstock – den Boden des Instr. **2.** Holzleiste auf dem Resonanzboden von Klavier oder Cembalo, welche die Saitenschwingungen auf diesen überträgt.

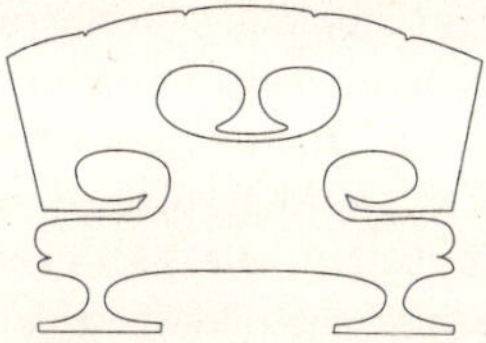

Steg

Stehgeiger, stehend spielender 1. Geiger und Leiter einer Unterhaltungskapelle.

Stereophonie, zweikanaliges Übertragungsverfahren, das durch gerichtete Wiedergabe ein räumliches, plastisches Klangerlebnis vermittelt. → Kunstkopf-Stereophonie, Quadrophonie.

Stimmbögen, in Naturhorn und -trompete einzusetzende, deren Stimmung ändernde u-förmige oder kreis-

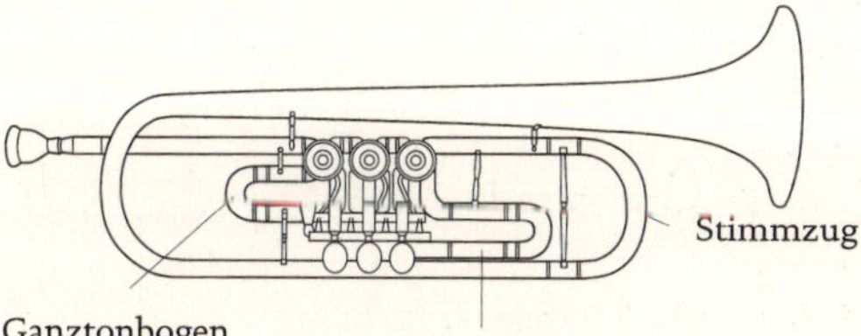

Stimmbögen einer Trompete

runde Rohrstücke. Krummbögen/Setzstücke sind zwischen Mundstück und Korpus, Aufsteckbögen im Röhrenverlauf anzubringen.

Stimmbücher, Ausgaben mit Einzelstimmen mehrstimmiger Werke des 15.–18. Jh.s.

Stimme. **1.** Die menschliche Stimme und ihre Eigenarten sind von mehreren Faktoren abhängig. Tonerzeugung: Luft versetzt die Stimmbänder in Schwingungen, diese werden durch Resonanzräume in Kopf und Brust verstärkt. Die Tonhöhenregulierung erfolgt über unterschiedliches Spannen der Stimmbänder, die Klangfarbe richtet sich nach Form und Größe der Resonanzhöhlen. **2.** Bez. für die einzelne Vokal- oder Instr.-S. innerhalb einer Partitur. **3.** Ober-, Mittel- oder Unterstimme(n) eines nach traditionellen Kompositionsregeln geschriebenen Werkes.

Stimmfächer, Unterteilung der Gesangsstimme nach ihrer Stimmlage (Sopran, Alt, Tenor, Bariton, Bass), in der Opernpraxis zusätzlich nach Stimmencharakter (z. B. lyrischer Sopran, dramatischer Alt) bzw. Rollentyp (z. B. Heldentenor, Soubrette u. a.).

Stimmführer, Orchestermusiker an den 1. Pulten, die u. a. für die Vorbereitung der Stimmen ihrer Stimmgruppe verantwortlich sind (z. B. Festlegung von Bogenstrich, Phrasierung usw.).

Stimmführung, Stimmfortschreitung in einer mehrstimmigen Komposition nach melodischen, harmonischen o. a. Satzregeln (z. B. im kontrapunktischen Stil).

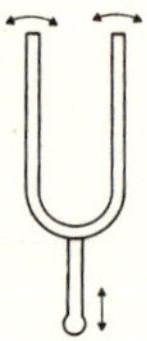

Stimmgabel

Stimmgabel, zweizinkige ›Gabel‹, die beim Anschlagen in Schwingungen gerät. Sie ist auf den

Kammerton a^1 gestimmt und dient der Einstimmung des Chores, von Musikinstr. usw.).

Stimmlagen, Stimmumfänge der menschlichen Stimme: Sopran, Alt, Tenor, Bariton, Bass.

Stimmstock, Holzstab, der im Inneren eines Streichinstr. (Korpus) die Schwingungen von der Decke auf den Boden überträgt.

Stimmton → Kammerton.

Stimmung. 1. Fixierung der absoluten Tonhöhe eines Tons, der sich alle anderen Töne anpassen. Nach int. Festlegung entspricht der Kammerton a^1 440 Hertz. **2.** Bez. für das Schwingungszahlenverhältnis der Töne untereinander (z. B. Oktave: doppelte Schwingungsanzahl im Vergleich zum Grundton). In der abendländischen Musik unterscheidet man die pythagoreische und die reine S. von der (musikalisch praktizierten) temperierten S.

Stollen → Barform, → Meistersang.

Stomp (engl., ›stampfen‹), afroamerik. Tanztyp mit ständiger Wiederholung eines Rhythmusmodells, eingegangen in den New-Orleans-Jazz.

Stopfen, Spieltechnik beim ventillosen Waldhorn: durch die Faust im Schalltrichter erhöht sich der Ton um eine halbe Stufe. Bei Blechblasinstr. erzeugt das S. mit Dämpfer gedämpfte Töne.

Stop time (engl., ›Zeitanhalt‹), jähes Aussetzen eines Jazzmusikers bei gleichzeitigem improvisierten Einsatz des Solisten.

Streichinstrumente, Str., mit dem Bogen gestrichene Saiteninstr. (Chordophone). Historische S. sind z. B. Fi(e)del und Baryton, moderne Violine, Viola, Violoncello oder Kontrabass. Außereurop. S.: z. B. Sarangi. Streichidiophone: z. B. Glasharmonika.

Streichquartett, Stqu. **1.** Mehrsätzige Komposition für 2 Violinen, Viola, Violoncello. Merkmale des klassischen S.s: eine an der Sinfonie orientierte Viersätzigkeit (der 1. Satz oft in Sonatensatzform, die folgenden häufig in Lied-, Menuett- und Rondoform), individuelle Themenfindung, motivisch-thematische Arbeit und polyphone Ausweitung. **2.** Ensemble von 2 Violinen, Viola, Violoncello.

Streichquintett, Stqun. **1.** Mehrsätzige Komposition für 2 Violinen, 2 Violen, Violoncello oder 2 Violinen, Viola, 2 Violoncelli. Als Gattung weist das S. Ähnlichkeiten mit dem → Streichquartett auf. **2.** Ensemble von 2 Violinen, 2 Violen, Violoncello oder 2 Violinen, Viola, 2 Violoncelli.

Streichtrio. **1.** Mehrsätzige Komposition für Violine, Viola und Violoncello. **2.** Ensemble von Violine, Viola und Violoncello.

Stretta (ital.), beschleunigter Schluss (z. B. im Finale einer Sinfonie oder eines Opernakts.

Stricharten, bei Streichinstr. die Art der Bogenführung (z. B. legato, portato, staccato, spiccato, sautillé).

stringendo (ital.), schneller werdend. → accelerando, → instante.

strings (engl.), Streicher.

Strophe (griech.), eine aus Versen bestehende metrische Einheit, die mit gleichartigen oder anderen S.n zu einem Gedicht oder Lied verbunden werden kann.

Strophenlied, Lied mit mehreren, jeweils auf die gleiche Melodie gesungenen Strophen. Im variierten S. wird die Melodie in jeder Strophe verändert. → durchkomponiert.

Struktur (lat., ›Gefüge, Ordnung‹). **1.** Innere Zusammenhänge einer Komposition: Aufbau/Verbindung der Klänge, Satztechnik usw. **2.** Horizontale und vertikale Verknüpfung von Parametern in der Neuen Musik.

strumento (ital.), Instrument.

Stürze, oberster Teil der Blechblasinstr.; auch als **Schalltrichter, -stück** oder **-becher** (Holzblasinstr.) bez.

Stufen, -lehre, -bezeichnung, Bezeichnung eines Akkords nach seiner Stufenlage in röm. Ziffern, z. B. von C-Dur ausgehend:

Arab. Zusatzziffern u. a. Symbole kennzeichnen ferner Septakkorde (1) und Akkordumkehrungen (2), z. B. von G-Dur:

Die Stufenlehre folgt der früheren Generalbassbezifferung; sie gibt keine funktionalen Bezüge zwischen den Akkorden wieder.

Stutzflügel, kleiner Flügel.

Subdominante, Unterdominante, eine Quinte unter dem Grundton einer Dur-/Molltonleiter bzw. auf deren 4. Stufe stehend. Neben Tonika und Dominante die 3. wichtige Hauptfunktion (z. B. S. von C-Dur: f bzw. der auf f bauende Dreiklang: f–a–c¹; Tonart F-Dur). → Funktionstheorie, Kadenz.

subito, sub. (ital.), sofort, plötzlich.

Subjekt (von lat. *subjectum* ›das Zugrundeliegende‹), Fugenthema. → Fuge, soggetto, Kontrasubjekt.

Subkontra → Oktavbereiche.

Substitutdreiklänge → Nebendreiklänge.

Suite (frz., ›Folge‹), Gattung der Instr.-Musik, bestehend aus einer Anzahl von Tänzen / freien Stücken (meist) in gleicher Tonart und von gemeinsamer motivischer Substanz. Orchestersuite: lose Tanzreihung; Variationensuite; Konzertsuite oft mit Ouvertüre (Ouvertürensuite); Klaviersuite u. a. Zu den vier ab dem 18. Jh. präsenten Kernsätzen gehören Allemande, Courante, Sarabande und Gigue; vor der Gigue stehen wahlweise Menuett, Bourée, Gavotte, Passepied, Loure u. a.

sulla tastiera, sul tasto, s. t. (ital.), Streichinstr.: nahe am Griffbrett (spielen).

sul ponticello, sul pont., s. p. (ital.), Streichinstr.: nahe am Steg (spielen).

Superius (lat.), höchste Stimme in einem mehrstimmigen Satz. → Sopran.

sur la chevalet (frz.) → sul ponticello.

sur la touche (frz.) → sulla tastiera.

Swing (engl., ›schwingen‹). **1.** Locker vorantreibender Rhythmus (Jazz), der seine Dynamik aus ternärer Achtelphrasierung und einer fortwährenden feinnuancierten Verlagerung von Taktschwerpunkten bezieht. **2.** Jazzstil von etwa 1925 bis 1945, gekennzeichnet durch Swing-Rhythmik, Vorliebe für größere Bandbesetzungen, Einbindung der Improvisation in ausnotierte Arrangements und ein Selbstverständnis als Tanz- und Unterhaltungsmusik.

Syllabik, das Singen einer Wortsilbe auf je einen Ton. → Melismatik.

Synästhesie (griech. ›Mitempfindung‹), die Auslösung einer bestimmten Empfindung durch einen anders gearteten Reiz, z. B. wenn mittels einer gewissen Klangfarbe ein spezieller, adäquater Farbton assoziiert wird.

Synkope (griech.), Verschiebung der Betonung von einem eigentlich schweren Taktteil auf den vorhergehenden leichten, oft durch Bindung des unbetonten an den folgenden betonten Taktteil realisiert.

Synthesizer (von engl. *synthesize* ›zusammenfassen‹), elektronisches Musikinstr., Tasteninstr., mit dem sich zahlreiche Ton-, Klang- und Geräuschstrukturen erzeugen lassen. Die Klang-/Tonhöhenregulierung erfolgt über Oszillator, ein Rauschgenerator sorgt für gewünschte Klangfarben. S. können Klänge externer Instr. bzw. Geräusche einspeisen, verarbeiten und verändert wiedergeben. Zum S. gehören ferner Klangformer, Filter, Ringmodulator, Hallgeräte u. a.

Syrinx (griech.) → Panflöte.

Szene (griech.), kleinste Handlungseinheit in der Oper, bestehend aus Rezitativ und Arie bzw. Auf- und Abtritt der Handelnden.

T

Tabulatur (von lat. *tabula* ›Tafel‹). **1.** Notierung in Griffschrift, wobei anstelle von Noten Buchstaben, Ziffern und Zusatzzeichen treten. Betrifft solistisch-mehrstimmige Instr. wie z. B. Laute, Gitarre (Markierung der Kreuzungsstellen von Saiten und Bünden) oder Orgel (Tonbuchstaben, die den Zusammenklang angeben). Noch heute gebr. für Zither, Akkordeon u. a. **2.** Buch der Kompositionsregeln für den Meistersang.

tacet, tac. (lat., ›[es] schweigt‹), Stimme pausiert (Partitur).

Tafelmusik, Musik, die während des Essens bei Hofe erklang (z. B. Lieder, Kantaten, Ouvertüren, Suiten).

Tagelied, meist dreistrophiges, in Dialogform ausgeführte Gattung des mittelalterlichen → Minnesangs, die den morgendlichen Abschied zweier Liebender beschreibt.

Takt (von lat. *tactus* ›Schlag‹), Gliederung eines musikalischen Geschehens in eine regelmäßig wiederkehrende Abfolge betonter und unbetonter Einheiten (Taktteile, Zählzeiten, Schläge). Dabei stellt der Einzeltakt – als kleinster Baustein – den Zusammenschluss mehrerer solcher Einheiten zu einer rhythmisch gleichbleibenden, sich wiederholenden Einheitengruppe dar. Taktarten: gerader T. (z. B. $^2/_2$-, $^2/_4$-, $^4/_4$-Takt) und ungerader T. (z. B. $^3/_4$-, $^6/_8$-Takt). Die Taktart wird zu Beginn eines Notenliniensystems angezeigt, beschlossen wird jeder T. mit dem Taktstrich.

Talea (lat., ›Strophe‹), rhythmisches Grundmuster in der Isorhythmischen Motette, das im Tenor ständig wiederkehrt.

Tambour (frz.), Trommel, Trommler.

Tamburin, kleine Einfelltrommel mit 4–20 in die Zarge eingearbeiteten Schellen.

Tamtam, Gong mit dröhnendem Klang bei nicht definierbarer Tonhöhe. Er besteht aus einer flachen Bronzescheibe mit umgebogenem Rand. Orchesterinstr. seit Ende des 18. Jh.s.

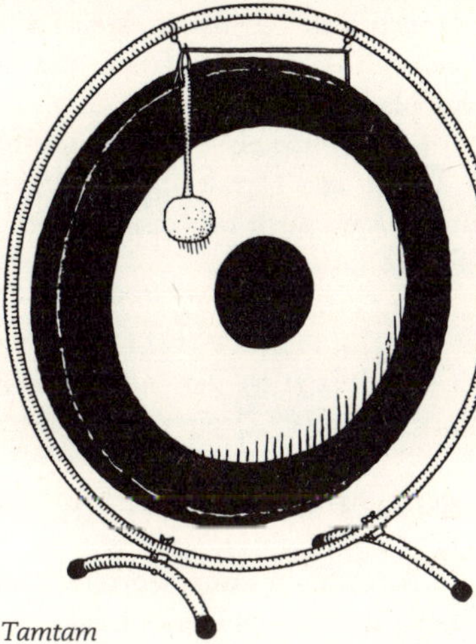

Tamtam

Tanbur (pers.-arab.), Langhalslaute mit gewölbtem, halbbirnenförmigem Korpus, dazu wenigen (dünnen) Metallsaiten. Heute noch in Südosteuropa, Nordafrika und Indien gebr.

Tango (span.), ein mit der Habañera verwandter, aus Argentinien und Umgebung stammender Tanz, urspr. gitarrenbegleitet, oft mollgefärbt, langsam, im $^{2}/_{4}$- oder

$^{4}/_{4}$-Takt; mit charakteristischer, zu Taktbeginn stehender Synkope.

tanto (lat.), viel, sehr (z. B. *allegro ma non tanto*, sinngemäß: ›nicht zu lebhaft‹).

Tanzorchester, urspr. nur mit Blasinstr. wie Trompete, Kornett, Posaune, Tuba und Schlaginstr. besetzt, später mit Saxophon, ab etwa 1930 Big-Band-Besetzung mit (max.) 5 Saxophonen, je 3–5 Trompeten/Posaunen, dazu Drum-Set, Kontrabass, Gitarre und Klavier. Zusätzlich – ad libitum – Streicher und Holzbläser.

Tar (pers., ›Saite‹). **1.** Pers.-mittelasiat. Laute mit eingeschnürtem Korpus, Decke aus Haut, langem, breitem Hals und 2–5 (8) Saiten. Wird auch mit dem Bogen gespielt. **2.** Arab. Schellentrommel.

Tarantella (ital.), rascher ausgelassener südital. Volkstanz im $^{6}/_{8}$-, $^{12}/_{8}$- oder $^{3}/_{8}$-Takt; mit Tamburin und Kastagnetten begleitet. Charakteristisch ist der unregelmäßige Dur-Moll-Wechsel, formal meist Dreiteiligkeit (Moll–Dur–Moll).

tardando (ital.), zögernd, langsamer werdend. → ritardando.

Tárogató (ung.). **1.** Schalmei; altung. Volksinstr. mit Rohrblatt und 5 Grifflöchern. **2.** Aus 1. entwickelt: Saxophon, Instr. der Zigeunerkapellen; Nationalinstr. mit dunkel-elegischem Timbre.

Tasteninstrumente, mit Tastatur versehene Instr., bei denen meist hebelartige Manual-(auch Pedal-)Tasten die Saiten durch Anschlag (Hammer) oder Anreißen (Kiele) zum Klingen bringen (z. B. Klavier, Cembalo).

Techno. Der aus Detroit kommende Techno reduziert die zumeist instrumentalen Tracks auf Rhythmus und Textur. Die verstörend karge, unsentimentale Musik verstand sich als Absage an die weiße Rockmusik und als Abgrenzung gegenüber Stilen wie → Soul oder Blues.

Tedesca (ital., ›deutscher [Tanz]‹), Oberbegriff für deutsche Tänze.

Te Deum (von lat. *Te Deum laudamus* ›Gott, Dich loben wir‹), Lob- und Dankhymnus im Offizium der röm.-kath. Liturgie (Lobpreis Gottvaters, Doxologie; Bittgebet aus den Psalmen), aus 29 Versen bestehend. Seit dem 15. Jh. mehrstimmige Bearbeitungen im Stil von Motette, Oratorium, Kantate usw., im 19. Jh. mit sinfonischem Charakter (Bruckner, Liszt, Verdi).

Teiltöne → Obertöne.

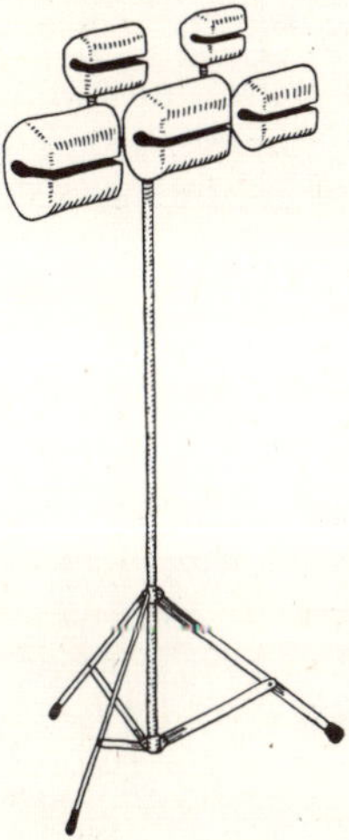

Tempelblock

Tempelblock, Tbl., Schlaginstr., Orchesterinstr., bestehend aus einem Ständer mit eingehängten, länglich-hohlen Holzkugeln. Kräftig-voller Klang (Tonumfang etwa f–f²).

temperierte Stimmung, Temperatur (von lat. *temperatura* ›richtige Mischung‹), bei der t. S. wird die Oktave in 12 gleich große Halbtöne geteilt, im Gegensatz zur früheren pythagoreischen und reinen Stimmung. Die t. S. nimmt zwar geringe Unreinheiten der Intervalle in Kauf, ermöglicht aber seit ihrer Einführung 1691 erstmals problemlose Modulationen auf Tasteninstr. bei

Angleichung aller enharmonischen Töne (dis = es, fis = ges usw.).

tempestoso (ital.), stürmisch, ungestüm.

Tempo (von lat. *tempus* ›Zeit‹), absolute Dauer der Notenwerte, angegeben in Tempovorschriften (in Worten oder mit Metronomzahl). Tempoänderungen werden mit Vortragsbez. angewiesen wie z. B. → stringendo.

tempo di marcia (ital.), im Zeitmaß eines Marsches.

tempo di minuetto (ital.), im Zeitmaß eines Menuetts.

tempo giusto (ital.), im richtigen Tempo.

tempo primo (ital.), (wieder) im urspr. Zeitmaß.

tempo rubato (ital.), im schwankenden Zeitmaß.

tenero, teneramente (ital.), zärtlich, weich.

Tenor, T. (von lat. *tenere* ›halten‹). **1.** Rezitationston in der Psalmodie des Gregorianischen Gesangs. **2.** Stimme, die den Cantus firmus trägt (in mehrstimmiger Musik ab dem 13. Jh.); urspr. tiefste Stimme, später mit Contratenor (bzw. ab 1450 Contratenor altus und Contratenor bassus). **3.** Hohe Männerstimme, Stimmumfang max. A–c^2. **4.** Mittellage einer Instr.-Familie (z. B. Tenorsaxophon).

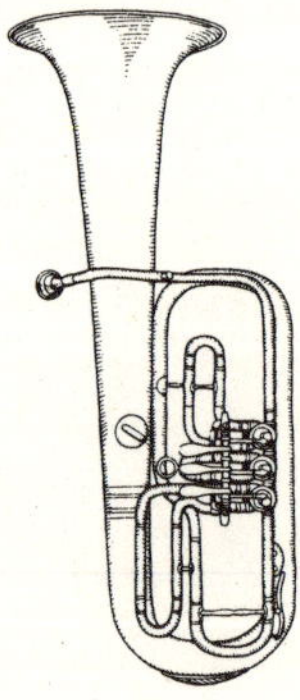

Tenorhorn

Tenorhorn, tuba-/trompetenförmiges Bügelhorn mit 3 Ventilen; meist in B gestimmt (Tonumfang E–b^1).

Tenorlied, mehrstimmige Liedform mit der Liedmelodie im Tenor; als Solo- und Chorlied in Deutschland ab 1500 verbr.

Tenorschlüssel → Notenschlüssel.

Tenso, Tenzone (provenz.), von

Trobadoren gepflegte mehrstimmige Liedform: 2 Sänger ›dialogisieren‹ bzw. ›streiten‹ über Fragen des Hof-, Minnedienstes u. a.

tenuto (ital.), ausgehalten, getragen.

ternäre Spielweise → binäre und ternäre Spielweise.

Terrassendynamik, unmittelbarer Wechsel in einen anderen Lautstärkegrad; Stilkriterium der Barockmusik.

Terz → Intervalle.

Terzett (von lat. *tertius* ›der dritte‹). **1.** Vokalensemble von 3 Solisten. **2.** Gesangsstück für 3 Solisten. → Trio.

Terzquartakkord, 2. Umkehrung eines Septakkords mit der Quinte im Bass (z. B. von G-Dur: d, f, g, h).

terzverwandt → Medianten.

Testo (ital., ›Text‹), Bericht im ital. Oratorium; auch der Vortragende selbst. → Evangelist.

Tetrachord (griech., ›Viersaiter, Viertöner‹), Grundlage des griech. Tonsystems: Folge von 4 Tönen im Umfang einer Quarte. Drei Varianten: Diatonik (Ganzton – Ganzton – Halbton), Chromatik (Kleinterz – Halbton – Halbton) und Enharmonik (Großterz – Viertelton – Viertelton), wobei stets von oben nach unten gezählt wird.

Teufelsgeige → Bumbass.

Thema (griech., ›das Gesetzte‹), melodisch-rhythmisch einprägsamer, auch in Einzelmotive zerlegbarer musikalischer Gedanke, der den Ausgangspunkt einer oft größeren Komposition bildet. Das T. ist meist in sich abgeschlossen, sollte aber verarbeitungs-, verknüpfungs- und kontrastfähig zu anderen Themen sein. Es lassen sich drei Entwicklungen unterscheiden: a) das von Einzelstimmen nacheinander (imitatorisch) vorgetragene T. (Fuge), b) das T. von

Variationswerken und c) das T. der klassischen → Sonatensatzform (Sinfonie).

thematische Arbeit, zentrales klassisches Gestaltungsprinzip, wonach ein in seine Bestandteile zerlegtes musikalisches Thema in der Durchführung eine Werkes/Satzes verarbeitet wird, d.h. Motive/Teilmotive daraus werden melodisch, harmonisch, rhythmisch usw. weiterentwickelt oder frei fortgesponnen, in neue Zusammenhänge gestellt, vor allem aber mit einem anderen, kontrastierenden Thema konfrontiert. T. A. findet sich besonders in den Ecksätzen von Sinfonien, Solokonzerten, Streichquartetten oder Klaviersonaten.

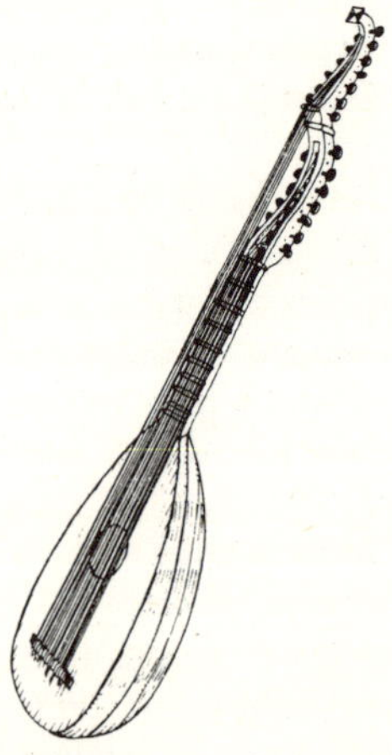
Theorbe

Theorbe, Basslaute, altes Generalbassinstr., bestehend aus einem halbbirnenförmigen Korpus, seitlich versetztem Hals sowie zwei geschwungenen, hintereinander liegenden Wirbelkästen, in die etwa 14 Saiten (6 Spiel- und 8 Bordunsaiten) münden.

Threnodie (von griech. *threnos* ›Klagelied‹), altgriech., zur Beisetzung gesungenes Totenlied. Meist chorisch-wechselstrophig, mit Aulos begleitet.

Tiento (span.), altspan. Instr.-Stück für Gitarre, Laute oder Orgel, improvisationsartig und von präludierendem Charakter.

Timbales (span.), paarig angeordnete Einfelltrommeln afrokuban. Herkunft.

Timpani, tmp. (ital.), Pauken.

Tirade (frz.), **Tirata** (ital.), Verbindung zweier Töne (z. B. im Oktavabstand) durch einen Lauf.

tirando (ital.), dehnend (Zeitmaß).

Toccata, Tokkata (von ital. *toccare* [berühren]). **1.** Urspr. formal freies, aus Läufen, Akkorden usw. gebildetes Stück für Tasteninstr. (z. B. als Vorspiel); ab dem 17. Jh. anspruchsvolles Werk, das vom Wechsel virtuos-freier und streng fugierter Teile lebt. **2.** Festliches Stück für Bläser und Pauken.

Tombeau (frz., ›Grabmal‹), urspr. Lauten- oder Klavierstück zu Ehren eines verstorbenen Fürsten, Künstlers usw.; wieder gebr. im 20. Jh. (z. B. bei Ravel).

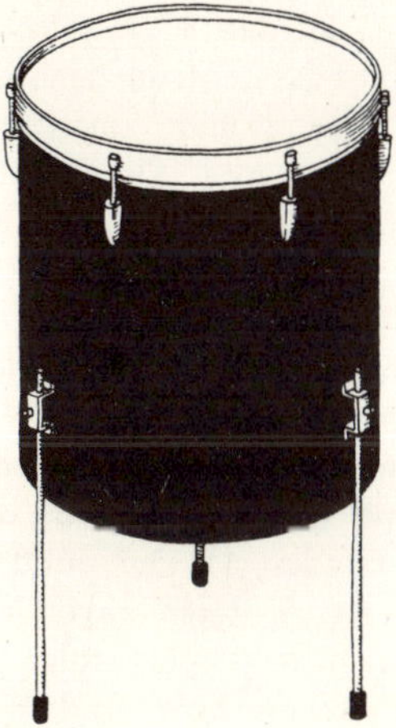
Tomtom

Tomtom, kleine Zweifelltrommel in Diskant- bis Basslage mit unbestimmter Tonhöhe.

Ton (von griech. *tónos* ›Ton, Spannung‹). **1.** Musikalisch: Kleinster kompositorischer Bau- und Bedeutungsträger; horizontal als Glied einer Tonleiter und als Element von Intervallen, Themen und Melodien, vertikal als Bestandteil von Klängen. Der T. ist nach Höhe, Dauer, Stärke, Klangfarbe u.a. bestimmbar. **2.** Akustisch: a) Harmonischer Ton: Schallereignis mit *einem* sinusförmigen Schwingungsverlauf, wahrgenommen als reiner T., b) musikalischer T.: Schallereignis mit *mehreren* Schwingungsverläufen, bestehend aus Grund- und Obertönen, physikalisch als Klang bez. Hohe Frequenzen werden als hohe, niedrige als tiefe Töne erlebt. → Geräusch, Tonsysteme.

Tonabnehmer, Abtastsystem, das mechanische in elektrische Schwingungen umwandelt (z. B. bei Plattenspieler, Elektrogitarre).

Tonadilla (span., ›Liedchen‹), Gesangsstück in span. Bühnenwerken des 17./18. Jh.s, auch komisch-satirisches Zwischenaktspiel.

tonal, auf eine Tonart / einen Grundton bezogen.

Tonalität. **1.** Verhältnis zwischen Tönen und Akkorden. **2.** Funktionsharmonische T. (ab dem 17. Jh.): Beziehung eines musikal. Geschehens auf das Zentrum der Tonika einer Dur-Moll-geprägten Grundtonart mit ihren Hauptfunktionen (Tonika, Subdominante, Dominante), deren Parallelen, Medianten und Alterierungen unter Berücksichtigung des Spannungs-Entspannungs-Grundprinzips (Dissonanz – Konsonanz). → Atonalität.

Tonarten. In der abendländischen Musik ab dem 17. Jh. unterscheidet man T. zunächst nach ihrem Geschlecht (Dur/Moll). Die Grundtonarten – ohne Erhöhungs-/Erniedrigungszeichen (♯, ♭) – sind C-Dur und a-Moll. Von ihnen abgeleitet werden 11 Dur- und 11 Moll-Tonarten (temperiertes System), deren zugehörige ♯ und ♭ die gleichbleibende Ganzton-/Halbtonfolge gewährleisten (Dur: Halbtöne zwischen 3./4. und 7./8. Stufe; Moll: zwischen 2./3. und [meist] 5./6. Stufe). Jeweils die 5. Tonstufe (Quinte) einer Tonart ist Grundton der folgenden Kreuz (♯)-, die 4. Stufe (Quarte) Grundton der folgenden b-Tonart, wobei je ein ♯ bzw. ♭ hinzukommt. Eine kleine Terz unterhalb der Dur-Tonart steht die parallele Moll-Tonart (gleiche Vorzeichen). Neben Dur-/Moll-Tonarten gibt es die mittelalterlichen Kirchentonarten sowie außereurop. Tonarten. → Quintenzirkel.

Tonartencharakter, Vorstellung vom Ausdrucksgehalt des Tongeschlechts bzw. einer Tonart. Dur wird häufig als hell, Moll als dunkel, matt empfunden. Ebenso wird den Tonarten ein bestimmter Charakter zugeordnet (z. B. c-Moll = tragisch, Es-Dur = heroisch usw.).

Tonbuchstaben → Buchstabentonschrift (1.).

Tondichtung → Sinfonische Dichtung.

Tongenerator, Generator, der hörbare Schwingungen erzeugt.

Tongeschlecht, Tonleiter, die durch Abfolge ihrer Intervallschritte charakterisiert ist. → Dur, Moll, Tonleiter.

Tonhöhe, eine der wichtigsten Eigenschaften des Tons, abhängig von der Schnelligkeit eines die Grundfrequenz erzeugenden Schwingungsvorganges (z. B. einer Saite). Zwar ist die T. physikalisch messbar, hörpsychologisch besteht jedoch Abhängigkeit von anderen Parametern wie z. B. der Klangfarbe. Der Mensch kann einen Tonhöhenbereich von etwa 16–22 000 Schwingungen/Sekunde (Hertz) wahrnehmen, das entspricht etwa einer T. von $_2C$ bis f^7.

Tonika, T, Grundton, 1. Stufe einer Tonart bzw. -leiter; auch der sich hierauf errichtende Dreiklang (z. B. Tonika von C-Dur: c bzw. Dreiklang c–e–g).

Tonikaparallele, der die Tonika harmonisch vertretende Nebendreiklang: 6. Stufe der Dur-Tonleiter bzw. 3. Stufe der Moll-Tonleiter (z. B. T. von C-Dur = a-Moll; T. von d-Moll = F-Dur).

Tonleiter, -skala, stufenweise auf- bzw. abwärtsschreitende Tonfolge innerhalb eines festgelegten Tonraums. Im Dur-Moll-System ist die Tonfolge nach Ganz- und Halbtonschritten geregelt. Im temperierten System kann eine T. von jedem Ton des zwölftönigen Oktavraums ausgehen. → Tonarten, Ganztonleiter, Heptatonik, Kirchentonarten, Maqam, Pelog, Pentatonik, Raga, Slendro, Tetrachord, Tonoi.

Tonmalerei, musikalische Nachbildung außermusikalischer, sicht- oder hörbarer Gegebenheiten der Realität. Objektive T.: Imitierung von Zuständen/Vorgängen der Umwelt (z. B. Gewitter, Jagd); subjektive T.: zur subjektiven Imitierung kommt die Darstellung seelischer Zustände (z. B. Gewitter *und* Furcht).

Tonmeister, Toningenieur, Verantwortlicher für die Aufnahme im Tonstudio und für die Klangregie bei Übertragungen. Vermittelt zwischen künstlerischen und technischen Interessen.

Tonnamen → Noten(schrift).

Tonoi (griech.). **1.** Altgriech. Tonarten (Tetrachorde). **2.** Kirchentonarten.

Tonsatz. 1. Kompositionslehre. **2.** Musiktheorie (Harmonie-/Kontrapunktlehre).

Tonsprache, Auffassung, dass Musik strukturell der Sprache ähnelt und so befähigt ist, Mitteilungen über Mensch, Welt usw. zu machen. Gerade Gefühle könnten mit Hilfe gezielt eingesetzter Gestaltungsmittel (z. B. Melodik, Tonalität) konkret nachgeahmt werden. → Musikästhetik, Programmmusik, Tonmalerei.

Tonstärke → Lautstärke.

Tonstudio, ein speziell für Aufnahme und Wiedergabe von Klängen ausgestatteter Raum (z. B. in Rundfunkanstalten) mit Trennung zwischen Regie- und Aufnahmeraum.

Tonsystem, Gesamtheit von Intervallen, derer sich eine Musikkultur bedient, bestimmt durch seinen Tonvorrat (z. B. 7 mal 12 Halbtöne im Dur-Moll-System), die Stimmung (Festlegung realer Tonhöhen aller Töne in Hertz), ein die Tonbeziehungen regelndes Ordnungsprinzip (z. B. Diatonik im Dur-Moll-System) bzw. feststehende Strukturen (z. B. ind. Raga). → Maqam, Pelog, Pentatonik, Slendro.

Totenmesse → Requiem.

Totentanz, Dialog und Tanz der Toten oder Lebenden mit dem Tod, seit dem späten Mittelalter Thema der bildenden Kunst, seit dem 16. Jh. in zyklischer Reigenform auch vertont.

Tractus (lat.), Gesang des → Proprium missae nach Psalmtexten des Alten Testaments. Ersetzt zur Fastenzeit und in der Totenmesse das Alleluja.

Tragédie lyrique (frz.), frz. Oper des 17./18. Jh.s, meist mit historischen oder mythologischen Themen. Merkmale sind die frz. Ouvertüre, deklamierende Rezitative, Airs, Duette, große Chöre und Balletteinlagen.

Traktur, Verbindung zwischen Tasten und Tonventilen bei der Orgel (mechanisch, pneumatisch oder elektrisch).

tranquillo (ital.), ruhig.

Transkription (von lat. *transcribere* ›umschreiben‹). **1.** Umschreiben einer Komposition für andere Besetzung (z. B. Orchesterwerk für Klavier zu 4 Händen). **2.** Übertragung eines alten Werkes (Mensuralnotation) in heutige Notenschrift. → Bearbeitung.

transponieren (von lat. *transponere* ›versetzen‹), Versetzung eines Musikstücks in eine andere Tonart.

transponierende Instrumente, Musikinstr., deren Stimme in der Partitur hinsichtlich Tonhöhe/Tonart anders notiert ist als sie real erklingen soll (Blasinstr.). Dabei entspricht das Transpositionsintervall zwischen Notiertem und Erklingendem dem Abstand zwischen c und dem Grundton des jeweiligen Instr. (z. B. D-Trompete [Grundton d]: notiert g^1, es erklingt a^1, oder Horn in B: notiert c^1, es erklingt b). Auch Instr., die man aus Gründen besserer Lesbarkeit eine Oktave höher (z. B. Kontrabass) oder tiefer (z. B. Pikkoloflöte) notiert, sind t. I.

Instrument	*Differenz von Klang und Notation* (kl. = kleines, gr. = großes Intervall)
Piccoloflöte in C	erklingt 1 Oktave höher als notiert
in Des	erklingt kl. None höher als notiert
Englisch Horn	erklingt Quinte tiefer als notiert
Klarinette in B	erklingt gr. Sekunde tiefer als notiert
in A	erklingt kl. Terz tiefer als notiert
Bassklarinette in B	erklingt gr. None tiefer als notiert
Sopransaxophon in B	erklingt gr. Sekunde tiefer als notiert
Altsaxophon in Es	erklingt gr. Sexte tiefer als notiert
Tenorsaxophon in B	erklingt gr. None tiefer als notiert
Basssaxophon in B	erklingt 2 Oktaven und gr. Sekunde tiefer als notiert
Kontrafagott	erklingt 1 Oktave tiefer als notiert
Waldhorn in F	erklingt Quinte tiefer als notiert
Tenorhorn in B	erklingt gr. None tiefer als notiert

Trompete in F	erklingt Quinte tiefer als notiert
in B	erklingt gr. Sekunde tiefer als notiert
Xylophon	erklingt 1 Oktave höher als notiert
Celesta	erklingt 1 Oktave höher als notiert
Gitarre	erklingt 1 Oktave tiefer als notiert
Kontrabass	erklingt 1 Oktave tiefer als notiert

Trautonium, von Friedrich Trautwein 1930 entwickeltes, von Oscar Sala verbessertes elektronisches Musikinstr. mit Manual(en) und Lautsprecher. Die Klangerzeugung/-regulierung beruht auf den obertonreichen Kippschwingungen von Glimmlampen, hinzu kommen Filter und Verzerrer; Verwendung auch in Film- oder Theatermusik.

Traversflöte → Querflöte.

Tredezime (von lat. *tredecim* ›dreizehn‹), Intervall mit 13 Stufen: Sexte über der Oktave (z. B. c^1–a^2).

tremando (ital.), zitternd, bebend.

Tremolo, tremolieren, schnelle, mehrfache, gleichmäßige Wiederholung eines Tons (z. B. bei Streichinstr. mittels raschem Auf- und Abstrichwechsel).

Tremulant (von lat. *tremere* ›zittern‹), mechanische Einrichtung im Windkanal der Orgel, die ein Beben des Tons erzeugt.

Trepak (von russ. *trepatj* ›stampfen‹), altruss. Volkstanz im raschen $^2/_4$-Takt.

très lent (frz.), sehr langsam.

très vite (frz.), sehr schnell.

Triangel, Trg., Trgl., Idiophon, Orchesterinstr. Ein zum offenen Dreieck geformter Stahlstab, der, aufgehängt, mit einem Stab geschlagen wird. Sein

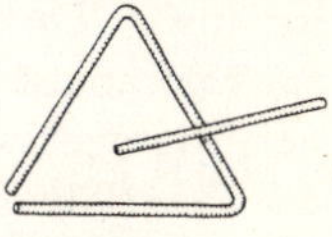

Triangel

Ton ist hell und durchdringend, die Tonhöhe unbestimmbar.

Trichter. **1.** Kopfstück bei Blasinstr., auch als **Schallrohr, -becher,** oder **Stürze** bez. **2.** Orgel: Aufsätze der Lingualpfeifen. **3.** Mundstück beim Horn.

Tricinium (lat.), vokal-instr. gemischter, dreistimmig-kontrapunktisch gearbeiteter Satz des 16. und frühen 17. Jh.s.

Triller, tr → Verzierungen.

Trillo → Verzierungen.

Trio (von ital. *tri-* ›drei‹). **1.** Musikstück für 3 Soloinstr./Stimmen. **2.** Ensemble von 3 Solisten. → Terzett.

Triole (von ital. *tri-* ›drei‹), Folge von 3 gleichwertigen Noten, die, versehen mit der Ziffer ›3‹, für die Geltungsdauer von 2 (auch 4) rhythmisch entsprechenden Werten stehen.

Triosonate, mehrsätzige Kammermusikgattung v.a. des Barock und des Zeitalters der Empfindsamkeit für 2 (Sopran-)Instr. und Generalbassbegleitung. Man unterscheidet nach ihrer Funktion zwei Idealtypen: **Sonata da chiesa** (Kirchensonate), Satzfolge: langsam – schnell – langsam – schnell, kontrapunktische Satztechnik, Generalbassinstr.: Orgel; **Sonata da camera** (Kammersonate), Satzfolge meist: schnell (Preludio) – langsam – schnell. Generalbassinstr: Cembalo. Später Reduzierung der Sätze in der T. auf die Satzfolge: langsam – schnell – schnell oder schnell – langsam – schnell.

Tripelfuge (von lat. *triplex* ›dreifach‹), Fuge mit 3 Themen, die zunächst nacheinander, anschließend gleichzeitig durchgeführt werden. → Doppelfuge, Quadrupelfuge.

Tripelkonzert (von lat. *triplex* ›dreifach‹), Orchesterwerk mit 3 gleichen oder verschiedenen Soloinstr. (z. B. Beethovens Tripelkonzert für Klavier, Violine und Cello).

Tripeltakt (von lat. *triplex* ›dreifach‹), dreiteiliger, 3 Hauptzählzeiten enthaltender Takt (z. B. $\frac{3}{2}$-, $\frac{3}{4}$-, $\frac{3}{8}$-Takt).

Tristan-Akkord, Akkord in Wagners Musikdrama *Tristan und Isolde* (1859): mit seinem Aufbau f–h–dis^1–gis^1 bleibt er – bei stärkstem Weiterstreben – dennoch funktionsharmonisch mehrdeutig. Seine zahlreichen tonalen Weiterführungen machen den Verlust der klaren Tonikabeziehungen deutlich.

triste, con tristezza (frz., ital.), traurig.

Tritonus (griech., ›Dreiton‹), ein aus 3 Ganztönen bestehendes Intervall, als übermäßige Quarte oder verminderte Quinte auslegbar. Der T. ist spannungsgeladen und strebt zur Auflösung.

Tromba, trb, trba (ital.) → Trompete.

Trombone, tbne (ital.) → Posaune.

Trommel, Tr., fellbespanntes Schlaginstr. (Membranophon), Orchesterinstr., Rhythmusinstr. Bestehend aus (häufig) zylindrischem Hohlkörper mit 1–2 (oben, unten) darübergespannten Fellen aus Tierhaut oder Kunststoff. Gestimmt wird die T. mittels eines Reifs, geschlagen mit der Hand, Schlägeln, Besen oder Fußmaschine. Im Orchester sind Große und Kleine Trommel vertreten. Weitere T.: Tomtom, Bongo, Tamburin (→ Abb. S. 244).

Trommelbässe → Murkybässe.

Trompete, Tp., Trp., tp, tpt., Blechblasinstr., Orches-

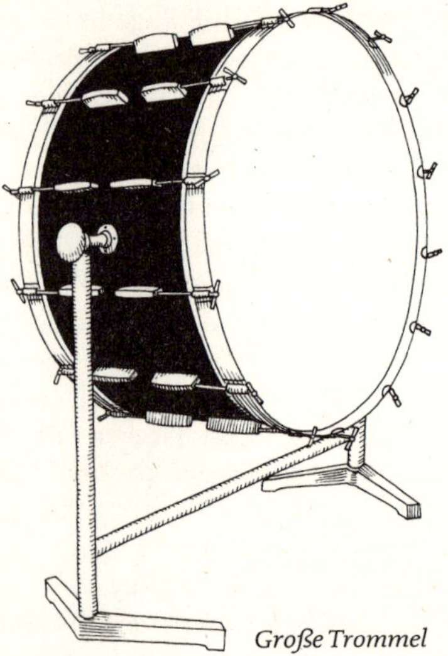

Große Trommel

terinstr., Soloinstr., Jazzinstr. Sie besteht aus einem schlaufenförmig gewundenen Rohr (Messing, Neusilber) mit Kesselmundstück, erweitertem Schallstück, 3 u-förmigen Ventilbögen und Ventilen (Erniedrigung um ½-, 1 oder 1 ½ Töne, dadurch Spiel mehrerer Naturtonreihen möglich). Wichtigste Instr. sind die T. in B (A,C; Tonumfang e–c^3) sowie die ›Kleine T.‹ (in D, Es, F). Das Instr. besitzt einen strahlenden, festlichen Klang. → Bach-Trompete.

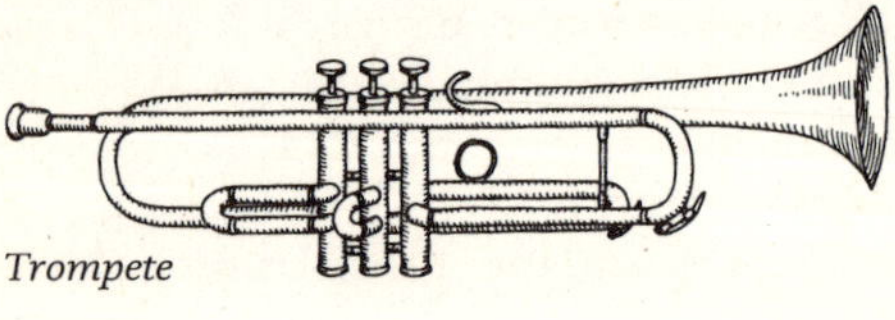

Trompete

troppo (ital.), zu sehr (z. B. *allegro ma non troppo* ›nicht zu schnell‹).

Tropus (von griech. *trópos* ›Wendung‹). **1.** Syllabische Textierung melismatischer Abschnitte Gregorianischer Gesänge. Auch neukomponierte Melodieteile mit Text. **2.** → Modus (Kirchentonarten).

Trobadors (frz., ›Erfinder [von Versen]‹), provenz., meist adelige Dichter-Sänger des 11.–13. Jh.s. Ihre meist von Frauenverehrung (Minne) handelnden Lieder (→ Kanzone) sind einstimmig, kirchentonal, instr. begleitet (Harfe, Fidel), 5–6strophig und folgen formal Kanzone, Ballade, Virelai, Estampie u. a.

Trouvères (frz., ›Erfinder [von Versen]‹), nordfrz., meist adelige Dichter-Sänger des 12./13. Jh.s, deren Liedkunst jener der Trobadore entspricht. Charakteristisch sind Tanzlieder volkstümlicher Herkunft (z. B. Rondeau, Ballade).

Trugschluss, Kadenz, bei der die Dominante nicht in die Tonika, sondern einen ihr verwandten Akkord mündet (z. B. in die Tonikaparallele, Tp).

C Dur: D Tp

Trumscheit, Nonnengeige, Streichinstr., Spielmannsinstr.; bestehend aus keilförmig-schmalem, mannshohem und unten offenem Resonanzkörper; meist mit nur 1 Saite bespannt, die im Flageolett gestrichen wird. Der Steg steht nur mit einem Fuß auf, sodass durch das schnelle Vibrieren des zweiten Fußes auf der Korpusdecke trompetenähnliche Töne entstehen.

Tuba, Tb. (von lat. *tubus* ›Röhre‹), Blechblasinstr. in Basslage, Orchesterinstr., Blasmusikinstr., zur Familie der Bügelhörner gehörig. Sie besteht aus einem zu ovalen Windungen geformten Rohr, becherförmigem Mundstück, 3–5 Ventilen und der (beim Spiel) nach oben zu haltenden Stürze. Wichtigste Instr. sind Basstuba (Stimmung in F, Tonumfang: des – max. a^1) sowie Kontrabasstuba in C oder B. → Bariton, Helikon, Sousaphon, Wagner-Tuba.

Trumscheit

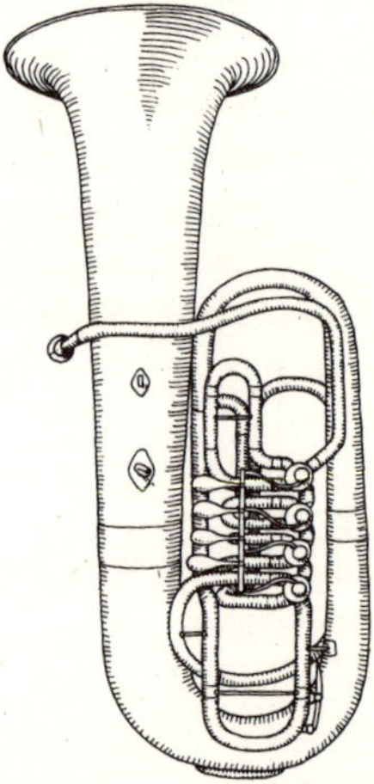

Tuba

tumultuoso, turbulento (ital.), stürmisch, lärmend.

Tuning (engl.), Stimmung.

Tupan, große zweifellige Trommel, auf dem Balkan als Volksinstr. verbreitet.

Turbae (von lat. *turba* ›Haufe, Volk‹), dramatische Chöre in Oratorium und Passion, welche die Stimme des Volks oder der Priester verkörpern.

turco, alla turca (ital.), türkisch. → Janitscharenmusik.

Turmmusik, Blasmusik, die eigens für das Abblasen vom Turm o. ä. komponiert wurde.

Turniertanz, Tanzsport, der zu Beginn des 20. Jh.s von England ausging und int. Bedeutung erlangte. In Deutschland werden v. a. Standardtänze wie Walzer, Slowfox, Tango und lateinamerik. Tänze wie Cha-Cha-Cha, Samba, Paso doble bewertet.

Tusch, festliches Signal mit aufsteigenden Akkorden; fanfarenartig.

Tutti (ital., ›alle‹), ganzer Chor, volles Orchester. → Ripieno.

Twist (engl.), nordamerik. Modetanz, lebhaft und im 2/4-Takt; dem Rhythm and Blues nahestehend.

Two-Beat (engl., ›Zweischlag‹), Rhythmus des frühen Jazz, bei dem die tiefen Instr. (z. B. Schlagbass) innerhalb des 4/4-Schlages den 1. und 3. Schlag betonen.

Twostep (engl., ›Zweischritt‹), nordamerik. Gesellschaftstanz im raschen Zweiertakt.

Tympanum (von griech. *tympanon* ›Pauke‹), altgriech. Handtrommel/-pauke. Im Mittelalter allgemeine Bez. für Trommeln/Pauken.

U

überblasen, Vorgang, bei dem durch stärkeres Anblasen bei Blasinstr. bzw. erhöhte Lippenspannung statt des Grundtons z. B. der 1. Oberton (Oktave bei Flöte, Oboe), der 2. Oberton (Duodezime bei Klarinette, Fagott) bzw. mehrere ungeradzahlige Teiltöne erklingen.

übermäßiger Dreiklang, Dreiklang, der sich aus 2 großen Terzen zusammensetzt und als Rahmenintervall die übermäßige Quinte hat.

übermäßiges Intervall, alle reinen und großen Intervalle, die um einen chromatischen Halbton erhöht werden (z. B. übermäßige Quinte von c: gis).

übersetzen, der über den Daumen gesetzte Finger beim Spiel auf Tasteninstr.; auch das Kreuzen der Füße beim Pedalspiel (Orgel). → untersetzen.

Übersteuerung, Überschreitung des Spitzenpegels der übertragenen elektrischen Größe bei Tonband, Verstärker usw., sodass es zu störenden Verzerrungen kommt.

Ukulele (hawaiisch, svw. ›hüpfender Floh‹), kleine Gitarre aus Hawaii mit 4 Saiten und von zartem Klang.

Umdeutung → Enharmonische Umdeutung.

Umkehrung. **1.** U. von Intervallen: Ergänzungsintervall zur Oktave (z. B. von Quarte c–f: Quinte f–c^1). **2.** U. von Motiven, Themen: jedes Intervall wird in die entgegengesetzte Richtung geführt. **3.** U. von Dreiklängen: dabei erscheint der urspr. Basston als Ober- oder Mittelstimme (z. B. c–e–g wird e–g–c^1 [1. U.], g–c^1–e^1 [2. U.]). → Dreiklang, Fuge, Kanon, Krebs, Lage, Reihe, Zwölftontechnik.

U-Musik, → Unterhaltungsmusik. Gegensatz: E-Musik (Ernste Musik/Klassik).

una corda (ital., ›eine Saite‹), Spiel auf einer Saite (z. B. beim Hammerklavier durch Verschiebemechanik, beim Klavier ersatzweise Bedienung des linken Pedals [Dämpfer]).

Undezime (von lat. *undecima* ›die elfte‹), Elfstufenintervall: Quarte über der Oktave (z. B. c^1–f^2).

unendliche Melodie, fließende, stets neue Linien entfaltende und dabei Geschlossenheit meidende Melodie (z. B. Wagner, *Ring des Nibelungen*).

ungherese (ital.), im Stile ungarischer Musik (Zigeunermusik).

Unisono (ital.), Stimmfortschreitung im Einklang oder Oktavabstand. Dient oft der Steigerung.

un poco meno (ital.), etwas weniger.

un poco più (ital.), etwas mehr.

Unterhaltungsmusik, Musik, die in erster Linie eingängig, alltagsnahe und problemlos sein will, zur Entspannung und zum Vergnügen. Charakteristisch sind einprägsame Melodien und Rhythmen, einfache Formen, unkomplizierte Harmonik/Instrumentierung sowie aktuelle modische Reizeffekte. Zur U. gehören Schlager, Tanzmusik, Beat-, Rock- und Popmusik.

untersetzen, der unter den Finger gesetzte Daumen beim Spiel auf Tasteninstr. → übersetzen.

Unterstimme, tiefste Stimme im mehrstimmigen Satz.

Uraufführung, erste öffentliche Werkaufführung.

Urtext, Notentext (z. B. Partitur), der dem Original seines Schöpfers genau entspricht, frei von Bearbeitungen, Zusätzen usw. seitens anderer Personen.

ut supra, u. s., (lat.), wie oben, wie vorher (Spielanweisung).

V

Vaganten (von lat. *vagari* ›umherziehen‹), mittelalterliche fahrende Studenten, Gelehrte u. a., die die Bevölkerung mit Liedern und Dichtungen unterhielten (Satire/Parodien, auch Trink- und Liebeslieder). Die sog. Vagantenstrophe besteht aus 4 dreizehnsilbigen, rhythmisch gegliederten Zeilen. Überlieferung in Neumen (z. B. die Sammlung *Carmina burana*, um 1300).

Valse (frz.) → Walzer.

variable Metren, Gestaltungsmittel in der Neuen Musik, wobei durch mathematisch begründete Taktlängenwechsel übergeordnete metrische Einheiten entstehen (z. B. 2/8-, 3/8-, 4/8 … 9/8-, 8/8-, 7/8-, 6/8-Takt usw.).

Variante. 1. Die nur geringfügig abgewandelte Fassung einer Melodie, eines Motivs usw. **2.** → Varianttonarten.

Varianttonarten, Dur- und Molltonart, die den gleichen Grundton haben. Hauptunterschied ist ihre Tonalität (z. B. C-Dur/c-Moll).

Variation, Var. (von lat. *variatio* ›Veränderung‹), Veränderung einer musikalischen Gestalt. Melodische bzw. Figural-Variation: Umwandlung einer Melodie durch Verzierungen, anderen Rhythmus, Takt-/Tonartenwechsel oder Motivveränderungen; kontrapunktische V.: Hinzufügung weiterer kontrapunktischer Stimmen zu gleichbleibendem Cantus firmus / Thema (z. B. Kanon, Fuge); Reihungsform: Wiederholung eines prägnanten Gebildes in stets stärker veränderter Gestalt (Chaconne/Passacaglia, später auch als Sonaten-/Sinfoniesatz) und freie bzw. Charaktervariation mit immer neuer individueller Auffassung (z. B.: Reger, *Variationen und Fuge über ein Thema von Mozart*).

Varsovienne (frz.), der poln. Mazurka verwandter, urspr. frz. Tanz im langsamen ¾-Takt mit Unterbrechung auf der 1. Viertelnote jedes 2. Taktes.

Veni sancte spiritus (lat., ›Komm, heiliger Geist‹), Sequenz zum Pfingstfest der röm.-kath. Liturgie; auch mehrstimmige Vertonungen.

Ventile, Vorrichtung bei Blechblasinstr., die das Spiel aller chromatischen Töne ermöglicht. Umschaltventile ändern die Stimmung der Instr., Verlängerungsventile verlängern (mit Zusatzbögen) die Schallröhre und vertiefen damit die Töne. Man unterscheidet Pumpen- und Zylinderventile.

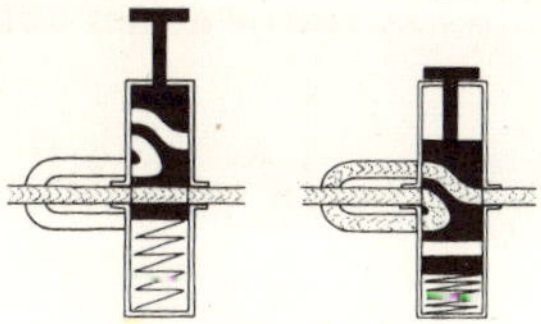

Funktionsweise des Pumpventils

Ventilhorn, → Waldhorn mit Ventilen (patentiert 1818).

Ventilposaune, Posaune (in F, B), die anstelle des ausziehbaren Zuges Ventile besitzt (Blasorchester, Jazz).

Verbunkos (ung., von deutsch *Werbung*), volkstümliche ung. Tanzliedformen des 18./19. Jh.s. Wurden bei der Rekrutenwerbung gespielt. Typisch sind Lebhaftigkeit, Improvisation, Synkopenbildung und ein immer schneller werdendes Tempo.

verdeckte Oktaven, Quinten, eine zur Oktave/Quinte führende Parallelbewegung zweier Stimmen. Im mehrstimmigen Satz verboten. → Parallelen.

Verdoppelung, im mehrstimmigen Satz das gleichzeitige Erklingen desselben Tons in 2 oder mehr Stimmen (z. B. V. des Grundtons oder der Quinte).

Vergrößerung → Augmentation.

Verkleinerung → Diminution.

verminderter Dreiklang, ein aus 2 kleinen Terzen bestehender, harmonisch mehrdeutiger Dreiklang (z. B. Dominantseptakkord ohne Grundton).

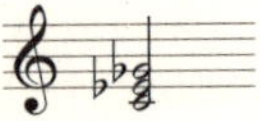

verminderter Septakkord, ein aus 3 übereinandergelagerten Kleinterzen bestehender Vierklang. Harmonisch mehrdeutig, tritt häufig als grundtonloser (kleiner) Dominantseptnonenakkord auf. Zahlreiche Auflösungen durch enharmonische Umdeutung.

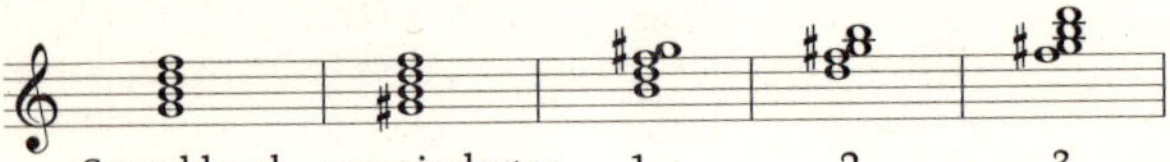

Septakkord — verminderter Septakkord — 1. 2. 3. Umkehrung

vermindertes Intervall, Intervall, das um einen Halbton kleiner ist als ein reines Intervall (z. B. verminderte Quarte: c–fes).

Verschränkung, Verzahnung zweier musikalischer Motive, wobei das Ende des ersten gleichzeitig Anfang des zweiten ist.

Versetten (von ital. *versetto* ›kurzer Vers‹), die im liturgischen Wechselgesang anstelle von Versen eingeschobenen Orgelsätze. Urspr. als Bearbeitung der Versmelodie, später auch als freier, fugenartiger Satz.

Versetzungszeichen → Vorzeichen.

vertikaler Satz, führt zu → Homophonie.

Verzerrer, elektroakustisches Gerät; verändert die Schwingungsform von Schallsignalen, wodurch neue Klänge entstehen (z. B. bei Elektrogitarre).

Verzierungen, das Ausschmücken, Umspielen eines Tons bzw. einer Melodie/Komposition; urspr. improvisiert, ab dem 17. Jh. nach Regeln schriftlich überliefert (z. B. in Klavier-, Violin- oder Flötenschulen). Zu den geläufigsten V. gehören Anschlag, Doppelschlag, Mordent, Nachschlag, Schleifer, Triller, Vorhalt, Vorschlag u. a.

Pralltriller

Mordent

Doppelschlag

Triller

Doppeltriller

Kurzer Voschlag

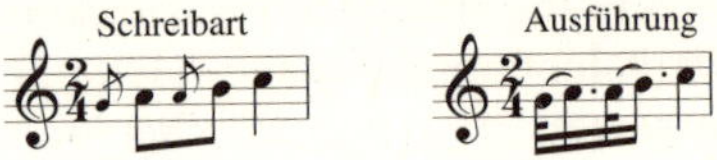

Langer Voschlag

Anschlag

Schleifer

Vesper (von lat. *vespera* ›Abend‹), Abendgottesdienst, in der röm.-kath. Liturgie zum Offizium gehörig. Bestehend aus Hymnus, Psalmodie, Lesung, Responsorium und Magnificat. Mehrstimmige Vertonungen im 17./18. Jh. (z. B. Monteverdi, Mozart).

Vibraphon, Vibr., vb (von lat. *vibrare* ›zittern‹), Metallstabspiel aus klaviaturmäßig angeordneten, auf einem Gestell angebrachten Leichtmetallplatten mit darunter installiertem, von einem Elektromotor betriebenem Vibrator. Dies bewirkt den weichen, typisch nachhallenden Vibratoklang (Jazz, Neue Musik). Spiel mit Schlegeln, Tonumfang f–f^3. → Xylophon.

Vibrato (von lat. *vibrare* ›zittern‹), leichtes Beben eines Tons, das durch geringfügige Tonhöhenschwankungen erreicht wird (bei Streich- und Blasinstr. und im Gesang).

vide, v. (lat., ›siehe‹), Hinweis in der Partitur/Stimme auf Auslassung einer Passage, wobei der Beginn mit ›vi‹, das Ende mit ›de‹ markiert wird.

viergestrichen → Oktavbereiche.

Viertelnote, Viertel → Noten(schrift).

Vierteltonmusik, Musik, die auch Vierteltöne nutzt. Beruht auf der Halbierung der 12 Töne des heute gebr. zwölfstufigen Systems.

Villanella (ital., ›Bauernmädchen‹), volkstümliches ital. Chorlied des 16.–18. Jh.s, drei- bis vierstimmig, homophon, mit achtzeiligen Strophen und Refrain.

Vina, altind. Streichinstr. Nordind. Ausführung: bestehend aus 2 Kalebassen (Kürbissen) als Resonanzkörper, Bambusröhre, 4 Melodie- / 3 Resonanzsaiten. Südind. Version: mit halbkugelförmigem Resonator, breitem, langem Hals und gleicher Saitenanzahl.

Viola, Va. (Bratsche), Streichinstr., Orchesterinstr., Altinstr. der Violinfamilie. Spielweise und Bau sind der Violine sehr ähnlich. Stimmung in Quinten (c, g, d^1, a^1; Tonumfang c–a^3), eine Quinte unter der Violine stehend. Die V. besitzt einen gedeckten, sonoren, samtenen Klang.

Viola da gamba, Va. d. g. (ital., ›Beingeige‹, da als Bassinstr. auf die Beine gestützt gespielt), Streichinstr.-Familie des 16.–18. Jh.s; Korpus mit abfallenden Schultern, hohen Zargen, flachem, abgeschrägtem Boden und 5–7 Saiten (Darm; Stimmung in Tenor-/Basslage: D, G, c, e, a, d^1). Weitere Instr. in Diskant-, Alt- und Tenorlage. Die V. d. g. wird in untergriffiger Bogenhaltung gespielt.

violente (ital.), heftig.

Violine, V., Vl., v, Streichinstr., führendes Orchesterinstr., beliebtes Soloinstr. Hervorgegangen aus der nordital. Lira da braccio, in vollendeter Gestalt seit 1600. Sie besitzt einen leicht gewölbten Korpus, bestehend aus Decke, Boden und Zargen, Hals und Griffbrett. 4 Saiten (Darm, Stahl; Stimmung in g^1, d^1, a^1, e^2) verlaufen vom Saitenhalter über Steg, Griffbrett und Sattel zu 4 querständigen Wirbeln im Wirbelkasten. Stimmstock und Bassbalken (im Korpus) dienen der Regulierung des Klanges. Das Instr. besitzt einen hellen, silbrigen Ton.

Violine

Violoncello

Violino piccolo (ital., ›kleine Violine‹), kleine Violine des 17./18. Jh.s (Stimmung: Terz oder Quarte über der Violine). → Pochette.

Violinschlüssel → Notenschlüssel.

Violoncello, Vc. (ital., ›kleine Bassgeige‹), Streichinstr., Orchesterinstr., Soloinstr.; Tenor-/Bassinstr. der Violinfamilie. Vom Bau her der Violine ähnlich, nur wesentlich größer und ab etwa 1850 allgemein mit Stachel auf dem Boden stehend zu spielen. Stimmung der Saiten in Quinten (C, G, d, a; Tonumfang C–a^2), 1 Oktave unter der Viola stehend. Das Instr. besitzt einen warmen, dunklen Klang.

Violone (ital., Vergrößerungsform von Viola), Bassinstr. der Violin-/Viola-da-gamba-Familie. Ab dem 18. Jh. Bez. für große, sehr tief gestimmte Streichinstr. mit Bassfunktion.

Virelai (von frz. *virer* ›sich drehen‹ und *Lai* ›Lied‹), frz. Tanzlied des 14./15. Jh.s, einstimmig oder im Kantilenensatz (vokale Oberstimme und mehrstimmige, auch instr. Begleitung).

Virginal (von lat. *virga* ›Stab‹), kleines, meist rechteckiges Kielinstr. mit quer zur Tastatur liegenden Saiten (Tonumfang C–c^3). 2 Ausführungen unterschiedlicher Tastenanordnung: einmal mit silbrigem, das andere Mal mit dunklerem Klang. Das V. war vor allem in England (16.–18. Jh.) verbreitet. → Cembalo, Spinett.

vite (frz.), schnell. → presto.

vivace (ital.), lebhaft.

Voce, v. (ital.). **1.** Singstimme (z. B. *alta voce* ›hohe Stimme‹). **2.** Allg. für Stimme. → sotto voce.

Vocoder (engl.), Effektgerät, das Sprache mit anderen Klängen mischt, Explosivlaute, Zischlaute (mit Synthesizer) erzeugt usw.

Voix (frz.), Stimme.

Voix mixte (frz., ›gemischte Stimme‹), Mischung zwischen Kopf- und Brustregister der menschlichen Singstimme (Mittelregister).

vokal (von lat. *vox* ›Stimme‹), mit der menschlichen Stimme (z. B. Vokalmusik).

Vokalise (lat.), Stimmübung auf Vokalen, Silben usw.; auch als vokales Musikstück (Neue Musik).

Vokalmusik, Musik für Singstimme(n), meist textgebunden, ein- oder mehrstimmig, auf eine Melodie oder als Sprechgesang, mit oder ohne Begleitung. Gattungen: Gregorianischer Choral, Messe, Motette, Oratorium, Kantate, Passion, Chorlied (z. B. Madrigal, Frottola), Sololied, Oper u. a.

Volkslied, von Herder 1773 geprägte Bez. für Lieder, die vom Volke gepflegt, d. h. aktiv aufgenommen, mündlich tradiert und (manchmal) umgeformt werden. In den Texten spiegeln sich das Leben, die Gedanken und Gefühle des Volkes wider, z. T. in typisch nationaler Einfärbung. Das V. ist meist einstimmig, mehrstrophig und unbegleitet. Seine Melodik/Rhythmik ist einfach, ebenso der Bau mit (fast) regelmäßiger Verwendung ein-, zwei- oder dreiteiliger Liedformen.

Volksmusik, Musik, die vom Volk gepflegt, d. h. aktiv aufgenommen und (meist) tradiert wird. V. beeinflusste stets auch die Kunstmusik (z. B. Instr.-Suiten, Sinfonik des 18. Jh.s, nationale Schulen des 19. Jh.s). Inhalt und Form drücken Befindlichkeit, Interessen und Bedürfnisse des Volkes aus, unterschieden nach Landschaften, Mentalität u. a. Hauptbereiche der V. bilden das Volkslied, der Volkstanz sowie verschiedene Formen von Instr.-Musik. Typische Instr.: Fiedel, Schalmei, Dudelsack, Drehleier, Zither, Flöte, Gitarre, Harmonika u. a. → Kunstmusik.

Volta, Volte (ital., frz., ›Drehung‹), aus der Provence stammender Hoftanz im schnellen 6/8-Takt.

volti subito, v. s. (ital.), Anweisung zur schnellen Wendung des Notenblattes.

Vorausnahme, Vorwegnahme eines oder mehrerer Töne eines nachfolgenden Akkords. Die V. steht auf leichtem, unbetontem Taktteil.

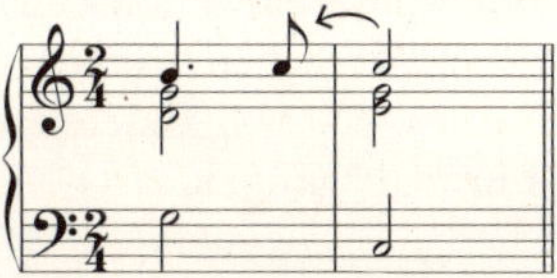

Vordersatz → Periode.

Vorhalt, ein auf betonter Zählzeit erklingender harmoniefremder (dissonanter) Ton, der unmittelbar darauf in den (harmonisch) erwarteten führt; steht meist eine kleine/große Sekunde über/unter dem harmonieeigenen Ton. Der V. steigert die Spannung.

Vorschlag → Verzierungen.

Vortragsbezeichnungen, meist verbale, zum Notentext gehörende Zusätze in ital., frz. oder in der Landessprache, ausgeschrieben oder abgekürzt bzw. mit bestimmten Zeichen/Symbolen verdeutlicht. Meist handelt es sich um

Spielanweisungen, die Lautstärke, Tempo, Artikulation, Phrasierung, Spieltechniken u. a. betreffen.

Vorzeichen, Akzidentien, V. im Notentext weisen an, einen Ton chromatisch zu erhöhen oder zu erniedrigen. Das Kreuz vor einer Note (♯) erhöht um einen, Doppelkreuz (𝄪) um 2, das ♭ erniedrigt um einen, Doppel-♭ (𝄫) um 2 Halbtöne. Das Auflösungszeichen oder Quadrat (♮) hebt die Erhöhung/Erniedrigung wieder auf. V. am Zeilenbeginn kennzeichnen ihren grundsätzlichen Einsatz im Stück (= Tonart), V. innerhalb eines Taktes markieren alle zusätzlichen Erhöhungen oder Erniedrigungen.

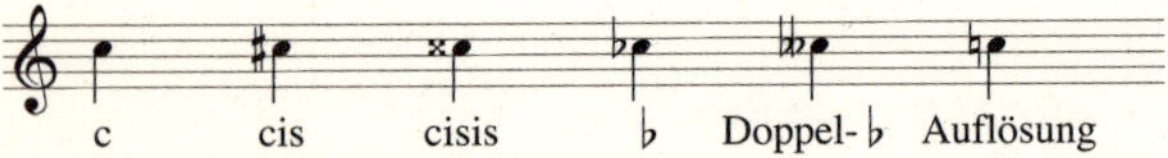

Vox (lat., ›Stimme‹). **1.** Menschliche Stimme; darüber hinaus jede (auch instr.) Stimme. **2.** Orgelregister: z. B. Vox angelica (»Engelsstimme«), Vox coelestis (»Himmelsstimme«).

W

Wagnertuba, Waldhorntuba, Bassinstr. der Hörner mit Trichtermundstück und 4 Ventilen. Stimmung in B (Tonumfang $_1$E–b^2) oder F ($_1$Es–f^2). Erstmals für Wagners *Ring des Nibelungen* gebaut.

Wah-Wah, Effekt in der Popmusik: durch eine am Verstärker angebrachte Zusatzeinrichtung werden – über Pedal – vokalartige Töne hervorgebracht.

Waldhorn, Blechblasinstr., Orchesterinstr., Soloinstr. Es besteht aus einem kreisförmig gewundenen Rohr (Goldmessing, Neusilber), 2 Ventilen/Stopfventil, trichterförmigem Mundstück und weitausladender Stürze. Stimmung in F (Tonumfang $_1$B–f^2) oder F/B (mit Umschaltventil). Das Instr. besitzt einen warmen, obertonreichen Klang.

Waldzither, Cisterinstr., heute noch in Thüringen gebr.; bespannt mit 5 Drahtsaitenpaaren und 2–5 Bordunsaiten.

Walking Bass (engl.), Jazz: Art der Bassbegleitung mit akkordischem oder melodischem Fortschreiten im Viertelgang.

Walzer, urspr. aus Deutschem Tanz und Ländler entwickelter Drehtanz im ¾-Takt, der im 19. Jh. als **Wiener Walzer** zum Gesellschaftstanz avancierte. Für letzteren ist das schnellere Tempo, die Verbindung von 1. und 2. sowie kurz zu spielendem letzten Viertel typisch, dazu formal Dreiteiligkeit in Da-capo-Form mit Trio-Mittelteil. Heute Standardtanz bei Turniertänzen.

Washboard (engl., ›Waschbrett‹), Rhythmusinstr. (Friktionsinstr.) der Skiffle-Musik.

Wasserorgel → Hydraulis.

Wechseldominante → Doppeldominante.

Wechselgesang → Antiphon, Mehrchörigkeit, Responsorium.

Wechselnote. W. umspielen einen Melodie- oder Akkordton, sind harmoniefremd und stehen auf unbetonter Zählzeit.

(x = Wechselnoten)

weißes Rauschen → Rauschen.

weite Lage → Lage (2.).

West-Coast-Jazz (engl., ›Westküsten-Jazz‹), Spielweisen des → Cool- und → Modern Jazz, herausgebildet von an der Westküste der USA lebenden Musikern (Los Angeles, San Francisco).

Western Music (engl.) → Country and Western.

Wiederholungszeichen. Steht das W. (2), ist ab Stückbeginn zu wiederholen. Abschnitte, die mit beiden W. (1 und 2) eingerahmt sind, werden ab dem ersten W. (1) wiederholt. → da capo, dal segno.

(1) (2)

Wiegenlied → Berceuse.

Wiener Walzer → Walzer.

Windharfe → Äolsharfe.

Windladen, Behälter, die bei der Orgel die Druckluft aufnehmen und später an die Orgelpfeifen weitergeben.

Bau in verschiedenen Varianten, als Schleif-, Kegel- oder Springlade.

Windmaschine, Effektinstr. zur Nachahmung von Wind, wobei eine mit Kurbel gedrehte Walze mit aufmontierten Holzleisten gegen eine Stoffbahn reibt (z.B. in R. Strauss' *Alpensinfonie*).

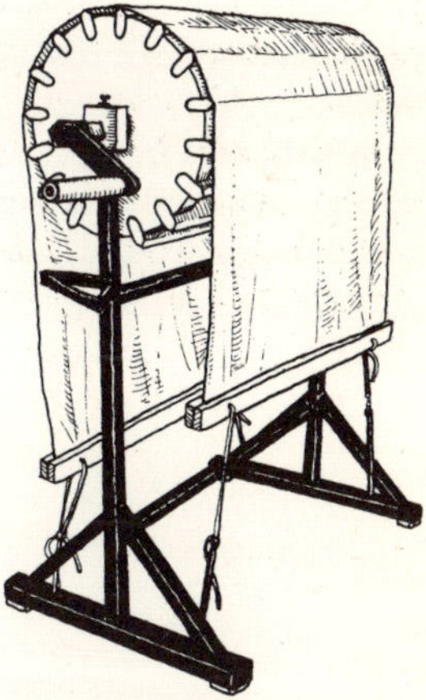

Windmaschine

wind quartet / quintet (engl.), Bläserquartett/-quintett.

Windwerk, Gebläse der Orgel.

Wirbel. 1. Rascher wiederholter Schlegelwechsel bei Trommel- oder Paukenbedienung. **2.** Drehbare, mit den Enden der Saiten umwickelte Holz- oder Metallstifte bei Saiteninstr. Sie sind am oberen Halsende, im/am Wirbelkasten/-brett, angebracht und dienen der Saitenspannung bzw. -stimmung.

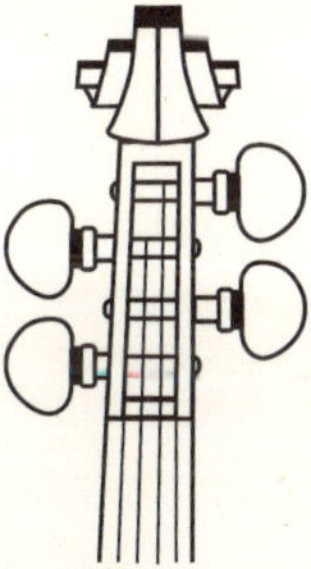

Wirbelkasten mit Wirbel und Schnecke

Wirbelkasten, am oberen Halsende von Saiteninstr. angebrachte Einrichtung zur Aufnahme der Wirbel.

Wirbeltrommel → Rührtrommel.

Worksong (engl., ›Arbeitslied‹), urspr. Lieder, die afrik.

Sklaven während der Arbeit (Plantagen, Eisenbahn) in Nordamerika sangen. Sie handeln von der Tätigkeit und der persönlichen Lage des einzelnen. Formal folgen sie dem Vorsänger-Chor-Prinzip.

Wurlitzer Orgel, elektromechanische Kino- oder Theaterorgel mit Registern zur Nachbildung von Streich-, Blas- oder Schlaginstr. Klangerzeugung ähnlich wie bei der Hammondorgel.

X

Xylophon, Xylomarimba, Xyl. (von griech. *xýlon* ›Holz‹ und *phonē* ›Stimme‹), Schlaginstr., Orchesterinstr. Es besteht aus einem Gestell mit klaviaturartig-doppelreihig angeordneten, diatonisch abgestimmten Holzstäbchen. Tonumfang c^2–d^5, bei weichem bis schärferem Klang je nach Tonhöhe. Im Unterschied zum Xylophon besitzt die moderne Xylomarimba (c^1–c^5) zusätzlich röhrenförmige Resonatoren. → Marimbaphon, Vibraphon.

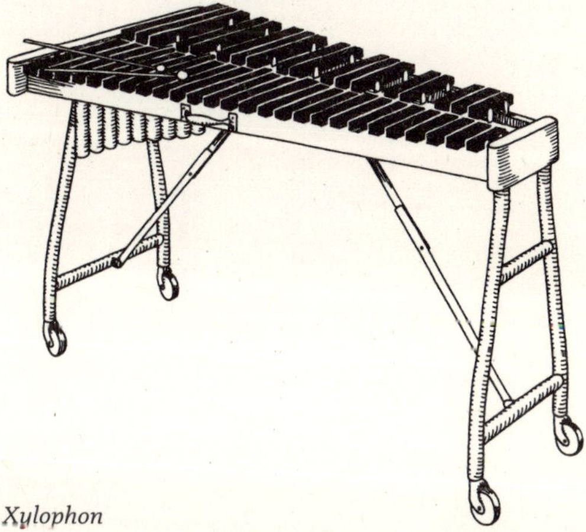

Xylophon

Y

Yaravi (indian.), Inka-Tanzlied im langsamen ¾-Takt, tangoartig (Rhythmus) und von melancholischem Charakter. Ist noch heute verbreitet (z. B. in Peru, Argentinien).

Yün-Lo, altchines. Gongspiel, Kultinstr., bestehend aus einem Rahmen mit (heute) 10 eingehängten, verschieden gestimmten Bronzeplatten.

Z

Zählzeit, kleinste Einheit im Takt (z. B. 3/4-Takt: 3 Zählzeiten mit je einem Viertel).

Zäsur (von lat. *caesura* ›Schnitt‹), Einschnitt; in der Musik zur Gliederung einer Komposition in Abschnitte (Themen, Perioden usw.). Z.en werden mittels Pausen und Fermaten kenntlich gemacht, ferner durch Phrasierung, Harmonik oder Instrumentierung.

Zahlensymbolik, Theorie von der Sinnhaltigkeit bestimmter Zahlen bzw. -verhältnisse in der Musik, auf greifbarer Grundlage (Intervalle, Rhythmusstrukturen usw.) fußend. Der naturphilosophisch-mystische Ursprung der Z. liegt im alten Griechenland, im Mittelalter wurde die Z. ins christliche gewendet (z. B. Zahl 3: Dreiertakt = Abbild der Dreifaltigkeit). Z. spielt noch im Barock, besonders bei Bach, eine Rolle und findet sich auch in der Neuen Musik.

Zambacueca (span.), chilen. Nationaltanz im schnellen Dreiertakt, zwischen 3/4- und 6/8-Takt wechselnd. → Cueca.

Zampogna (ital.), südital. Dudelsack, Doppelrohrblattinstr. mit 2 Spiel- und 2 Bordunpfeifen.

Zapateado (span.), andalus. Solotanz im raschen 6/8-Takt mit synkopiertem Rhythmus und von Gitarre, Händeklatschen o. ä. begleitet.

Zapfenstreich, urspr. militärisches Abendsignal im Feldlager mit Horn, Trompete o. ä., mit der Anweisung, die Unterkünfte aufzusuchen. Heute: Ende der Ausgangszeit. Großer Z.: militärisches Festkonzert.

Zargen, Seitenwände bei Streichinstr.; Verbindung von Decke und Boden des Resonanzkörpers; auch bei der Trommel.

Zart-/Zauberflöte, ein → Orgelregister.

Zarzuela (span.), span. Singspiel mit gesprochenen Szenen, Solo-/Chorgesängen und Tänzen.

Zeichen, graphische Zeichen bzw. Symbole, welche die Notenschrift um wichtige Spielanweisungen ergänzen. Hierzu gehören Angaben zum Instr.-Spiel allgemein, ferner zu Dynamik, Phrasierung, Artikulation, Verzierung u. a.

Fermate

Segno

prima volta, seconda volta

Wiederholung

Wiederholung eines Taktes, einer Figur

Tonwiederholung

Brillenbässe

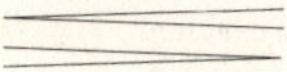
crescendo,
decrescendo

tremolo

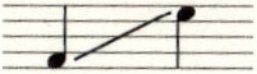
glissando

arpeggio (auf-/abwärts)

Pedal (Klavier)

Flageolett, Falsett

Bogen (legato, Phrasierung)

portato

non legato

staccato

Akzent (Betonung)

Ziehharmonika, ein dem Akkordeon ähnliches Instr., dabei kleiner und im Tonvorrat begrenzter. Ausführung mit 1–3 Knopfreihen (im Quintabstand). → Bandoneon.

Zigeunertonleiter, siebentönige Tonskala mit 2 übermäßigen Sekundschritten. Zigeuner-Dur: z. B. c–des–e–f–g–as–h–c^1, Zigeuner-Moll: z. B. c–d–es–fis–g–as–h–c^1. Z.n finden sich in mittel- und südosteuropäischer Volksmusik.

Zimbal → Cimbalon, Czimbal.

Zimbeln, Schlaginstr., das aus 2 kleinen Bronzescheiben besteht; auch im modernen Orchester.

zingarese (ital.) → alla zingarese.

Zink. **1.** Altes Blasinstr. der Stadtpfeifer. Es besteht aus einem (meist) leicht geschwungenen Rohr, dazu 7 Grifflöchern. Bau bzw. Nachbau in mehreren Formen, Größen, Stimmlagen und Klangfarben (z. B. Diskant-Z.: Tonumfang a–a^2). **2.** Ein → Orgelregister.

Zink

Zirkelkanon → Kanon.

Zither (von griech. *kithára*), alpenländisches Zupfinstr., Soloinstr., Instr. der Volks- und Salonmusik; hervorgegangen aus Scheit-

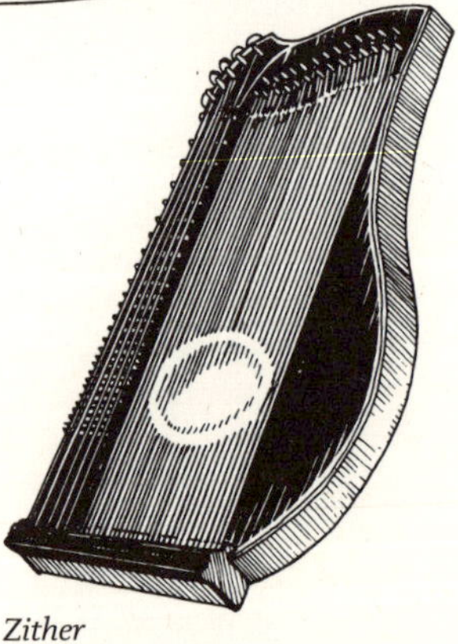

Zither

holz und Psalterium. Es besteht aus einem flachen, auf dem Tisch ruhenden Resonanzkasten, Griffbrett, 5 Spielsaiten (Stahl; Stimmung in a^1, a^1, d^1, g, c), Wirbeln, dazu 24–29 Begleit- bzw. Bass- und Kontrabasssaiten. Ausführung als Diskant-, Alt- oder Bass-Z.

Zoppa (ital., ›hinkend‹), rascher, im 6/8-Takt stehender ital. Volkstanz mit jambischem Rhythmus zu Taktbeginn.

Zortzico (span.), baskischer Nationaltanz im raschen 5/8-Takt, meist aus 3/8- und 2/8-Rhythmen zusammengesetzt. Wird begleitet von Txistu (Schnabelflöte) und Tamboril (kleine Trommel).

Zungen, Schilfrohr- oder Metallplättchen am Mundstück von Blas- und Harmonikainstr., das beim Blasen im Luftstrom schwingt und diesen periodisch unterbricht. Aufschlagende Zungen schlagen gegen einen Rahmen (Einfachrohrblatt, z. B. Klarinette), gegenschlagende Zungen: 2 Z. schlagen gegeneinander (Doppelrohrblatt, z. B. Oboe); durchschlagende Zungen schwingen durch einen Rahmen (z. B. Harmonika).

Zungenpfeifen → Lingualpfeifen.

Zungenregister, ein aus Zungenpfeifen bestehendes Orgelregister.

Zupfbass, gezupfter Kontrabass beim Jazz.

Zupfinstrumente, den Chordophonen und Idiophonen zugehörige Instr.-Gruppe, bei denen die Töne durch Anreißen von Saiten mit Fingern oder Plektron erzeugt werden. Z. sind z. B. Laute, Zither, Harfe oder Gitarre, außereurop. Instr. Sitar (Indien) oder Koto (Japan); auch Kielinstr. sind Z. (z. B. Cembalo).

Zurna (türk.-arab.), altes vorderasiat., schalmeienartiges

Blasinstr., bestehend aus einer zylindrischen Röhre (6–8 Grifflöcher) und ausladender Stürze; frei schwingendes Doppelrohrblatt. Das Instr. hat einen lauten, durchdringenden Ton.

zweigestrichen → Oktavbereiche.

zweiteilige Liedform → Liedform.

Zwiefacher, bayr.-österr., dem Furiant nahestehender Volkstanz mit Wechsel von geradem (2/4-) und ungeradem (3/4-) Takt.

Zwischendominante, Nebendominante, Dominante, die sich nicht auf die Tonika, sondern einen anderen Akkord innerhalb des harmonischen Verlaufs bezieht (z.B. in F-Dur: a–cis^1–e^1 = Z. zur Tonikaparallele d-Moll). Häufigste Form der Z. ist die Doppeldominante.

Zwischensatz, Mittelteil meist dreiteiliger Formen (z.B. das Trio im Menuett).

Zwölftontechnik, Zwölftonkomposition, Grundlage einer Zwölftonkomposition ist die frei erfundene Reihe, die alle 12 Töne (der temperierten Skala) je einmal verwendet. Die Reihe – manchmal bereits das Thema – kann später in ihrer Umkehrung, im Krebs sowie im Krebs der Umkehrung, darüber hinaus auf alle 12 Stufen transponiert auftreten. Weitere, den Verlauf eines Zwölftonwerks bestimmende Techniken sind die Zerlegung der Reihe (bzw. deren Abwandlungen) z.B. in Motive, Verteilung der Reihe auf die einzelnen Stimmen (durchbrochene Arbeit), Nutzung der vertikalen Dimension (Reihentöne im Akkord) u.a., wobei Gleichberechtigung aller Töne/Akkorde und Atonalität entsteht. → Serielle Musik.

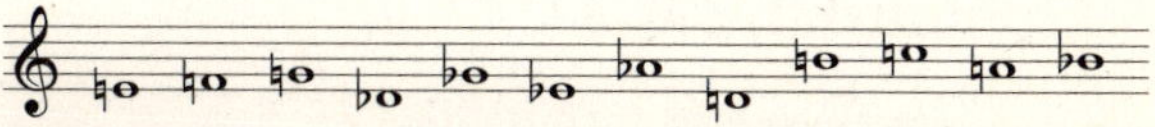

Reihengestalt
aus: Schönbergs Klaviersuite op.25

zyklische Form, Zusammenfassung mehrerer aneinandergereihter, (thematisch) aufeinander bezogener Sätze zu einem größeren Werk.

Zymbal → Hackbrett, Cimbalom.

Literaturhinweise

Baines, Anthony: Lexikon der Musikinstrumente. Stuttgart/Kassel 1996.

Der Brockhaus Musik: Personen, Epochen, Sachbegriffe. Hrsg. von der Lexikonredaktion des Verlages F. A. Brockhaus (Red. Leitung: Marianne Strzysch-Siebeck). 2., völlig neu bearb. Aufl. Mannheim 2001.

Brockhaus-Riemann-Musiklexikon. Hrsg. von Carl Dahlhaus und Hans Heinrich Eggebrecht. 2 Bde. Wiesbaden/Mainz 1978–79. – Taschenbuchausg.: 4 Bde. Erg.-Bd. 2., überarb. und erw. Aufl. Mainz/München 1995.

Das große Lexikon der Musik. Komponisten, Interpreten, Sachbegriffe. Hrsg. von Marc Honegger und Günther Massenkeil. 10 Bde. Freiburg 1978–83.

Die Musik in Geschichte und Gegenwart (MGG). Allgemeine Enzyklopädie der Musik. Hrsg. von Friedrich Blume. 14 Bde. Kassel [u. a.] 1949–68. – 2., völlig neu bearb. Ausg. Hrsg. von Ludwig Finscher. Kassel/Stuttgart 1994 ff.

Enders, Bernd: Lexikon der Musikelektronik. Zürich 1997.

Hirsch, Ferdinand: Das große Wörterbuch der Musik. Berlin 1984.

Holst, Imogen: Das ABC der Musik. Grundbegriffe, Harmonik, Formen, Instrumente. Mit einem Vorw. von Benjamin Britten. Stuttgart 1992.

Johnen, Kurt: Allgemeine Musiklehre. 16., rev. Aufl. Stuttgart 1994.

Krämer, Thomas / Dings, Manfred: Lexikon Musiktheorie. Wiesbaden 2005.

Lexikon Musikinstrumente. Hrsg. von Wolfgang Ruf. Mannheim 1991.

Lindlar, Heinrich: Wörterbuch der Musik. Frankfurt a. M. 1989.

Meyers Taschenlexikon der Musik in 3 Bänden. Hrsg. von Hans Heinrich Eggebrecht. Mannheim 1983.

Michels, Ulrich: dtv-Atlas zur Musik. Tafeln und Texte. 2 Bde. München 1977–85.

Noltensmeier, Ralf: Musik. Stuttgart/Weimar 2005.
Reclams Musikinstrumentenführer. Die Instrumente und ihre Akustik. Von Ermanno Briner. 3., durchges. und verb. Aufl. Stuttgart 1998.
Schülerduden Musik. Das Fachlexikon von A–Z. Hrsg. und bearb. von der Redaktion Schule und Lernen (Red. Leitung: Martin Bergmann). 5., aktualisierte Aufl. Mannheim 2009.
Seeger, Horst: Musiklexikon. 2 Bde. Leipzig 1966.
Wicke, Peter u. a.: Handbuch der populären Musik. Mainz 2007.
Ziegenrücker, Wieland: ABC Musik. Allgemeine Musiklehre. Wiesbaden [u. a.] 1997.
Ziegenrücker, Wieland / Wicke, Peter: Sachlexikon Popularmusik. Mainz 1989.

Abbildungsnachweis

Die Abbildungen auf Seite 11, 21, 25, 26, 38, 41, 44, 56, 57, 59, 61, 85, 86 (o.), 94, 99, 113, 124, 132, 160, 203 (u.), 204, 205, 214, 221, 246 (l.), 263 (u.), 270 (o.) gestaltete Corina Briel, Ludwigsburg

Alle übrigen Abbildungen: Verlagsarchiv

Noten: Peter Wondra, Köngen